浪女指南

給女性的

性、愛與生活白皮書

吉吉・恩格爾（Gigi Engle）—— 著

劉又菘 —— 譯

晨星出版

注意事項

* 本書所提供的資訊並無法取代您的醫師或專業醫療人員的建議。您的任何健康問題應諮詢醫師。讀者個人應對自己的醫療保健決定承擔全部的責任。

* 為了保護個人隱私，某些姓名和個資已被更改。

* 第3章的其中一部分最初發表於2016年3月於www.elitedaily.com上的一篇名為〈為什麼沒人關心你喝醉時所做的蠢事〉（Why No One Cares About the Stupid Thing You Did While Drunk）的文章中。

* 第12章的其中一部分最初發表於 2017年5月19日於www.marieclaire.com上一篇名為〈我是另一個女人〉（I Was the Other Woman）的文章中。

* 第14章的其中一部分最初發表於2017年6月27日於www.ravishly.com上發表的一篇名為〈為什麼單身比一直約會還要能幫你更快找到「對的人」〉（Why Being Single Helps You Find 'The One' Faster Than Serial Dating）的文章。

致我的家人，他們總是愛我並支持著我，
甚至當我決定以撰寫口交相關的文章維生時依然如此。

以及我的丈夫，他改變了一切。

（目錄）

缺乏「性愉悦」及「性賦權」的臺灣性教育

　　從家庭、學校教育、社會、媒體等面向，女性常常被塑造出特定的形象，使她們在追求性自主時面臨困難。這本書以溫暖且堅定的文字告訴我們，性不應該是羞恥的，女性主義也不是要與男性對立，我們的性愉悦也很重要，並分享了如何面對性騷擾、享受性愉悦（陰蒂萬歲！）、捨棄媒體給女性要性感的價值以及探討女性自己所想要的關係。

　　作者Gigi以非常生活化的方式解釋女性主義、女性的性、愛、生活，我認為這本書不僅適合女性閱讀，也應該讓男性了解。我非常認同女性喜歡性愛，也喜歡高潮。如果有人認為女性不應該擁有性自主權，那麼她們應該堅持表明自己有能夠自由的選擇享受性慾的權利，不論他人感受如何，那都與她無關。無論誰對她的快樂方式有何意見，都不是她應該關心的問題。如果這使他感到不舒服，那是他的問題，並非她的問題。作為女性，我們無需為了迎合他人的喜好而改變自己，選擇什麼感受是屬於自己的事情，這也是我們唯一可以控制的事情。讓任何人感到快樂並非我們的責任，我們只能掌控自己的感受，並快樂地做自己。而這就是性賦權實現的過程。

　　這個世界對於女性追求性愛的態度不太友好。我們被灌輸了許多有毒且錯誤的觀念，比如純潔的女性不應該有性生活，外表決定了女

性的價值，談戀愛是男性主動，女性被追求，到了床上我們也是受到A片影響，女性的性愛主導權大多都在男性手上，也因為這樣，女性更不敢發聲，而性的樣貌也容易淪為很單一的形式。這本書提醒我們，這些觀念都是不正確和有害的。女性有權決定自己的性愛和生活方式，而不需要受到社會對性別角色的束縛。

本書的精彩之處就是將自慰、性玩具、潤滑液等都詳細地介紹了一遍！我真心覺得每個女性都該去買一個性玩具，也可以一次買好幾個來試試，女性可以觸摸、愛撫自己的身體、欣賞自己的慾望和快樂，性愛是女性的正當需求。絕對不是只有在戀愛或婚姻關係，為了生小孩才能進行的性，沒有對象也能進行的性愛。

每位女性多多少少在工作場所、學校還是日常生活中，都會遇到性騷擾和性暴力，當我們遇到性傷害時，容易陷入為什麼怎麼從來沒有勇敢地面對過這些騷擾者，那真的沒關係，我們都一樣，不需要對此感到愧疚。

在任何性關係中，同意是至關重要的，而且女性有權隨時撤回同意，女性可以在性愛中主動表達自己的需求和喜好，並與伴侶建立平等和尊重的關係。

對女性而言，我們需要在性方面更有信心。這通常是我們不被鼓勵做的事情。我們越能開放地談論自己的性生活和渴望，就越能有自信地做自己。我們需要在沒有恥辱和後果的前提下去探索自己的渴望。

探索幻想和另類性愛是為了了解自己。先弄清楚自己的本質，再以完全的控制和自主權去探索另類性愛。慢慢地展露你的渴望，當你感到越來越舒服時，你可以透露更多關於你所渴望的內容。關鍵是打開溝通的途徑，一旦對話開始，你可以引導它走向你想要的方

向。不要通通拒之門外，關閉溝通的機會。現在，如果你不想把一切都告訴你的伴侶，那也是你的決定。

出軌已經占了我近期性諮詢的伴侶故事的九成以上，的確，我們對於出軌總是伴隨許多道德觀點，但是，我們應該更深入地去看出軌的感情發生是源於什麼？長期關係裡不被討論、忽視的感受與訊息，可能是安全感不足，不夠愛自己，出軌其實是對於關係的沉默抗議行為。

最後，《浪女指南：給女性的性、愛與生活的白皮書》是一本充滿力量的書，通過正確及健康的知識讓女性擁抱性愛的自主權、追求平等和尊重的關係，愛自己讓生活更美好，以及面對性騷擾和性暴力，提供了一個強而有力的指南。

讓我們一起成為自己的主人，並在性、愛和生活中獲得真正的自由和快樂。

美國性學家學院認證 性教育師

蔡佳蓉（卡卡老師）

前言：一起下流吧

「媽媽？」一個6歲的小女孩抬頭，她的雙眼炯炯有神地凝視著母親。「我是下流的女人嗎？媽媽，我很下流嗎？下流又是什麼意思呢？」她大概只有5、6歲，留著一頭深色的頭髮，穿著紫色的洋裝以及兩隻不相配的襪子。

當時正值期中選舉之際，你知道的，就在世界崩解和一位自稱是性侵犯罪者的人，像吸血蛞蝓般地溜進白宮之前。

這寶貝肯定又在電視上亂看一些有的沒的了。現在這個年頭，小孩都能談笑風生地聊著關於性的話題。（某個我看顧的12歲小孩就曾使用過「嗨（lit）」這個字，而且竟然已經有自己的Instagram帳號）。到了2016年年中，「下流」這個詞無意中（也許是有意地）滲入到主流的價值觀中，連孩子們也想知道這到底是怎麼回事。（旁白：孩子，我也想知道。真的！）

小女孩的媽媽蹲下來看著她，撥開她額頭上的一縷頭髮。她們倆都穿著不相配的襪子。#目標（GOALS）來了。原本滑著Instagram上充滿迷因圖貼文的我停下動作，突然急切地想聽到母親的回應。這位媽媽，您打算怎麼跟這個小女孩解釋「下流」這個字呢？我真的很想知道，然而地鐵進站了。

她的媽媽捏了捏她的手說：「這個意思是在說我們做事比男人好，表示我們總能把事情搞定。」

車到了，這對母女接著被淹沒在乘客之中。之後，我總是會在網

路迷因中看到完全相同的景象。好吧，迷因圖裡並不是同一對母女（要是這樣也太瘋狂了），而是一對非常相似的母女卡通人物，特別會出現在那些50年代風格的迷因廣告中。所有美好的事物都會成為迷因。我猜在2016年的夏末，會有很多生性下流的女人都得向她們年幼且易受影響的孩子解釋她們所認知的下流。然而這一切都發生在人們對這世界還保有很多期望的時候。人權戰線（Human Rights Campaign，縮寫HRC）正大殺四方，世界各地的女性開始覺得目前面對的女權困境即將有所突破，父權主義已經不是我們過去以為無法收拾的爛攤子了。

當我踏上這輛車時，因為沒有網路而滑不了任何社群媒體（隧道系統謝囉！）我不得不問自己，什麼是下流的女人？到底是什麼意思？我們到底想要表達什麼意思，你們懂嗎？在明白這個詞的含義之前，我們無法完全確定成為下流的女人在現代世界中究竟意味著什麼。

下流的定義是「極度不愉快且令人作嘔的」，其意為「粗俗、噁心或骯髒」。你肯定不會想要放骯髒的東西進入嘴裡（除非你就愛這一味，那就儘管去吧，壞蛋！）下流也有「壞」的意思，這表示已經到了「真的很糟糕」的地步了。

這個詞被用來形容一位角逐國家最高職位的女強人，這難道不是一件令人高興的事嗎？太奇怪了，對吧？但也挺吸睛的吧。

「下流」在我們的文化詞彙中有新的釋義，它完全被女性化了。男人會用這個詞來形容不安於現狀的女人，它被用來貼標籤在任何敢開口發表意見的女人身上。它意指那些強大、兇猛和性慾滿滿的女性；也是那些對你毫無興趣，只在乎自己的女人。這負面的詞常被父權主義用以貶低製造麻煩的女性。但這一點屁用也沒有，為什麼？因

為我們都擁有一些這個詞的特質。也許我們「輸掉」了選舉，但我不想潑你冷水，臭推特（White Twitter），我們可他媽的還沒死啊。

　　我肯定也是個下流的婊子。當你靠撰寫關於口交、陰道／外陰和性高潮的事情維生時，往往會被歸類為下流的女性。當你是一個在Instagram自我介紹裡放上茄子表情符號的女人時，或你是對性高談闊論的女人時，上述那些屁事就會變得越來越真實。

　　我所做的這些事被認為是庸俗、粗魯且沒品的。這社會不喜歡我提到這些禁忌話題；不喜歡性開放的氛圍。他媽的就是害怕那些性開放的女人。這社會不僅僅是在教堂、尖塔和街道上橫行霸道，還像網路一樣無所不在，而且還能以高畫質呈現。

　　你肯定懂我要說的吧，這位媽媽。作為一個女人，在網路上總會被列入每個酸民手上的黑名單。你應該懂這個套路：你在推特上發表一些……我不知道，像是洗衣服、天氣怎樣了；或你媽媽養的新貓、卡樂星漢堡（Carl's Jr.）之類的。然後一些沒有頭像的陌生人就會說你是骯髒的女權納粹婊子。我們經常受到騷擾、威脅和情緒困擾。網路上通常關於女性的描述都著實令人厭惡。4chan、Twitter和Reddit這些社群網站的文章副標已經將全球網路變成了一場垃圾話大戰。別說這只是一時的，畢竟自網路誕生以來，人們就一直不斷吐著嘴裡那些屁話，或者在【美國線上】（AOL）的聊天室裡胡作非為（但也可能沒有，因為那裡本身就是地獄）。

　　網路上不斷充斥著侮辱和尖酸刻薄的話。每一個狗嘴吐不出象牙且恣意妄為的王八蛋都認為自己不該被剝奪表達想法的機會。網路可不是一個有趣的地方。沒有人會幫助你；也沒有人在乎。你必須臉皮夠厚才能予以反制，你非壞起來不可。

　　如果你很壞，那這本書很適合你；如果你正想要開始使壞，也許

這本書也很適合你。你是性感的，甚至比性感還要美好。你是完整且不可思議的存在。你的性賦權（sexual empowerment）並不能定義你；它只會強大你的心智。你喜歡做愛，你同樣地也熱愛工作。你想要有所回報，想伶牙俐嘴地主張什麼，或者把渣男給轟走。只有你可以定義自己。你只需要一些方法來學習如何讓這些事情發生。

　　本書可以帶你找回你的力量，是給喜歡做愛且希望性愛成為力量泉源的女人們，這是你一生中所經歷那些仇女遭遇的解方（有些事情你可能甚至沒有意識）。本書能幫助你了解自己的價值，並且理解你的性史不等同於人品高低。你就是通往力量的明燈，如果對自己感到滿意且不畏懼看到自己迷死人的模樣，那麼你他媽想成為什麼樣子的人，就沒人能阻止、嚇唬你，逼迫你屈服。你將能夠在生活的各個方面為自己辯護和挺身而出——無論是你的工作、人際關係、友誼、調情搭訕，還是在當地商店偶爾有一些要你「笑一個」的蠢蛋互動。

　　這本書是寫給那些想要加薪的好色壞蕩婦的，看能不能他媽的讓薪水加到頂，也許手裡拿著假陽具。我可沒說什麼啊，媽媽們。

　　內容提及的課程將教你如何讓自己達到性高潮，並從酒精引起的羞恥螺旋中恢復過來；也會教你如何告訴變態的混蛋給我他媽的滾，以及如何充分探索像「女王男奴扮演」（dom-queen-slut-princess）這樣的性癖。你將會知道情趣用品的秘密，並且學會當遇到令人心碎的事情時該如何應對。透過我們集體性的、瘋狂的下流性格，我們就會成為未來世界的領導者。

　　我們必須像地鐵上那對出色的母女一樣，拿回生活的主導權，並拋開世俗的眼光，如此我們才能讓自己的孩子如法炮製。

　　劍已出鞘，便無法收回，我們得澈底的做。若要說過去幾年教會了我們什麼的話，就是得靠自己來做這件事。讓我們一起下流吧。

的感覺。

　　那一刻我意識到自己其實並不強大或永不犯錯。這個沒有安全感的男孩隔著一片草地向我咆哮，只是為了擊潰我那渾然不知、膨脹自大的自我。回想起來，我希望當時的我轉過身來吼回去：「聽著，你這個小王八蛋，我超喜歡我新發現的性成熟狀態，我正想用你這小屁孩智商無法理解的方式玩濕我的小妹妹。」

　　但其實我當下只是以一個非常優雅的姿態離開，我記得那天晚上我肯定為此哭了，但這只有我媽媽看到，所以這並不算什麼。哦，等等，她直接打電話給那混蛋的媽媽並為我挺身而出，這對我來說確實很重要。沒關係，媽媽。你的心意很好。謝謝你的支持。★我仍然對那個孩子懷恨在心。每次我媽媽提到他在生活中又遇到什麼鳥事時（我聽說有很多。你知道我在說你，畜生！），或者我瞥見一張他腰部橫向發展和髮際線往後退的照片，我都會感到心滿意足。我的小心眼是沒有極限的，我很高興我活在一個懂得小心眼的美好的世界裡。關鍵是，這一刻讓我印象深刻。

　　　　★旁註：媽媽們都不好惹。

　　這只是一個例子，藉此說明了我們的文化是如何看待性行為的黑暗面。十多年過去了，常常還是感覺什麼都沒變。性這件事仍然籠罩在恥辱和羞辱中，我們甚至無法談論它，只能用隱晦的委婉描述、茄子表情符號和／或痛苦尷尬的交流。

　　在這裡，幾乎全然對性採取否定態度，即使我們讚頌莎曼珊・瓊斯（Samantha Jones）對雞巴的熱愛；或在影集《不才專家》（Master of None）中丹妮絲（Denise）身為陰道大師（Master of Pussy）的展現，但我們仍然對性一無所知。

除了恐性（sex negativity）作為最關鍵的現況之外，人們厭惡性賦權的想法在女性身上更是明顯，人們討厭女性性解放的概念，那些獵豔的女人都是不懷好意的。看到這邊先別急著搖頭，你不要告訴我我說錯了。是的，薩曼莎・比（Samantha Bee）、敏迪・卡靈（Mindy Kaling）和雀兒喜・韓德勒（Chelsea Handler）都上電視出名了。但這些非主流、小眾的女性代表並不意味著世界突然搖身一變讓所有女性都得以性解放了。如果你不同意，我向天發誓我會盯著你大喊一小時：「毀了父權主義！」我們在2016年選了一位吹噓自己致力於性侵防治的白人作為美國總統，而國會正在愉快地投票決定我們是否有權擁有自己的子宮。我的手機被美國計劃生育聯盟（Planned Parenthood）的危機警報轟炸著，因為他們極度擔憂他們的資金將會出問題。總而言之，是時候了。

為什麼選在這個時候出這本書？

早就該推翻這該死的父權主義了，我可不會隨它起舞。這是「#我也是」（#MeToo）和「到此為止運動」（Time's Up）的時代，我們已經他媽的受夠了，不想要再面對這些屁事了。是時候該讓世人瞧瞧我們的厲害了，性賦權是我們奪回權力的方式，這就是反制的對策。

女權主義一直都是重要、需要且有價值的議題，但在當前陷入這種特殊的文化腹瀉的糾結中，我們迫切需要對性有明確的女權主義式解讀。不論性別，性都必須得到同等的重視和維護，婦女才能享有平等的權利。在我們擁有平等權利之前，性行為必須被接受為人類經驗的一部分。性和女權主義必須被連結起來。

現在，喬納森（Jonathan），在你想狠狠射在我的下巴之前，先讓我靠北你一頓。

女權主義的根本：為何招來壞名聲？

女權主義者聲名狼藉，被視為一個骯髒的詞。當你聽到女權主義者這個詞時，它幾乎總是等同於「仇男」、「貶抑男性」、「譴責白人男性」、「無性的女性象徵」、「自我強加的單身主義，因為男人都是他媽的臭渣男」之類的形象。你會以為我們都在額頭上紋上「男人是垃圾」的刺青。

女權主義是一個辛酸卻重要的詞，要理解它（以及我們為什麼需要它），就必須看看它的歷史。在 20 世紀之交，女權主義這個詞——以及與其相關的運動——主要是著眼於法律問題上：在美國，第一波浪潮圍繞在賦予女性投票權和擁有財產權的議題上。你懂的，就是那些男人們都能做的屁事。第一波浪潮隨著美國憲法第十九修正案的通過而達到最高峰，該修正案賦予婦女投票權。第一波女權主義英雄包括瑪格麗特·桑格（Margaret Sanger，她推廣了節育一詞）、艾達·B·威爾斯（Ida B. Wells，全國有色人種協進會（NAACP）的創始人之一）和蘇珊·B·安東尼（Susan B. Anthony，最著名的是在婦女選舉權方面的貢獻）。

第二波女權浪潮則始於 60 年代，在此基礎上又增加了家庭暴力議題、婚內強姦和生育權。貝蒂·弗里丹（Betty Friedan）撰寫了《女性的奧秘》（The Feminist Mystique, 1963 年），這本書引發第二波女權主義而聞名。在其中，弗里丹挑戰了女性作為家庭主婦和母親是最幸福、最充實的觀念。在 1968 年，全國婦女組織（National

Organization for Women，成立於1966年）成功遊說通過了一項針對四年前通過的民權法案關於職場騷擾的修正案。致力於第二波女權主義的前輩們還與執法部門合作，對施虐者追加更嚴厲的懲罰。

第二波女權主義因有史以來最引人發笑的事情而告一段落：A片。其中有一群人分裂出來譴責A片是邪惡的，是對女性的侮辱；另一群人則更偏頗地支持A片。支持A片的女權主義者當然看到了A片的問題本質（也就是按劇本強迫女性進行性行為，只提供符合男性喜好的畫面等）★但他們認知到這就是娛樂，是所有性別的人都可以享受的東西。

> ★ 我曾經和某任前男友一起看過一個影片，男人要求女孩進行肛交，她合情合理地說：「不要，我會怕。」他回答說：「這是新招式，你會愛上它的。」然後把她的屁股抬起來，劇真的是這麼寫的！

支持A片的女權主義者在爭論之中獲勝。讓我們面對這件事吧——沒有人會選擇不對3P和肛交進行手淫。但他們為什麼要這麼做？嘿，你們這些男人，我喜歡在一個愜意的星期四晚上觀看精彩的群交動漫。有一次，當我的朋友們在隔壁房間準備要去酒吧時，我對著女對女的A片動漫自慰了一把。我就聽到了這樣的說法：A片是一種偉大的娛樂，它永遠不會被取締。現實點，別幻想了！

在所有人都覺得：「好吧，A片很棒，我們會繼續擼著我們的陰莖和陰蒂。」第三次女權主義浪潮的登場，就如同華爾街工作者養成古柯鹼成癮的現象一樣有勁。大家，我們喜歡A片。這很棒。

在1990年代，交叉性（intersectionality）一詞出現，而第三次浪潮席捲而來。女權主義者呼籲保有所有女性的權利——不同國籍、種族、宗教和文化背景的女性，她們在過去經常被白人女權主義忽視或直接排斥在外。

　　那些右翼、保守派、追求價值、社交白痴集團的人滿口操著女權主義的廢話在這裡把整個現代女權主義運動塑造得更加極端。傑曼・格里爾（Germaine Greer）和瑪麗・金（Mary King）「激進」的第二波女權主義觀點一直延續到1980年代。這樣的退步有很大程度上是因為那些反對女權主義的人認為我們相信男人都是人類之中的垃圾，在當今反對女權主義觀點的人們之中流傳著「母權主義」（matriarchy）之類的鬼話連篇。他們害怕我們會創造一個地下奴隸世界，男人們將被迫在那裡生活，只有需要他們的精液時才得以再見天日。難道上帝有禁止任何運動不能隨著時間而有所演變和變化嗎？

　　另外，我們希望所有女性都享有權利的想法看起來好像是一件可怕到不行的事情，因為女性擁有平等權利彷彿就表示要減少男性的權利一樣。這就是他媽的特權對人們造成的影響——獲得與你相同權利的人會覺得有壓迫感。

權力爭奪：
以及這讓許多男人軟屌的原因

　　你得先了解並牢記住一些關於女權主義的真相：我們不想從男人那裡奪走權力，我們就只是想把這些權力與失蹤兒童和走失貓咪一起收容到我們的地鼠洞（shrew-caves）裡。令我震驚的是，我們仍在為生活各個方面的平等待遇而戰，但是，正如我所說，是時候了。

　　讓我在這裡說清楚，我們確實想從男人身上奪走一些特定的權力。是的，我們他媽的就是要這麼做。

　　我們唯一想要從男人身上奪走權力的時候，就是當這些權力壓迫我們的時候。當這些權力讓男性同事可以做同樣的工作卻拿到更多的

錢時；當這些權力允許他們用眼睛意淫我們脫掉衣服的樣子時；當這些權力迫使我們享受我們不想要的性行為時；當這些權力允許社會大眾告訴我們穿這些短褲看起來很性感時，我們都想要這些權力被剝奪。男人不應該若無其事地觸摸女同事的大腿。不應該在街上隨意對某人的身體品頭論足，而卻沒人指責你的胡說八道。要求阻止這些低劣的、具攻擊性與威脅性的行為並不過分。如果你不同意，那你可以滾了。當男人抱怨女權主義時，就像是在說：「我們不能再把女人當屎看了，這太離譜了！我們連個屁股都抓不到！我們不能隨心所欲地摸弄！我們不能談論任何人的低胸上衣！我告訴你，這種政治正確的風氣已經太過火了！」感覺就像是女人在威脅終止男人的地下奴隸買賣，父權主義正是打算對女性做這樣的事情。★

★ 想到有多少男人讀到這裡可能會空虛地吼著「臭婊子！」我就竊喜不已。

女權主義就是平等。你認同嗎？

女權主義，顧名思義就是性別平等。女權主義者追求的性意味著平等的性。女權主義的性意味著形成一種不區分性別的性觀念。我們需要將性視為一個整體，而不是作為兩個不同的實體，用兩套不同的標準來判斷。如果一個十幾歲的男孩像我在2009年的夏天那樣拈花惹草，那他就會成為一名種馬，所有的女孩都會想和他約會，而所有的男孩都想成為他。但我被貼上了蕩婦的標籤，我的股市行情跌到了谷底。你不必是**股市分析高手**，就能看出那樣有多糟糕。性別不平等在我們作為人類的思維基礎上特別顯眼，我們需要改變對女性和性的看法。

我們的任務就是需要重新評估如何對女性的性進行分類。

事實上，女人喜歡做愛，女人喜歡高潮，我們只是需要這世界上的其他人搞懂這一點。如果你正在尋找那種能讓你興奮起來的藥水，那種能給你能量的藥水，那你就得成為一個能控制自己性慾的壞女人；如果你成為可以自己選擇想和誰上床的人……那你來對地方了。

假如你最後一直過著不食人間煙火的日子，我不知道，永遠，那現實的日子真的會很可怕，而這可不會像《玩咖日記》（Jersey Shore）實境秀一樣的有趣。我們以為已經取得了穩定可靠的成果，但如今卻看起來越來越不堪一擊。而且毫無進展，我們所生活的世界仍然把女性的身體政治化並且監控著，就像我們一直在繞著圈子走（混蛋）。我們的生育權正在被投票表決中，羅訴韋德案（Roe v. Wade）重新回到討論桌上。我們生活在一個每三起強奸案中就有兩起未被告發的世界。

（如果你想知道為什麼強姦沒有被告發，只要看看比爾寇斯比（Bill Cosby）的審判就知道了。60名婦女站出來指控一名男子性侵犯，陪審團卻無法決定他是否真的侵犯了任何人。我的意思是，他終於在數十名婦女被指控、新聞報導爆炸並要求重審後才被繩之以法。想想看，還有無數這樣的案件。「咳咳！布魯克・特納（Brock Turner）。」

女士們、蕩婦們、陰道的擁有者，成為一名性賦權的女性從未像現在這樣重要。現在正是時候了，我們需要收復並擁有我們的性向認同（sexual identities）。

我們必須說：「去你的不平等！」

我們會藉由收復性自由來推翻父權主義。

我想首要之務是要獲得那該死的權力。成為一個蕩婦，但不只是

一個蕩婦，而是你可以做任何你想做的事。

我們的身體被看低了，是被被動地賦予價值，且被男人利用，我們並沒有被賦予所有權。如果你把它分成幾個簡單的事實並找到其中的關鍵，就能看清一切，這一切都與性有關；都與那天在公園裡那個叫我蕩婦並惹哭我的男孩有關。

當我們能拿回性自主權，我們所屈服的父權力量就無法再逼我們鞠躬哈腰。那些威脅就能隨之消失；那些攻擊我們的彈藥也會被銷毀。

等到你解開枷鎖時，人們就無法控制女性。當稱呼某人為蕩婦時再也沒有任何好處時；甚至當你不再覺得你得讓伴侶在性愛中高潮才能被這個社會接受時，單一性別的文化就再也無法占上風了。

要移除這個枷鎖正是其棘手之處，對吧？擺脫一生根深蒂固的輿論和妓女般的羞恥感不像你在當地美容院整理儀容，或去學校攻讀博士學位那麼單純。尤其是那些既得利益者絕不會自願交出部分權力時，我們會更難找到前進的路。

然而，獲得自由並獲得你的力量，你的性力量，對女性解放來說是如此重中之重。席德妮 G・格林（Cidney G. Green）是臭名昭著在網路上瘋傳的影片「解放陰道」（Pussy Over Pain）的創作者，她曾在紐約市性愛博物館的一個名為「快樂與痛苦的政策」（The Policy of Pleasure versus Pain）的專題研討會上發表演講。研討會主持人和《Teen Vogue》健康版編輯薇拉・帕皮索娃（Vera Papisova）提出：如果有人不希望女性獲得促進充分表現性慾和享受身體的產品，那我們如何與他們相處和交談？

席德妮，這位強大的演講者，穿著短褲和軍靴相當引人注目的黑人女性拿起麥克風。她說如果面前的男性認為女性不該擁有這些產品

或性自主的話，那她就得表明她會選擇享受自己的性慾，無論這位男性的感覺如何，都不關她的事。她說無論他對她享受快樂的方式有何意見，都不會是她要關心的問題。如果這讓他不舒服，那也是他的問題，而不是她的問題。作為女性，我們沒有義務改變自己來迎合另一個人的喜好。你選擇有什麼感受是你自己的事，而且這也是你唯一可以控制的事情。讓任何人感覺良好或讓他們開心表現自我並不是我們的責任，我們只能控制自己的感受，以及如何快樂地做自己。

這就是本書派上用場的地方，引導你（只要一個稍微提醒）並不讓你迷失。是你在性的發現和探索之旅中得隨身攜帶的工具書。書中充滿著許多實用的性感課程，並能將該死的父權主義夷為平地。你知道我們怎麼知道大男人主義的廢話何時才能停止嗎？當所有女人都可以不假思索地選擇要不要與她心儀的對象上床時；當強姦文化（rape culture）消失時；當女人可以自由地做自己而不必有所顧忌時。這就是性自由的力量。

是我們作為女性，作為性動物必須理解的。我們必須得從現在開始行動。我們可以控制自己的感受、身體和幸福。一旦意識到這個有待被理解的事實有多麼強大，作為女性的我們就可以一起擁有它。

嘿，女人，你很棒！永遠不要懷疑你的重要性或影響力。你很重要！我們的性慾是如此強而有力，我們的性高潮是永無止境的。你可以持續地高潮，永無止息。我們是等待釋放的能量之井。想想女性的身體到底有多神奇：能夠在其中培孕人類並賦予生命的地方；陰道可以彈性伸展到足以讓嬰兒的頭部通過，然後還能恢復原狀。女性身體可以脫落子宮內膜，而且連續五天流血卻不會死，正是女人不費吹灰之力就能做到的。這些都是大自然賜予的簡單巧思，但這確實是女性身體的強大之處。

當她好好的動腦時，她就能統治這該死的星球。

她可以成為任何人，做任何她想做的事。

難怪人們如此害怕女人。難怪我們都不知道這些事。如果我們知道，就會把一切搞得天翻地覆。女人是這個星球上最強大的生物。我們他媽的夠狠，也他媽的很不可思議。當你能控制自己的性慾時，你就勢不可擋。現在，在我們更廣泛地探討這個問題之前，應該更仔細地研究一下原因。

為什麼女人的性都他媽的這麼可怕
（以及為什麼這句話是幹話）

除非你在某一個海岸（即便如此，很多時候），人們認為性是糟糕的、骯髒的和不純潔的——實際上，它是自然的、健康的、令人驚奇的。

女人被告知，如果喜歡性，她們就是妓女，因為她們的穿著打扮，以及拒絕不喜歡的性挑逗。但如果一個女人選擇禁慾，她就是掃興的衛道人士；她一點也不好玩。就像艾利森（Allison）在《早餐俱樂部》（The Breakfast Club）說：「好吧，如果你說你沒有『發生過性行為』，那你就是故作正經的人。如果你說你有，那你就是個蕩婦。這是一個陷阱。你想做愛，但你不能，當你做了愛，你卻希望你沒有做，對吧？」

這時才會發現我們女人處於多麼危險的處境。實際上毫無得利之處。當你有這些嚴格的、不可能達到的標準時，身為女人的你只有輸這條路。而父權主義制定了這個制度。

所以，我再說一遍，去你的！

獲得性自由的女人是全世界最可怕的生物。

真是令人難以置信。當這顆螺絲鬆開或被拿掉時，整個結構就會因此倒塌。怎麼會這樣？因為我們被性所控制了。現代文化中的每一個不平等的現象都是基於性別歧視的否認或對女性性行為的直接妖魔化。我們必須維護自己的聲譽並且每天為此擔心不已。我們不自由，因為蕩婦這個詞將我們困住。如果你是個蕩婦，那你就分文不值，代表已經被很多人用過了而且還很髒，這是通往地獄的高速斜坡。你不僅應該穿低胸上衣去誘惑男人，還得保有貞操，因為如果你「放棄它」，他就不會娶你。當我在那個公園裡被叫蕩婦和妓女時，我能感覺到自己的地位被貶低。即便我當時還小，我已經知道自身的價值在於是否有人願意做我的男朋友。看看聖人隊（Saints）的啦啦隊隊長貝利・戴維斯（Bailey Davis），她於 2018 年在 Instagram 上發布性感照片而受到譴責。她沒有讓自己保持一個性感、不可褻玩的女性形象，所以被貼上了水性楊花的標籤，成了一個隨風亂飄的垃圾。

根據 RAINN（強姦、虐待和亂倫國家網絡），超過 50% 的大學女生有活躍性生活。然而，世界透過性剝削、強姦文化、性的言語羞辱和強調女性「純潔」來證明，這個世界不喜歡看到女人想做愛。這是一種多管齊下的方法：我們被羞辱為蕩婦、妓女，然後我們還要被要求「低調掩飾」，但我們又被告知，有美麗的肉體才會有人要，才會有價值。就像貝利・戴維斯一樣被要求要性感，但不要放蕩。要有性吸引力，但不能有性生活卻沒有性能力。2011 年的一項研究發現，性的言語羞辱是高中甚至是國中階段所遇到的主要問題之一，其中大部分的性騷擾案件亦關於此。在《女權主義最前線》（Full Frontal Feminism）中，作者傑西卡・瓦倫蒂（Jessica Valenti）引用了「閉嘴，你這個醜陋的婊子」作為社會控制女性的手段：年輕女性不斷被

提醒她們的存在是為了被吸引，而我們的外表決定擁有的一切。

　　我們被灌輸這樣的訊息：如果被強姦，那是我們的錯，因為我們不應該穿得像騷婊子一樣。我們的外表吸引力決定我們的價值，而且還要為受到攻擊承擔責任。正如瓦倫蒂所說的，不能做愛，但要性感。（還有其他一百萬件讓我們感覺很糟糕的事情。）

　　世人告訴我們，如果我們的名聲不好，就會嫁不出去。仍然有一些觀念認為，婚前發生性行為的女人配不上丈夫。在某些社會中，女性仍被期望在新婚之夜流下處女之血；如果她們做不到，她們的新婚丈夫就會認為被「背叛了」。雖然這是一個極端的例子，但我們確實因為羞恥和這種被奴役的狀態而被迫鎖在性抑制的制度中。社會不希望我們真正擁有對自己的身體的自主權和控制權。

　　為什麼？說實話，如果我們能控制自己的性慾，就能控制自己的生活。沒有性言語羞辱、處女情結、承諾戒指（promise rings）和貞潔舞會（purity balls），我們消除了某些束縛我們的父權主義權力，可以決定自己的性生活。

　　如果我們允許其他人來定義我們的價值，就會失去找到自己的價值和自我認同的能力。這就像吉兒・菲利波維奇（Jill Filipovic）在她的文章《攻擊性女權主義：延續強姦文化的保守性別規範，以及女權主義者如何反擊》（Ofensive Feminism： The Conservative Gender Norms that Perpetuate Rape Culture, and How Feminists Can Fight Back）中所寫的：「當你將人權擴展到女性時，她們會像人類一樣有個人需求、有抱負和欲望——就像男人一樣。」

　　若你收復你的性自主，並接受每個人都是有性的需求，那你便能創造平等。如果男人和女人在性方面都能夠是完整、安全且為伴侶著想，我們便能到達一個新世界。這聽起來很陳腔濫調，但真的沒那麼

難。性解放會終結戰爭和貧困嗎？可能不會。但這將使世界成為一個更美好的地方，適合這世界上的所有人居住。

堅持，堅持，堅持！

在研究這本書時，我與許多備受推崇、傑出的女性進行了交談。其中一位是著名的性治療師塔米・尼爾森（Tammy Nelson）博士，她寫過許多書，《新一夫一妻制》（The New Monogamy）就是其中之一。她讓我深入了解拿回我們的性自主權意味著什麼，以及為什麼社會對男孩和女孩的性會有如此的差別待遇。

尼爾森博士說，在當今世界，我們不能只說女性必須抵制現在發生在她們身上的一切。我們必須堅持；必須挺身而出繼續前進。不能停止抗爭，只是要注意抗爭並不僅是火燒胸罩洩怒或用機槍和其他武裝革命的作法。在抗爭過程中我們唯一能流的血只有經血，也許再多加一個血腥遊戲（Blood play）★。這就是性自主權，在性慾和快感中尋找快樂是一種堅持，請對抗那些阻礙我們實現真正潛力的想法。女性已經持續地在進步中，並且應該繼續朝著一個我們值得並且可望獲得快樂的方向前進。我們需要主宰這個世界。

★ 血腥遊戲是一種戀物癖，我們之後會談到怪癖和戀物癖。

她是對的。我們必須堅持；必須將我們的性行為視為一種獲得快樂、自信、幸福和自我價值的途徑。我們擁有如此巨大的力量，而我們甚至對此渾然不知，這些力量早已存在於自己身上；我們必須弄清楚如何利用這種力量。在這裡並不是要說一些空話，但事實上我們確實是人類的起源，也是創造人類生命的載體。這都是令人敬畏的。千

萬不要小看女力（Pussy Power）的威力。

女人天生就相信自己一文不值

我們在電視和電影中目睹的暴力、謀殺和死亡比做愛的次數還要多。就在幾年前，《獨立報》引用的一項研究發現，有74個國家禁止同性性行為。如果我們在電視上看到一根陰莖，會非常震驚，甚至連Facebook、Twitter再到裴雷茲・希爾頓（Perez Hilton）本人都會瘋狂地談論此事。你昨晚有看到《冰與火之歌：權力遊戲》（Game of Thrones）裡那根巨大且沒割包皮的陰莖嗎？

我們不會對暴力有所疑慮，因為早已對血腥暴力麻木了。我們可以接受孩子們玩暴力電玩，看他們互相爆對方的頭，然後躺在殭屍的血泊中，但願上帝保佑他們不會看到任何陰蒂和陰囊。上帝禁止孩子們看到兩個人以一種動物本能性的自然方式相愛。這就是為什麼我們會被灌輸「性比暴力更糟糕」的觀念。性比暴力更加不堪。當性成了需要被管控的東西時，我們便對暴力毫不在意。從還穿著尿布的時候，女孩們就會接收到一些性別上的錯誤資訊：《長髮姑娘》（Rapunzel）的故事教導小女孩，逃脫綁架的唯一方法得靠一個強壯男人的幫助才行。小美人魚的故事說：找到一個男人依靠意味著你得失去聲音並拋棄家人——而且這是一項值得做的交易。時尚雜誌告訴年輕女孩，如果穿不下XS的衣服、沒有完美的皮膚和頭髮，她們就會沒人要。如果沒人要，就是一文不值。

這比性羞辱還糟糕，人們以無數種方式剝奪了女性的自主權。年輕女性在其成長過程中被灌輸她們的身體不屬於自己的觀念。想一想如此的歪理，我們告訴孩子們「抱抱湯米叔叔吧！」不去問他們是否

想要擁抱湯米叔叔，也沒人在意湯米叔叔他媽的令人毛骨悚然到爆炸。媽媽們給女兒穿上公主裝，給她們買洋娃娃，即使她們他媽的可能更想成為一個女牛仔，媽媽們卻連問都沒問。我們告訴小女孩，如果被男孩欺負，是因為男孩喜歡她們才這樣。我們肯定這些欺負人的行為，卻不是說：「你應該告訴比利管好他那該死的手。沒有人可以不經過你同意就摸你。」然而人們不願給予她們拒絕的權利，不願讓年輕女性擁有自我肯定和自主權。在截稿期限之前完成工作後，我就像往常一樣滑著我的貼文，在一位女權主義作家的 Instagram 上看到了一張照片；此照片是轉發自某位父親，照片裡有他自己、他的女兒和她的男舞伴，父親拿著槍。標題寫道：「希望我的漂亮女兒和她的約會對象在舞會上玩得開心。」雖然這可能被視為一個玩笑，或只是在警告她的約會對象要「紳士」一點，但實際上是在提醒這個男人他的女兒是屬於他的。她無法保護自己，而決定她命運的是她的父親和約會對象，她沒有發言權。約會對象是一個想要做愛的人，而她卻不是一個有「性」的人。

　　克里斯蒂娜・哈欽森（Krystyna Hutchinson）和科琳娜・費希爾（Corinne Fisher）在他們的書《幹》（F*cked）中引用了他們收到的一封讀者來信，信中一位年輕女性不被允許穿著短褲出門，因為父母告訴她可能會被強姦。如果穿短褲，就會把自己置於危險之中，且將會是她的責任。這只是眾多案例的其中幾個，我們必須認知到人們從生活的各個層面透露出那些狗屁不通的道理，彷彿像拿著黑色帶刺的假屌粗暴地肛著我們的屁股一樣，連潤滑液都沒塗就肛了。

　　這些道理以一種混亂、令人困惑的方式以許多不同的途徑灌輸給我們——轟炸我們的感官，讓我們很難注意到這些冠冕堂皇的道理對我們潛意識中的影響。這聽起來很像 X 檔案的劇情，但這完全是真實

發生的。我們看到妮琪・米娜（Nicki Minaj）搖著她不可思議的大屁股，人們都想模仿那種性感的模樣。我們看到女神卡卡（Lady Gaga）裸體騎在馬上，人們都想如法炮製。與此同時，儘管（或可能是因為）她們擁有的超級才華和提倡年輕女性擁有身體自主權的訊息，還是會因自己蕩婦的形象而感到羞恥。★我們看到的是一個形象化與花言巧語交雜的大雜燴，既美化了性感，又妖魔化了真實的性。

當我小時候談到性時，所獲得的資訊相當混亂。我媽媽希望我能保有性自由，但不能變成一個蕩婦。請注意，這兩者是有區別的。當我是個小女孩時，大人告訴我自慰和裸露是正常和健康的。我明白有性的感覺是我與生俱來的本能，我並不害怕那些感覺。

> ★ 更不用說妮琪總是告訴孩子們要在學校好好念書。這真他媽是一個超
> 有益身心的道理。

同時，她還告訴我：「如果牛奶是免費的，就沒有人會買乳牛了。」這是她那偏激的圖書管理員母親對她的嚴格天主教式教養中所留下的教訓。我被教導「性」是一種商品，無法永無止盡地供應。如果你把它送出去，那你能給別人的東西就變少了。付出的越多，擁有的越少；你也變得更「二手」，如此便會降低你的行情。如果行情越低，對潛在追求者的吸引力就會更低，因此你就不太可能成為高貴的妻子和母親。這聽起來很像《夏綠蒂的網》（Charlotte's Web）書中在市場裡的牲畜交易，基本上就是這麼一回事。

全球網路是另一個令人困惑的混亂場面。性感會賣錢（Sex Sells），但廣告商不會提供接近露骨的色情內容，這使得提及性愛相關的事情根本賺不到錢，進而讓廠商更不可能去正確不帶偏見地處理行銷文案。如果你的公司是靠廣告賺錢的，但所有色情內容都不能有廣告，那麼性相關的內容（即對性和快感的真實描述）就顯得不那麼

誘人了。當我在 Thrillist 媒體集團（現在則是在 Group Nine 媒體集團）工作時，我感覺且相信我有無限的自由來以科學、完整、不受阻礙的方式來撰寫關於性的文章。我想創造有價值的內容，讓世人都能接受將性行為視為人類生命中的正常經驗。如果我們可以寫食物、實境秀、旅遊和體育，那我們就可以寫關於性的事情。

有一段時間，我確實不被束縛。但當公司進行大規模合併時，負責的白人認為他們太高尚了，不能談論像性這樣骯髒的事情。在最終決定從網站上完全刪除該部分之前，我只能提到與約會相關的內容。這只是這個規則被實行的其中一個例子。現在是 2020 年了，我們還是對性害怕到不行，以致於還要用一些體面的名義來逃避它，但同時卻在螢幕的每個角落投射半裸女性極度情色的圖像。很莫名其妙，對吧？我們到底對於性是喜歡還是討厭？我真的不懂了！

男人們，說真的，我們他媽的到底應該怎麼做才好？

佩吉・奧倫斯坦（Peggy Orenstein）在她的《女孩與性》（Girls and Sex）一書中提出的「等待你的王子」（Waiting for Your Prince）的主題情感化女性的性行為，此舉進一步強化了這些上述那些道理。性是最至高無上的禮物，這份禮物是當你戀愛時，用來讓你送給男人的。你把你帶有魔法的花送給了一個值得擁有的男人（在這些異性戀場景中總是男人擔任這個角色）。性不能只是因為你是一個血氣方剛的好色青年可以擁有的東西。

不，這不是這樣搞的。性與愛是永遠互相關聯的兩個無法定義清楚的存在。如果你不等到你的真命天子再發生性關係，你的「禮物」就不值錢了；如果你沒有把性作為附隨愛情的周邊商品，那你就是錯的。你是在貶低自己，你可能永遠找不到真命天子，因為你現在已經是個老大不小的婊子了。

性和情感，讓女人混亂的場面

當我問尼爾森博士如何才能獲得性解放時，她說女性不能將自己的權力拱手讓給伴侶。當女性將性的決定權讓給伴侶時，便失去了主導權——例如，在性高潮上妥協（或完全假裝）時，我們必須藉由意識到那些我們擁有的力量來予以控制。力量不能靠交接來獲得；要得到這個力量得讓自己陶醉其中。

因為不了解自身的情慾而放棄了自己的力量。當我們相信是伴侶賦予我們價值並混淆了性與愛的感覺時，我們就會極快地拋下我們的情感力量。

在女孩看上某個人時，她通常會不自覺地使自己的性情感化。女孩們被告知不能只是為了快樂而做愛，因為那會讓她們顯得不檢點。所以，當我們真的渴望擁有對方時，我們會認為愛上對方了。我們合理地將性慾的感覺與情感上的愛混淆，因為在社會上已經習慣於認為我們不能只有其中一種，這是合理化性慾的一種方式。如果我們被告知在戀愛或結婚之前不能發生性行為，我們就會下意識地製造情感上的愛，讓自己的腦子得以接受這些事情。

我以為我愛初戀男友，想和我愛的人有那種浪漫的電影情節的性體驗。他很完美，看起來像童話故事中的王子，在床上就像個吸了快客古柯鹼（Crack cocaine）的機器人一樣猛。某日下午，他在某個朋友臥室裡的床上把我給榨乾，這些性與愛情的規則也是我得遵守的。但我想知道若我被教導要批判性地區分陰蒂刺痛和愛的感覺之間的差別，那我的性發育過程會有什麼不同？

客觀來說，初戀並不一定都是因色慾而起，但我敢打賭，大多數的狀況都是如此。我還是叛逆的、有點水性楊花的少女時，我媽媽會

說我還不懂愛是什麼。她說得對。我不知道什麼是愛，也不知道什麼是性慾。從來沒有人告訴我們這些事情，從來沒有人告訴我們性與愛既可以交織在一起，也能完全分開。

這就是造成所有這一切的根源：如果我們告訴女孩，她們必須等待某人決定與她們建立關係才能做愛，那等於是把所有權力都交到對方手上。決定權都在對方那裡，如果對方不想跟你「定下來」，那你就會失去一切。

自我覺察：是說出「別想控制我！」的關鍵

為了保有對身體、慾望和感覺的控制權，我們必須要自我覺察，意思是要了解正確且真實的資訊。我指的是你得知道你的陰蒂在想什麼，並你確定想要從一段關係中得到什麼，你要知道自己的價值完全是要靠自己決定。性自主是我們最強大的力量來源。自信，無論是在性方面或是作為人的基礎上，都是讓女性變得強大的原因。這些課程都得從小就開始扎根。她們現在就需要這些認知。

為了培養女性（和男性）的力量和自信，我們必須提供準確且全面的性教育。我們必須告訴孩子性的感覺的確很棒，體驗快感是被允許的，以及如何安全地享受性愛（如果他們自認在心態上已做好準備）。

我們需要向女孩們解釋身體機制，必須鼓勵她們了解自己的身體，也需要向她們展示陰蒂的圖像，並談論似乎沒有人願意解釋的各種問題。我們不能假裝這一切都是不存在的。

當然，假裝沒這回事是行不通的。有些東西不會因為你把它藏起來鎖著就會憑空消失。我們只是一群懵懂的人，不知道陰蒂是什麼，

也不知道如何不讓我們的心被白痴弄碎。★

　　★ 順便說一句，那些高調的白痴也不知道什麼是陰蒂。

　　尼爾森博士重申，若要減少性所衍生的巨大困惑，媒體向孩子們傳播的有害資訊以及對性的偏差情感，唯一的方法就是教孩子什麼是性和慾望。

　　如果你不知道如何處理你的性事，那麼你就無法了解自己對性真正的想法。不管我們喜歡與否，慾望主宰著這個星球。不管你選擇去壓制它還是解放它，它仍然控制著這個星球。它就是一切，是我們存在的根本。不論性別，我們內心都會有性慾。感覺和情緒需要被整合到我們對自己的了解。性慾和愛是兩碼子的事，可以同時存在，但不必一直如影隨形地在一起。你可以在沒有感覺的情況下發生性行為，但是，性慾卻能帶來感覺，或者你可以先有感覺然後延伸到性行為。

　　目前，我們幾乎沒有學過性教育，更不用說能讓我們區分性慾和愛情的課程了。甚至仍尚未有情商相關的學習課程，這真的很可笑。

　　我們需要學習關於快感、許可和性傳播疾病（STIs）。「克制」並不能阻止人們做愛，只是阻止人們知道怎麼安全地做愛。當我想起我那106歲的性教育老師時，我還是會覺得毛骨悚然。當時，她穿著一身「muumuu」連身裙，將保險套套在香蕉上。那一刻含括了所有我上過的性教育課程印象。這都是異性戀本位的影響，全是危言聳聽，且毫無任何有用的資訊。

　　我們害怕教孩子們關於性的現實，因為害怕破壞現有的體制。人們喜歡這個體制，因為這能使我們自在。與此同時，美國只有13個州規定學校教授的性教育必須符合事實。這意味著大多數美國學校都可以選擇教授僅部分正確、斷章取義或根本不基於科學的資訊，歸咎

於我們對性的恐懼。

2008 年 4 月《青春期健康雜誌》（Journal of Adolescent Health）的一篇文章發現，接受完整性教育的青少年意外懷孕的可能性降低 60%，但許多州卻都在教授禁慾的觀念。

想知道美國有多少個州要求教育工作者在教授性知識時提及性快感嗎？一個也沒有。沒有任何一個州會要求學校教導學生關於快感的事情。甚至不需要提到：「做愛很舒服。」也似乎沒有人覺得有必要提及這件事。因為如果他們這樣做，可能會被炒魷魚。

也許我把事實說得太誇張了，但我敢用我右邊的乳頭打賭★，99% 的人做愛並非為了傳宗接代，僅僅是因為很爽而已。我們只是忽略了這個事實並視若無睹，因為這是社會對性本身根深蒂固的集體不安感。如果沒有谷歌（Google）一下或偷用哥哥的電動牙刷做壞壞的事情，沒有人會知道陰蒂到底他媽的是什麼。我們絕對需要在學校教授完整的、以快感為主的性教育。生殖系統和安全性行為固然重要是必須要教的課題，而且傳宗接代並不是性愛的唯一目的。我們沒有教她們了解人類與生俱來的衝動，這對世界各地的女孩和年輕人都是一種極大的傷害。

　　★ 我右邊的乳頭也很美。

目前，有些離開學校的女孩完全不知道自己的身體是如何運作的，哪裡是陰蒂，或者摸哪裡會很舒服。我們就像：好吧，我想性只是為了讓我們的伴侶開心而必須做的事情。唉，人生啊。平均每三位女性就有兩位需要陰蒂刺激才能達到性高潮（此數字係根據最近的研究，可能這個數字還可以往上升），但在性教育中卻很少（如果有的話）提及陰蒂的事。2005 年的一項研究發現，有 29% 的大學生無法

在器官圖上找到陰蒂，直接點出高中性教育的成效不彰。所有這些課程內容都是錯誤資訊，而且疏忽了根深蒂固在性愛、劈腿和女性快感的過時觀念中。

陰蒂可以拯救一切

於2017年，我對陰蒂進行了廣泛的研究。我與專家交談、閱讀期刊和研究，最後為《魅力》（Glamour）雜誌撰寫一篇關於陰蒂內部的文章。沒聽說過嗎？沒關係，幾乎沒有人知道。

醫學界並沒有弄清楚陰蒂遠低於外陰的外部，你可以在外陰表面看到像小疙瘩一樣的凸起物，（令人驚訝的是）直到一位名叫海倫‧奧康奈爾（Helen O'Connell）的女性泌尿科醫生在解剖屍體的時候發現了這件事。她於1998年出版了她的著作《陰蒂解剖學》（Anatomy of the Clitoris）。在我才穿上一件全銀色的外衣迎接千禧年到來的2年前，我們才真正知道陰蒂的完整結構。

女性獲得快感的器官是陰蒂，而不是陰道，陰道（Vagina）可能也是英語中最常被誤用的詞，不要去谷歌它。女性快感的泉源就是來自於陰蒂。陰蒂應該是類似於陰莖這樣的勃起組織，其包含8千個神經末梢，需要予以刺激才能產生女性性高潮。許多研究報告說，只有不到30%的女性可以藉由陰莖抽插來獲得性高潮。這與陰道口和陰蒂之間的距離有很大關係。根據人類學家和《性、謊言、柏金包：女性欲望的新科學》（Untrue）的作者溫絲黛‧馬汀（Wednesday Martin）博士的說法，如果你的陰道口距離陰蒂不到2英吋，那你更有可能在性交時高潮，問題是這種情況非常罕見。更令人困惑的是，研究顯示有30%的女性可以在性交過程中達到性高潮，而且不需要性交對齊

技術等姿勢，也就是陰蒂與恥骨相互摩擦，這項研究中的女性也會以手去自慰或使用情趣用品。在抽插過程中是很難碰得到陰蒂的。即使如此你還能有陰道高潮的話，那表示陰蒂至少是透過陰蒂前壁去接受到間接刺激。★它位於陰道口上方相當遠的位置。如果你不知道陰蒂在哪裡，或是觸摸它的方式，那你就無法得到高潮。

　　　　★ 之後會詳細介紹。

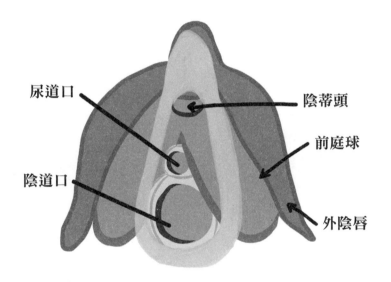

尿道口　　　　　　　　　　　　　陰蒂頭

　　　　　　　　　　　　　　　　前庭球

陰道口　　　　　　　　　　　　　外陰唇

　　這是將女性從嚴苛的性奴役中解放出來的第一步，了解生理構造及其正確的位置可以幫助重拾你的力量並擁有性快感。如果你不再需要靠別人才能讓自己高潮，那麼便能與男人並駕齊驅。男人主宰著世界，所以我們得迎合他們。男孩們被教導說他們的快樂是理所當然，當男人獲得高潮之後，性愛（異性戀的）也隨之畫下句點。奧倫斯坦（Orenstein）在她的著作《女孩與性》（Girls and Sex）裡引用了幾個對少女的訪談，並點出這些女孩隨時隨地就輕易為男孩口交的狀

況。大多數女孩回覆口交根本「沒什麼大不了的」，而她們也從沒期望口交可以獲得任何回報。她們認為這是一段「長期的感情關係」中會發生的事情。這個口交悖論是個令人沉痛的例子，其顯示了我們對於女性性愛的真實看法。

我們從未被教導如何面對身為女性的慾望，也從來沒有人教導女孩她們其實可以像男孩一樣體驗快感。

還記得之前提到牲畜市場的比喻嗎？性是一種待售商品？這就是為什麼沒有人教你關於陰蒂或女性快感的原因。要是你發現你也是人，性愛和你的下體實際上可以無限地自體恢復能量，那麼他媽的怎麼會有人能夠控制你呢？人們必須讓女人保持這些錯覺。

綜觀所有這些狗屁倒灶的事，看到這巨大、一團混亂的場面時，你會感到十分沮喪，但這並不是你的錯。這就是你一直習以為常的性觀念，網路世界是你唯一可以寄望的地方，如果沒有人願意告訴你任何事情，新聞媒體似乎是最好的選擇。

女孩與A片的關係

我們都得靠網路來了解自己的身體。如果父母和師長都沒有跟孩子們談論關於性和快感，那孩子們就別無選擇。網路是他們唯一能找到答案的地方。只要新聞媒體是以負責任且科學、準確的方式來報導性相關的議題，那網路就有可能為你提供無窮無盡的資源。但同時，網路也是一個無邊無際的A片搜索引擎。

當我大約8歲的時候，我用家裡那色彩繽紛的蘋果電腦（還記得這玩意兒嗎？）透過在當時還很陽春的網路瀏覽器上搜索「陰道」這個詞。我記得好像是用IE瀏覽器吧。總之，如果有比慢到靠北的撥

接網路更令人討厭的東西，那就是螢幕上跑出來的那些畫面：一大堆金髮碧眼的嬌小女孩，她們的陰道被可怕的大屌給插爛了。那畫面造成我非常巨大的創傷。在此之前我對性一點概念都沒有，甚至不懂性是什麼，而且當時我還沒成熟到可以目睹兩根如馬屌一樣大的陰莖同時插入陰道和肛門。還是小女孩的我真的不應該看到那個畫面，這簡直糟透了。

　　A片是一種娛樂，具有很強的刺激性，可以引起高度的興奮感。然而，卻不能準確地描述現實生活中的性行為。我們必須告訴年輕人真實的性行為是什麼樣子的，以便他們理解。沒有適當的性教育，他們最終會看到這些A片。A片雖然具有娛樂性和啟發性，但卻美化了身體且掩蓋住身體真實的樣貌，例如陰毛或橘皮組織：使我們成為一個真實的人，也是容易被挑毛病的地方。結果A片成了年輕人唯一可以理解性的途徑。若你只看A片來學做愛，那你會對第一次真正的性行為感到驚訝，也許還會有點失望——更不用說可能會認為自己完全不擅長做愛了。他們可能會一時興起在肛交之後直接換到陰道性交，這個行為既荒謬又危險。你會想讓你的孩子認為讓陰莖在沒有潤滑的狀態下插入肛門，並同時為另一個男人口交是正確的性愛方式嗎？

　　我們必須藉由獲得我們需要的知識來盡情享受安全的性生活，進而抵制社會妖魔化性行為的過時觀念，以及阻止色情作為性教育的管道。要做到這些事情，就必須去針對「性」去談論、撰述，並積極追求充實的性生活。我們必須挺身抵抗，我們必須堅持到底。

　　那我到底是怎麼想的呢？很簡單，真的。我們必須拿回對性的控制權並學習關於性的事情。

　　我們必須教育年輕人，並且需要要求新聞媒體的品質。必須停止再聽那些過時的廢話；必須拒絕那些決定我們能否思考人類性行為的

聲音。要做到這些你就能夠以你自在開心的方式去決定自己的性生活。然後你要拒絕退讓,你不需要進軍華盛頓從政;你不需要成為一名社會運動工作者;你也不需要捐一大筆錢。小的行為也有助於達成更大的事業,這些作為都是重要的,能讓世界成為對女性來說更美好的地方。擁有自己的性生活,你就能為這個目標付出一份心力。你的性自主權會有助於拿掉那過時不堪的遮羞布。這也可以從根本上對共和黨(GOP)說:「去你的!」

當你讀到本書的其餘部分時,學習有關情趣用品清潔、另類性愛行為、傳性簡訊、了解合乎道德的非一夫一妻制、尋找另一半和享受性生活的實用教學時,請記住以下幾點:不管你想不想做愛,這都無所謂。無論你是一個水性楊花的蕩婦還是完全對性無感,你的賦權仍然要被重視。你很重要。

透過正面看待你的性生活變得性積極(sex-positive)。拒絕感到羞恥!性治療師杜爾西內亞‧皮塔戈拉(Dulcinea Pitagora)博士是一名性治療師,她開設一個名為《淫蕩醫生》(KinkDoctor)的節目,她將性積極定義為了解自己,對自己保持冷靜,做自己想做的事。這也意味著冷靜看待其他人想做的事情,並自己決定是否允許他們去做,即使你的決定不符合其他人的意思。

寶貝,為我們所有人高潮!為自己高潮!

第 **2** 章
自我探索何錯之有

在我們真正接納性感的自我之前，需要考慮一件至關重要的事情：性賦權指的是所有人的性賦權，不只是針對白人女性或是直女，也不只是針對健全的女性或甚至只有女性受惠。而是所有人都應該如此。

在賦予女性探索性慾的權利的同時，更重要的是，我們要為來自不同背景的所有女性提供一個視角。如果這不能包括所有種族、背景、身分和性取向的女性，就不可能擁有真正的女性賦權和團結。如果你的女權主義不具交叉性的，那就不是女權主義。為了擁有性生活並消除那些羞恥和恥辱感，我們需要團結起來，認識到一個人的煎熬就等同於我們所有人的煎熬。我們團結在一起會比世界上任何事物都還強大。

現在我若說寫這篇章節對我來說不是什麼難事，那我肯定是在撒謊。以任何身分去寫這些事情我都深刻地自覺「我到底有什麼資格替黑人們、同性戀或跨性別團體發言？」那些被剝奪權利但卻表現勇敢而偉大的族群是我非常尊重、欽佩和欣賞的。而我現在這麼做卻感覺像是在剝奪他們為自己發聲的權利。冒名頂替症候群（Imposter Syndrome）正狠狠踢了我下體一腳。

我是一名雙性戀（但肯定是直女）、白人、中產階級、受過教育、身體健全的順性別（cisgender）女性。我看著我為這一章寫好的

大綱，心想：「說真的，吉吉，你他媽的到底是誰？」

　　這使我很焦慮，甚至考慮想要說出一切的事實。事實是，儘管我是一個白人，他媽就是個享有特權的女人，讓我覺得寫這些事情感到無比諷刺，但這些事情仍然是十分重要，所以不論你的身分為何，這些事情都需要每天持續被談論。我們需要透過任何可用的平台，讓每種身分的朋友都能為女性的權利而戰。

　　任何一本關於女性性生活的書，如果沒有含括「所有★」來自不同背景且經驗豐富的女性在內，那這就是一本不負責任的著作。畢竟，如果你是一位尋求賦權的女性並決定花錢買這本書，但你不可能不想讓自己了解一群你不太了解的女性。

　　　　★ 雖然要含括到「所有」很難，但我會全力以赴。

　　當你寫到不曾經歷過的議題時（壓根兒啥也不懂），你會感覺不舒服和問題重重。由於我不是這些族群中的當事人，所以我決定從一些經歷過的女性獲得想法。她們可以為自己發聲，而且本來應該就要用不帶性別歧視的方式來處理少數族群中的婦女所面臨的一些問題。

　　慶幸的是，在本章中與我交談過的傑出女性都非常親切和樂於協助，並對她們自己特別的奮鬥、經歷和勝利提供了深刻的見解。在她們之中沒有人會對我說「關你屁事」；沒有人會讓我感到愚蠢或無知。她們反而開放地接受我的問題，並在這段旅程之中幫助我。畢竟，疏遠人們或將某人拒之門外是無助於性賦權的推廣。只有當我們一起行動時，它才得以向前發展。女性在教育、理解和同理心上都具有不可思議的能力，還有多到炸掉的韌性。

　　然而，圍繞在「他者們」的是真實且無處不在的恥辱感。我將複習一些你過去可能從未聽過的專業用語。你可能會想，交叉性到底是

什麼意思？雙性戀並不表示一定會被兩種性別吸引？這真是他媽地令人困惑。

　　如果你之前就已經聽過這些專業用語，那你真的很懂。來賓請掌聲鼓勵！但是複習一下還是很重要的。沒有人會嫌學太多東西的，對吧？在這個無知的沉悶世界裡，你懂得越多，就能更完整地教育那些無知的人。

異性戀：如果你喜歡屌，我們知道了；
如果你討厭，那就掰掰

　　這肯定是異性戀本位（heteronormative）。勞拉・華納（Laura Warner）和邁克爾・華納（Michael Warner）將異性戀本位定義為「這種關於性的制度、論述架構和實踐方向能使異性戀變得有道理且帶有特權。」★換言之，廣義、美化的異性戀本位意味著我們在媒體、公共場所和生活的各個方面看到的基本上都是白人，異性戀也直接可以代表性、愛和人際關係。在媒體中，大多數電視節目、書籍和名人雜誌都在讚頌白人異性伴侶。當然例外的現象持續在增加中，但整體來說，異性戀本位依然占據主導地位。才華橫溢的作家和女權主義指標人物奧德雷・洛德（Audre Lorde）在她的文章《年齡、種族、階級和性別：重新定義差異的女性》（Age, Race, Class, and Sex：Women Redefning Diference）中以一種真正直率的方式處理了異性戀本位以及性別和種族平等的矛盾：

> ★ 勞拉・華納（Laura Warner）和邁克爾・華納（Michael Warner），
> 　〈公共場合的性〉（Sex in public），收錄自《批評研究》（Critical
> 　Inquiry），24 期（1998 年）。

　　在某個地方，在意識的邊緣，有一種我稱之為「虛構準則」（mythical norm）的東西，其意指我們每個人內心深處都有一個「那不是我自己」的形象。在美國，這種準則通常被定義為白人、苗條、男性、年輕、異性戀、基督徒和經濟穩定的象徵。正是因為這種虛構準則，才使權力的陷阱存在於這個社會中。我們之中那些站在這種力量之外的人經常會認知到我們是與眾不同的，而我們認為這正是所有壓迫的主要原因，而忽略了圍繞在這些差異的扭曲解讀，其中某些曲解甚至可能是我們自己也這麼想的。整體來說，在今天的女性運動中，白人女性會關注她們身為女性所受到的壓迫，但卻忽視其他種族、性偏好、階級和年齡的差異。實際上，這是一種在經歷同質性的假象，而且以一種不存在的姐妹情誼來掩耳盜鈴。

　　洛德談到了我們已知且跟隨的道理，這些道理讓白人以外的任何人都能直接強烈地意識到他們自己跟別人的「差異性」，為他們留下的問題多於解答，並藉由闡明其差異逼迫她們從女性的保護傘下分離。當你看到的只是一張完美的布萊德・彼特（Brad Pitt）和安潔莉娜・裘莉（Angelina Jolie）（雖然已經離婚了）、萊恩・雷諾斯（Ryan Reynolds）和布蕾克・萊芙莉（Blake Lively）之類的恩愛合照時，你就會逐漸接受這就是標準，並認為只有這樣才能令人滿意。

　　這種「差異性」和經常性孤立的女性於性與性別認同遍及到種族、階級，它無處不在，我們可以容身的地方小到好像必須彎腰折斷自己才得以適應，或者只能作為一名局外人羞愧致死。差異性讓我們被孤立，並且讓我們不斷地意識到我們與其他女性的格格不入。

種族對性觀念有著巨大的影響。作家安妮塔・利特爾（Anita Little）在2016年《女士》（Ms.）雜誌中的一篇部落格文章，強而有力地描述對白人女性與有色人種女性性生活的文化解讀差異：「當你是一個出身底層的有色人種女性時，你所有的選擇（尤其是關於你身體的選擇）都會受到質疑和雞蛋裡挑骨頭。然而，當擺脫種族和階級的前提之後，你就可以聲稱自己只是性解放了。」

流行文化說，性特權和性快感是白人的事。白人男性擁有最高層級的性特權；白人女性比有色人種女性擁有更多性特權；而白人異性戀女性則比同性戀女性享有更多特權。甚至白人之中還有更高的特權層級。性和對快感的探索僅限於白人、中產階級、享有特權的女性、我們認為可以擁有性自由的女性、以及人們想像的那種無憂無慮且性感的女性。我們想像中女性解放的畫面中還遺漏了殘疾女性、跨性別女性、酷兒（queer）女性、有色人種女性和眾多其他女性。還是要再說一次，令人不解是，我這麼一個直率、身體健全的白人女性居然在探討本章中提到那些不被重視的人，但我一定會進一步闡明這樣做的必要性——我現在擁有這個平台，因此我必須善加利用。

讓我們從第一課開始，我希望你能藉由從本章中學到東西，並帶著你所學到的去面對本書的其他部分：不論你是誰、或是你如何認同、看待自己都無法侵犯你體驗快感的權利。

只要有人對此呈現相反意見，並告訴你事實並非如此，那他肯定是個騙子。無論你的身分、出身為何都不是重點；如果你以自己喜歡的方式探索自己的性取向，那就是美好且令人驚奇的事情。別讓任何人黯淡了你的光芒。

當我們做到的時候，也別讓任何人去黯淡其他人的光芒。每個人都應該能以想要的任何方式去表達自我（只要在不傷害人的前提

下）。大力對抗那些性羞辱、種族歧視者、恐同的王八蛋——如果有
必要的話，你也應該站出來。

圍繞在有色人種女性四周的羞辱

在我與有色人種女性進行的訪談中，幾乎所有人都對她們的性羞
辱經歷表示敬意，無論是發生在家裡、教堂、學校、職場，還是與浪
漫伴侶。

長期以來，黑人女性既被迷戀又被性羞辱，這是一個令人困惑又
擔憂的悖論。★正如作家瑪莎・霍茲（Martha Hodes）在《白人女性，
黑人男性：十九世紀南方的非法性行為》（White Women, Black Men：
Illicit Sex in the Nineteenth-Century South）一書中指出的，白人男性也
占了黑人女奴隸的便宜，然後將他們的罪行歸咎於女性的「性慾亢
進」。而這只是美國早期黑人肉體迷戀的一小部分。在《美國電影中
的黑人女演員：對奶媽／女僕角色的歷史和批判性分析》（Black
Actresses in American Films：A History and Critical Analysis of the Mammy/
Maid Character）中，作家瓦萊麗・科爾曼（Valerie Coleman）形象化
了兩個極端的範疇：有侵略性、淫蕩的性行為（順便說一下，這不是
什麼東西）和「奶媽／女僕」（亦稱「善良的基督教黑人女性」）的
角色，不過只是更多的限制罷了。

> ★ 黑人男性也被過度強調性徵；內戰結束後，黑人男子被誣告強姦白人
> 婦女。他們在非人道的漫畫中被描繪成野蠻、對性貪得無厭的野獸，
> 這對黑人族群的過去和現在都極具破壞性。

與莉蒂亞・波尼那（Lidia Bonilla）交談讓我既緊張又興奮。她
是一名西班牙裔的性科技企業家，也是羽毛屋（House of Plume）的

創始人，羽毛屋是一系列中性、製作精美的盒子，可用於存放你的情趣用品。她說，這家公司的誕生源自於熱情和她發現市場缺少讓情趣用品有個豪華舒適收納的收納盒。她曾經從事金融業，但後來轉而從事更具創造性的工作（即情趣用品）。她是「女性與性別科技公司」（Women of Sex Tech）的聯合創始人，這是一個讓我深深著迷的女性聚落：一些企業家、情趣用品工程師和老闆。

　　我在紐約市第一大道和第二街的一家街角咖啡館會見了莉蒂亞。她穿著一件超長連衣裙，塗著紫紅色口紅，頭髮染成爆炸頭的漂白金，她是我第一個訪談的對象。我有太多的問題想問，但我覺得我沒有權利問。幸運的是，她使我安心，並保證我準備的每一個問題都很棒，她甚至很高興地回答了那些我寫得很不自在或覺得過於無知的問題。

　　莉蒂亞告訴我，對她來說，性賦權意味著無論你在性方面做出什麼選擇，你都會感到自在。重要的是，無論選擇什麼，無論其他人怎麼說或相信什麼你都沒有錯。對於女性來說，這是我們隨著年齡的增長而（希望能夠）逐步發展的東西。除非你的父母從小就對性持開放態度，否則女性很難在性方面保持開放和自信。即使那樣，恥辱和羞辱也會發生在家庭之外。然後，在這些現實之上，你身上還背負著一位有色人種女性的身分，以及你的文化背景，不同層次的宗教和傳統。

　　莉蒂亞從小到大都不曾和她的父母談論過性。他們了解她在羽毛屋靠什麼謀生，卻沒有多說甚麼。她透過好奇發現了自己的性取向，「你知道的，我一直對性感到好奇。因為這是人們避談的話題。某次在教堂裡，我記得聽到有關某個女孩懷孕的謠言。然後我就坐在那裡猜測是誰有了魚水之歡，『她做愛了……對，她肯定做愛了。』」

「那些謠言都是關於他們『在教堂』的照片。我記得是妓女的照片。照片上的她側躺著，穿著看起來很昂貴的衣服，腳趾上掛著一隻鞋子，看起來很騷。我心想，『哇，她太了不起了。』」

雖然莉蒂亞對抹大拉的馬利亞（Mary Magdalene）的反應很可能與她的長輩們所期望的背道而馳，但她看到了女性性慾中的原始能量。……即使當時還是小女孩的她還無法理解。

莉蒂亞的成長經歷不包括與性關係或性快感。我在所有訪談中都聽到同一件事，而同樣地她也提到了這件事：有色人種女性認為她們沒有擁有任何快樂的權利。

當你有越多的「特權」，才有機會獲得越多的快樂。並非所有有色人種女性都是勞動階級，當然她們也不全是移民，但是當你是初到美國，為生計打拼的勞動階級時，對於快樂這件事就會有不一樣的看法，因為這不會是你生活的重心。對於許多身為移民後代的美國人來說，生活不是為了休閒──而是為了讓家人過上更好的生活。莉蒂亞告訴我，她媽媽總是把重心放在工作和學業上：「我們必須在這個國家養活自己。直到大學畢業後我才學會如何快樂生活。快樂是一種我必須去學的事情。但對於白人女性來說，這是她們的權利或理所當然的事。」

我致電給席德妮 G・格林（Cidney G. Green）（我們在第 1 章中有提過她）談論她作為一個黑人、擁有性賦權、全能的女強人經歷。與莉蒂亞交談時，我可能會感到不自在和緊張，但與席德妮交談時我則害怕得要命。她是一個嚴肅的女人，無法容忍任何人說任何廢話。如前所述，席德妮是「解放陰道」（Pussy Over Pain）網路影片的創作者。如果你還沒有看過的話，快去谷歌，真的很不可思議。

席德妮在路易斯安那州的農村長大。然而，她說她對黑人女性性

行為的態度是非傳統的。她告訴我，黑人女性通常會被教導性是負面、骯髒的東西。人們告訴她們性是魔鬼，你不應該與此有任何瓜葛。她說，當她開始有性生活時，她告訴了媽媽，而媽媽要求她要避孕，但這不是常態。她說：「黑人女性被教導著，男人不想要一個喜歡做愛的女人。你所做的一切都必須為了找到一位愛你的男性丈夫。」

黑人女性的性傳播疾病率高於任何其他種族或性別。根據疾病管制中心（CDC）的數據：65%的女性愛滋病病例發生在黑人社區。

在當今這個「進步世界」中，我們將黑人女性的性行為視為「受迫」或「離經叛道的」。如果你有活躍的性生活，你不是被某個男人利用（這對你來說是極為糟糕的事）要不就是妓女。或者你可能是某個網路外流影片裡的女孩，或是克蕾兒・哈斯提波（Clair Huxtable）。在金伯利・斯普林格（Kimberly Springer）的文章「黑人女同性戀的異性戀狀態」（Queering Black Female Heterosexuality）中，她指出黑人女性的性習慣是一種「危機」。斯普林格斷言，關於黑人女性性行為的「做就該死，不做也該死」的觀點讓年輕的黑人女性沒有管道得以公開且誠實的方式討論性問題，這與白人女性面臨的性悖論非常相似。由此可知，我們都一樣糟。但最大的關鍵差異則在於那條將黑人族群連結在一起的極端信仰思維，並不是說白人就不會虔信上帝（他們也會），但黑人族群的生活幾乎完全圍繞著教會，這也是這些族群的領袖如何控制人們（尤其是女性）的方式。

席德妮告訴我：「黑人是最受性壓抑，但也是對信仰最虔誠的人。」

極端的壓抑和缺乏可以為其發聲的管道導致整個族群在這些粉飾太平的畫面之外發展出自己獨特的身分。他們發展出不同的習俗、傳

統以及與自己與世界交流的方式。有色人種女性在社會的各個方面都缺乏發聲的管道——勞動工作、電視和媒體、領袖角色等等。

　　我將特別引用一些關於非裔美國女性的統計數據，但這些只是為了強調我們目前主要仍以白人女性作為評斷指標——這是一個不可否認的巨大事實。

　　讓我在這裡用一些糟糕透頂的事實來打擊你。根據勞動力聯盟（Workforce Alliance）估計，2010年有21.4%的非裔美國女性擁有大學或更高學歷，而白人女性的比例則為30%。另外，以同樣的工作來看，在每個男性可賺1美元的前提之下，白人女性的收入可達到0.78美元；而黑人女性的收入約為0.60美元；拉丁裔女性的收入則為0.53美元。

　　根據美國進步中心（American Progress）的統計數據，美國有13%的女性是非裔美國人。而根據勞動力聯盟的數據，2015年有57%的專業性工作由女性擔任。只有25%的科技技術工作由女性擔任，其中僅1%由拉丁裔女性擔任，5%由亞裔女性擔任，3%由黑人女性擔任。截至2017年，在國會的98名女性中，只有14名是非裔美國人。

　　由於社會各個領域皆存在這些明顯不平等的現象，因此需要盡可能讓更多有色人種女性參與關於性的討論。白人女性則必須利用作為白人女性的特權來提升那些還在辛苦掙扎的人。我們都必須利用擁有的任何特權（無論有多少），致力使所有人獲得平等。畢竟性愛本身就是人人平等的事情，不應該有任何對於「性」的階級制度。性不是白人獨享的。席德妮說：「當你試圖以任何方式壓抑性慾時，並你只會把自己搞砸。性是我們擁有的最強烈的情感。它會以令人難以解釋的方式把你搞砸了。而做愛是你能從中得到的最好的東西了。」

　　身體有權享受快樂，所有性表達都是自然的，應該要被鼓勵的。

那些圍繞在酷兒的性生活羞辱

我不認為有任何酷兒女孩在她生命中的某個時刻不曾懷疑過自己，這都是理所當然會發生的事情。

我覺得（現在仍然覺得）我對於自己身為雙性戀女性的身分感到很違和，我最近才開始對朋友和家人承認自己是雙性戀。之後，我在工作中才得以敞開了心房。為什麼會有這些過程呢？都是因為那些恥辱和羞辱感，我們在某種程度上多少都會感到恥辱和羞辱感。我覺得我還不那麼雙性戀，我是雙性戀嗎？我甚至還無法充滿自信地對那個問題回答：「我是！」大多時候我都是和男人約會。如果我和男人約會，會讓我雙性戀的程度減少嗎？有一種焦慮是來自於挪用他人身分的恐懼。如果我不是其中一分子的話，我就不想宣稱自己是酷兒，而且我沒有一直覺得自己處於酷兒的狀態，我知道我並非唯一一個有這些感受的人。多年來，有許多同志朋友也向我表達了同樣的焦慮。

儘管要寫關於某一個族群的文章很難下筆，但寫關於酷兒的文章卻有一種自我歸屬感。

我們生活在一個假定所有人都是異性戀的世界裡，這是預設的前提。在大多數情況下，你所見的都是同樣的性向認同；一切都被假定是異性戀，與你的性向認同不同。你是個年輕女人，所以必須是異性戀──直到你被掰彎為止。我們不會看著某個人，試圖去判別他的性向認同。我們不會特地去期待一個女人（或任何人）「出櫃」承認自己是異性戀，因為那不會發生。因此，如果你不是異性戀，就得負起責任讓別人知道。我們應該要靠自己去完整地釐清並認識自己。

我在我的男伴前很擔心我的「雙性戀」傾向，我比較願意與女性分享。我真的很想問自己：「我為什麼會有這些該死的想法？」

　　女性酷兒會看到以下混亂的訊息：雙性戀是一個不合理的「階段」。其可用於所有女性酷兒，而且通常指的就是酷兒。女性酷兒經常被告知她們的身分認同有待商榷，她們也無權置喙。你一定很困惑並有所質疑，如果你說你是雙性戀，那可能只是你還沒找到一根喜歡的陰莖而已，但你最終還是會找到的。雙性戀只是你和男人交往、成為妻子和母親的過程中的一個階段而已。「哦，你是同性戀？那你肯定醜得要命，沒人想幹你吧。你幹嘛這麼想與眾不同呢？」

　　除了影集《拉字至上》（The L Word）之外，沒有那麼多電視或電影角色可供年輕女同性戀者和雙性戀女性幻想。我們現在有《勁爆女子監獄》（Orange Is the New Black）、《透明家庭》（Transparent）、《不才專家》（Master of None）等少數幾部與此相關的影集。對待這些少數族群的情況肯定會變得更好，但我們仍然需要提高其代表性。目前異性戀仍是一種理所當然的準則，如果節目中有「同性戀」或「酷兒」的角色，他們通常會扮演故事中典型的LGBTQ人物——往往只是為了搞笑。例如，《摩登家庭》有一對同性戀夫夫——典型用來增加劇情深度和悲情效果的同性戀角色。

　　期待跟隨我們走向一個崇尚接納多元和性流動（Sexual fluidity）的社會（無論這種轉變是否非常緩慢），這種缺乏理解、代表性和教育的情況不會再出現了。美國童軍（Boy Scouts）陸續開放讓非順性別男孩成為幼童軍（Cub Scouts），所以如果這些傢伙能夠加入，一切都變得有可能了，對吧？

　　我與女性導向情趣用品店「Babeland」的作家兼聯合創始人克萊爾‧卡瓦納（Claire Cavanah）進行了訪談，試圖更完整地了解酷兒、性賦權和女性——以及這些因素如何相互影響。有時這感覺像是一個令人困惑的組合，使我們混亂不已。克萊爾在訪談開始時告訴我，性快

感是普遍存在的。大多數人都有過一些愉悅感，所以對於如何體驗性行為並沒有真正的解方，沒有所謂正確或錯誤的方法。真是見鬼了。

雖然這是真的，但也實在是太荒謬了。我們假設每個人都符合這些白人觀點、異性戀、非黑即白的限制等，但這簡直大錯特錯。然而，普遍的論述中尚未呈現出這一事實，但它仍然存在。

我和我傑出的作家經紀人艾希禮（Ashley）（嗨，艾希禮！）以及她的一群友人整個晚上都浸淫在大麻和酒精裡。那是一個女同派對（是的，就是這麼叫的），我是那裡唯一的「異性戀」。

他們歡迎我進來，並暢所欲言地談著他們的過往──是什麼契機把他們帶到了紐約市，以及關於被家人接受出櫃，或有時被不同族群排擠的各種軼事。整個晚上都非常開心且有趣。雖然這群人並不代表整個酷兒族群，但這反映出一段（至少對我而言）不同的、複雜的、令人困惑的旅程，就是搞清楚自己他媽到底是誰。其中一名女性表達了從小在德州一個反同基督教社區中生活的困難；其他人則提到他們在家中感受到不同程度的接納，從寬容到張開雙臂歡迎。（根據皮尤研究中心在2013年的數據中，有39%的LGBTQ族群在生活中的某個時刻會感受來自家人的排斥感。）

與我交談過的一位女性告訴我她作為一名身材高大的女性酷兒經歷；還有人告訴我，她一生都是「異性戀」，但結果卻愛上了一個女人，直到那時才發現她實際上是同性戀。

其他跟我談過的人則對於缺乏可以讓女同志社交聚會的場所而感到沮喪，女性酷兒缺乏公共空間是一個普遍存在的問題。女性酷兒可以聚集和形成聚落的地方很少。同志俱樂部雖然宣稱歡迎所有LGBTQ族群，但事實上卻極大地迎合了男同志，讓女同志和女性酷兒有些迷失方向，並同時想努力釐清自己到底是誰。如果沒有一個具

體的空間來找到跟你一樣的人，那這樣的煎熬就會顯得更巨大。與我談過的一些女性對她們在 LGBTQ 族群中流離失所表示絕望，覺得在這些男同志導向的地方被排擠在外。她們認為自己被這些本應是同夥的人歧視。其中一位女士告訴我一個故事，她和其他一些同性戀朋友去同性戀俱樂部卻遭到顧客的惡意對待。與此同時，男同志卻能經常光顧專為女性酷兒開設的酒吧。正如一位女士告訴我的那樣，基本上沒有女性酷兒可以聚聚的空間。紐約市到處都是男同志俱樂部，但你用一隻手就數得出來女同志酒吧的數量。

當在美國性教育的慘淡現狀中沒有任何酷兒相關性教育時，成人生活中缺乏相關聚落的現象只會變得更加嚴峻。在學校教育方面，很少能在正式場合中去討論酷兒問題，這讓年輕的酷兒族群除了谷歌搜尋之外幾乎沒有學習相關知識的管道。當探尋（可能的）自我的議題從未被提及或認知時，你要怎麼做才能認識自己呢？你又該如何能自在地做自己呢？這是充滿恥辱的現況。如果你甚至不曾聽過女同性戀這個詞的話，那麼若你真是女同性戀的話，又怎麼會自然地為自己的身分感到驕傲呢？

某個名為「智威湯遜創新集團」（J. Walter Thompson Innovation Group）的趨勢預測機構於 2017 年的一項研究發現，只有 48% 的 13 至 20 歲（Z 世代）青年認為自己是「完全的異性戀」，而千禧世代在這一比例為 65%。根據疾病管制中心（CDC）的 2017 年青少年危害健康行為調查（Youth Risk Behavior Survey, YRBS），發現那些設有針對兒童的同直聯盟的學校裡受到霸凌和青少年自殺的機率有顯著的下降。研究表明，女同性戀在學校遭受到霸凌的比例最高，使她們比異性戀女性更容易出現心理健康問題。這是有道理的，因為同性戀和酷兒女孩在各種層面上都可能面對霸凌行為，包括針對性生活和性取向

的羞辱，以及對她們外貌的霸凌行為。

　　要能形成自己的身分認同需要時間與探索。你必須找到你的同類，並停止和那些讓你感到自卑的毒舌混蛋再來往。對於許多女性來說，這是一段複雜而動盪的旅程。在資源有限的情況下，找到自己的出路會迫使你嚴重依賴相同族群的力量和自我的教育——客觀上來說這些對任何人都是舉步維艱的壯舉。

　　按照相同的思路，以下是你不應該對於酷兒性生活產生的誤會。

1. 所有酷兒性行為都是危險的。

　　鬼扯。

　　酷兒性行為與異性戀性行為一樣危險。

2. 雙性戀是假的。

　　鬼扯。

　　雙性戀是真的，你也是真的，你的經驗更是真的。一項由英國廣播公司（BBC）支持的 2017 年針對 3000 名英國人的研究發現，有三分之一的年輕人認為自己是雙性戀者。我也還在努力找尋自己的答案中，許多人都是如此。寶貝們，你們會被看見的。

3. 一個是 1 號，一人是 0 號。

　　鬼扯。

　　人可以自己決定自己的樣子。在你的性生活裡，可以當 1 號也可以當 0 號。可以每天決定用不同的方式去做愛。這他媽的沒問題啊，因為你可以是任何你想成為的樣子。

4. 一個人通常比較陽剛氣質，而另一個人通常是女性氣質。

　　鬼扯。

　　　　你可以隨心所欲地穿衣打扮，隨心所欲地喜歡上任何人。你不必穿著特定的衣服來吸引特定類型的人。

　　我們需要共同努力，以消弭對酷兒的所有誤解，如此我們才能一起更完整地了解實情。瑪爾·哈里森（Mal Harrison）是情色智庫中心（Center for Erotic Intelligence）的主任，也是我親愛的麻友，他告訴我，「我們能做的明智之舉就是去談論它。而且，意思是去問：『我要問你一個敏感的問題，如果這冒犯了你，我道歉，我的本意並非如此。』」

　　沒有更多的無知，只有情慾智商、談話和同情。

在一個糟糕的社會中承認跨性別身分

　　我將簡要地介紹跨性別女性，因為她們在本書中的地位與所有其他女性一樣重要。老實說，在寫這本書之前，我對跨性別女性或跨性別族群了解不多。我確定我所了解的仍然有所缺乏。但無論如何，跨性別女性在追求性自由上一直都是舉足輕重的議題。

　　與跨性別女性發生性關係其實與其他不同的性關係並沒有什麼不同。這是我從吉爾（Zil）的採訪中所得到的重點，吉爾是一名致力跨性別運動的護理師，在紐約西奈山醫院與跨性別患者一起工作。他認為「性」能釐清什麼使你感覺良好並從那裡繼續探索。

　　對吉爾而言，性賦權的定義是知道什麼能使自己感覺良好，並有能力去追求它。

跨性別，是一段釐清你自己是誰、形塑你的身分認同並由此逐漸成長的旅程。吉爾告訴我，誇性別女性是否有義務在與人上床之前告訴對方自己是跨性別者的事實，一直存在著爭論。跨性別者和其他跨性別者互動存在著很大的恐懼和汙名化，當有人發現它時，人們會因為誇性別的事實而被謀殺。人權運動估計，光是 2017 年美國就有至少 23 名跨性別者被殺害。

吉爾告訴我，其中的安全問題罄竹難書，而且你很難有能力去處理這樣的問題。獲得性賦權會如此困難並非是跨性別女性的錯──而是整個社會的錯，是關於社會接納度的問題。雖然有許多組織正在努力讓跨性別女性獲得社會認可，但這需要人們齊心協力。

性別認同和性是兩個不同的東西。人權戰線組織對此給了一個有用的詞彙表，以給予定義與釐清。這其中是有問題的，而我們應該向他們問清楚，即使這讓我們顯得不酷或無知。流動性和多樣化的性行為需要有其一席之地。不能光因為某人是跨性別者就表示他們不是異性戀，也不能因為某人是跨性別者就說他們是同性戀。

無性戀的潛規則

我不知道你是否想過這個問題，但你應該知道：何謂無性戀以及其在性賦權方面的議題。有個潛規則存在於無性戀的族群之中：如果你不想做愛，你就沒有性賦權。★

★ 題外話：（在本章的任何主題上）我並不是專家學者，所以我只能簡單地介紹一下。關於上述這些主題，從性別理論到無性戀，再到有色人種女性，其實仍有很多精彩的、鼓舞人心且資訊完整豐富的書籍。不妨也去看看那些書吧。

首先，無性戀到底是什麼？

無性戀（英文：asexuality，簡稱ace）是指對性不感興趣的人。無性戀者還會有性慾（性慾的多寡因人而異），但沒有性吸引力。關於世界上無性戀者人數統計數據其實有很多不同的結果，但根據《性研究期刊》（The Journal of Sexual Research），大多認為世界上約有1%的人是無性戀者——這數字聽起來可能微不足道，但換算成實際的人數其實已經有大約7700萬人了。

朱莉婭・桑德拉・德克爾（Julia Sondra Decker）在她的著作《隱形取向：無性戀簡介》（The Invisible Orientation：An Introduction to Asexuality）一書中請任何懷疑自己是無性戀者的人回答以下問題：「你可否感受到性感嗎？你覺得有必要讓性成為你生活的一部分嗎？你想在你們的關係中保有性生活嗎？」德克爾指出，無性戀是你必須自己釐清的事情，沒有醫生或專家可以幫你診斷。

無性戀的範圍很廣。半性向者（demisexual）也確實存在——例如，需要保有緊密的情感關係才能形成性吸引力。其他還有許多性取向都能被歸屬於無性戀的其中一種。

你可能會摸著陰戶好奇著這到底是什麼意思。好吧，我實在不想這麼說，但性這件事本身就是複雜到不行的玩意兒。無性戀者還是會自慰的。雖然不是全部都如此，但有些確實如此。我聽說這被描述成從一開始「抓癢」到他們真的感覺飢渴的過程，只是不會像感受到性感的人那樣的飢渴。

有些無性戀者會對性感到排斥，但有些則不會。有些人喜歡做愛，即使他們沒有性感覺，而有些人壓根不喜歡這些鳥事。不能光因為某人是無性戀者就說他們不應該學習如何探尋快感，或接受完整、準確的性教育。即便無性戀者都不會去使用這些方法和資訊，他們還

是需要像其他人一樣對性有所了解。

關鍵是，這些事情並非三言兩語就能釐清，我們無權去為任何人或他們的感受置喙。因為坦白說，他們要如何表達、會有什麼感受、或甚至喜不喜歡性生活本來就不關我們的事。

我和一位名叫瑟琳娜（Serena，化名）的女士談了談她的無性戀身分。她告訴我，當她仔細探究自己的金賽量表（Kinsey Scale）（該量表以從0到6和X的梯度量表來檢測性感覺）並發現她的性慾落在很小的數據上（金賽X，意指無法感受性吸引力）時，她第一次認知到自己的性取向。

當時，她不知道還有無性戀這種的性取向。關於無性戀的資訊仍然少之又少，甚至因此還有人創立一個致力讓更多人了解無性戀的組織：「AVEN」（the Asexual Visibility and Education Network）。儘管如此，大眾對它仍是難以理解。

如果你是第一次接觸到無性戀的議題，你可能會直覺地認為這是什麼爛東西。我花了很多時間閱讀、採訪和研究來試圖對此有更多的理解。在我看來，這顯然就像一種真理，它是體現性取向變化多端的完美典範。你可以同時是同性戀和無性戀者，這意味著你對同性可以有感情，但只是沒有性感覺。你可以同時是異性戀者和無性戀者，意思是一樣的，只差在你對異性有感情。這雖然令人困惑，但並不表示這是不存在的、錯誤的或「不重要的」。

無性戀女性（和男性）也會經歷過類似酷兒所遭受到的歧視，他們被告知一定是他們本身少了什麼，或者一定得被治好。人們告訴他們不喜歡性是很奇怪的，並且他們應該為此感到丟臉。糟糕的是，這會使他們對自我的身分認同完全一敗塗地，有些人甚至對其他人沒有任何性感覺。

您不需要透過性行為來獲得性賦權，性賦權表示你可以決定如何使用自己的身體。這表示你才真的是一個人。

即使你不想要出門或和誰上床都是絕對正確的，並沒有什麼不妥。你不用擔心因為不想做愛或無性生活而被蕩婦俱樂部「排除在外」。

如果你不想做愛，那也是性賦權的一種選擇。你有權擁有自己的身體，用你的身體做任何你想做的事。不管你想不想發生性行為，全都取決於你自己。

擁有任何性取向的每個人都應該如此。所以請聽好：你也不必透過亂性來獲得這樣的權力，賦權意味著擁有自己的身體和性慾，而不是被別人牽著鼻子走。

所以就讓我們直說了吧。你絕對可以自己決定要不要有性生活，不分膚色、種族都應該如此；你絕對可以自己決定要跟誰上床。就算你是同性戀、雙性戀、酷兒、非二元性別（nonbinary）或跨性別者，也絕對可以擁有性生活。★

> ★ 而且，在你都探索過之前，所有的改變都是可行的。成為你想要的自己吧。

既然已經提到所有弱勢的女性族群為了探索她們在這世上的權利而必須克服的恥辱和羞辱，那就讓我們來談一些正面的事情：做自己是極為美好的事。在這探索的過程中你會獲得許多樂趣。成為一位展現自己所有樣貌的女性？簡直辣翻了。去接納真實的自己，去愛讓你成為你自己的一切，你會從中獲得許多快樂。你真的很棒，能夠做自己是世界上最酷的事。

當你成為壓抑自己的廢物，對自己的性取向感到羞恥或者只是希望能成為別人時，那真的是太糟糕了。聽起來很不妙，不是嗎？你自

己的性取向★可能會在不知不覺中扯你後腿，為了獲得性事上更大的自由，你應該多探索自己的性取向。真實地做自己是一件能夠讓你威力無窮且令人陶醉的事情，當你意識到做自己才能使你自由時，你就能在這世界如魚得水。

　　★ 或那些你還沒發現你有的性取向。

對於非異性戀和／或非白人女性來說，性解放意味著什麼

　　性解放意味著你需要去接納自己的性取向——無論你是一位女性酷兒、一位性別流動（gender-fluid）的人、一位黑人女性、一位拉丁女性、一位跨性別女性（或有一個以上的特質）——再一次，你不需要把自己置入一個單純、純潔的框架中。每個人都有各自不同的經歷，而要怎麼表達自我則是我們的權利。但有時候真的很迷茫！有一陣子我對女性著迷的程度大到覺得自己的性向一百八十度的翻轉。然而，在我生命中大部分的時刻，我仍十分確信自己應該是異性戀。沒辦法，我就是這麼一個飢渴求慾的女孩。性解放、掌控自己的性取向、表達自己我都意味著能夠自己決定想要怎麼做，以及有什麼感受。這並無法改變我身上的酷兒特質和女權主義的思想。

　　當然不會讓我少任何一絲女人味。任何說這種話的都他媽的給我去死，幹。

　　擁有性賦權和為自己的性向（或多個性向）感到驕傲非兩碼子事。雖然它們並不全然相同，但具有本質上的關聯。對於艾莉兒・埃戈齊（Arielle Egozi）來說，她是一位出色的跨界女權主義實踐者，擁有令人驚艷的古巴和瓜地馬拉血統的拉丁女性，找到自己在世界上的角色

一直都是一個充滿希望的挑戰。艾莉兒的鼻子上的鼻環則能展現了她的冷靜。她是那種會想跟她一樣的女性，也是你會想跟她成為交心好姊妹的人。她能讓你以身為女性而自豪，沒有多少人敢像她一樣用一種容易被攻擊且直白不做作的姿態表達自己。「真誠」是我用來形容她的一個詞，甚至這個詞還不足以描述這個女人有多麼勇猛果敢。

艾莉兒告訴我，她一生都在交替著不同的身分認同，但從來沒能完全固定。她是同性戀、拉丁裔和猶太人，有著蜂蜜色的皮膚和綠色的眼睛。當她「需要」的時後，她就會使用自己白人的身分（White-passing）。人們總是試圖想「定位」她的身分並框架住她，但他們從未得逞。

順道一提，我已經把話講得很委婉了。

尋找通往性解放的道路總是荊棘滿布，但她一直在努力著。她一步一步地擁抱真實的自己，就如同我們許多人一樣。即使是像艾莉兒這樣的狠角色也都還在努力的道路上。請記住這一點，我們都只是搞清楚自己到底是怎麼一回事。她說：「我的身體在青春期之前就被差別對待和物化了。我學會穿寬鬆襯衫，用我的個性而不是我的性向來贏得人們的青睞。」「我開始公開地撰寫和談論我的性取向，主要是因為我想給人們一個空間來努力面對自我認同和身分，是我過去從來不曾擁有過的。我現在意識到，我也非常想為自己找到那個空間。人們告訴我：女人纖瘦、皮膚白、金髮才是性感的，但那些都不是我自己。我就像是性感的邪惡版本——身材曲線明顯、捲髮、深色的頭髮。是讓男人覺得可以吃豆腐的性感，否則為何要給她們這麼大的好處？我過去一直很害怕去利用這些優勢，但現在沒有什麼能比這更能帶給我快樂了。我正在學習如何大聲爭取那些我想要的，以及我需要的生活方式。」

女神要在這裡開示了。你能夠去取得所有你需要的，並做你自己。性解放意味著為你的自主權採取行動，而不是改變自己來討好別人。管他去死！

兩性媒體工作者兼雙性戀天后蘇菲・聖・湯瑪斯（Sophie Saint Thomas）說，做自己讓她能夠打造一種感受與慾望與自身經歷相呼應的生活。蘇菲是一位非常苗條、不可否認的性感哥德風女孩，擁有鮮豔的紫紅色頭髮。她在柏威理飯店（Bowery Hotel，位於紐約的五星級飯店）★喝茶時告訴我，這種髮色叫做火龍果色。

　　★ 我們真的有夠時髦的，好嗎？

她說，對她而言，自由就是不再有任何隱瞞。當你試圖讓自己變成更委屈、更單一時，你的生活會很無趣。「在我的生活中有一段時間，尤其是在大學期間，我活得不像我自己。我試圖把自己捏成一個『正常』女孩的模樣和行為模式，有部分原因是我住在北卡羅萊納州的一個小鎮上，無法很自在地做自己與按照真實的我去生活。值得慶幸的是，我能夠搬到紐約市的一隅，並找到一個地方，讓我能夠以一種真實面對自己的方式生活，而且沒有任何人會對你上下指點。這帶給我許多特權。我會被所有性別吸引，並且會在相互吸引或有興趣的時候和對方上床，而不是因為他們看起來符合異性戀社會認可的好伴侶。當我深愛著某個人時，我可以把自己奉獻給他。」

秘訣在哪？找到對的人

這也許並非易事，尤其若你是出身於一些小城鎮時更是如此。我並不是說你應該把你現在所擁有的一切拋在腦後，但我可以告訴你，

這麼做會讓你更容易做自己。說真的，這麼做你肯定得做自己的吧？蘇菲告訴我：「我從小就知道自己是雙性戀，但直到八年前我搬到紐約時才真正出櫃。」「值得慶幸的是，這裡有一個正面包容所有性向的社群，幫助我這名女性酷兒得以獲得性解放，而我認為對自己女性酷兒的身分感到自豪的性解放生活應該是能夠毫無恐懼地做我自己。」在紐約、舊金山、芝加哥和洛杉磯等地，你總是能找到跟你一樣且愛你的人。大城市就是一個多元且兼容並蓄的社群。

在我經紀人舉辦的女同派對中，有一位充滿活力的女性名為珍妮（化名）。她告訴我，出櫃讓她看到了一個充滿可能性的世界。使她以前所未有的方式對未來充滿希望。「茫茫人海裡有很多酷兒。這告訴我不需要急著安定下來，儘管我們總覺得女同性戀者是不常見的或相距甚遠，但我總會找到適合我的人。」

事實是──做你自己會讓你整個生活 更美好、更性感、活得更有價值

看，當你的家人和朋友不喜歡你做自己或告訴你怎麼做才正確時，無論此「正確」是指「白人」還是「異性戀」還是「正常」──真的都很傷人，怕被否定的恐懼讓很多女性因此妥協退縮。問題是，做你自己才是更好的選擇，本來就該如此。只有如此，最終才能為你帶來更幸福的生活。麗莎（化名），是這場女同派對中另一位了不起的女士，在漫長的成長過程中，她覺得自己四分五裂且不討人喜歡。現在的她走出來了，生活有了全新的意義。「我要和女人在一起！我每一天都會深愛著她──這是我一直夢寐以求的事情，而我以為我永遠不會擁有這樣的機會。這是最大的恩惠。」

公開自己的性向可能會讓你的家人感到害怕。艾莉兒也這麼說：「我的文章和著作都會讓我的家人感到不舒服和焦慮。即便如此我還是一直持續在寫作和出書，因為在這社會對不同性向可以視若平常之前，女人在社會中展現不同性向都是無法令人安心的。我有兩個妹妹，我希望她們擁有表達自我的途徑和自我覺察的能力，因為這些都是我不曾被教導的。沒有人需要為自己的身體和慾望感到羞恥。」

有時你的家人和／或生活圈可能永遠無法接納你。麗莎就遇到這種情況。她的家人不支持她的性向，如果說她不在乎，那肯定是在騙人。「我一直想向他們傳達，這就是我一直以來的樣子。我還是以前的我，只是更快樂、更真實。」

如果你和你的家人也是如此，「別鬧了，我們幹嘛要被這樣糟蹋。」這並不可恥，你唯一需要在乎的人就是你自己，他們的偏見是他們的問題。永遠記住這一點。你可能認為扮演一個不像自己的人，或是做一個更容易被接納的人是最好的。但其實不然，我向你保證絕非如此。你他媽的本來是他們的孩子、姐姐、阿姨、朋友、親戚，他們本來就該接受你真實的樣子。如果做不到，那他們就是王八蛋。

如果說這些狀況會慢慢有所改善，聽起來或許有些老套，但事實的確如此。當你不再在意別人對你的看法並開始按照你想要的方式生活時，你的生活就會大幅獲得改善。如果你讓自己被別人的意見壓垮時，你就會抹滅那充滿活力且美好的自己。

正如蘇菲所言：「公開自己的性向讓我的生活變得更好，因為我不再需要隱瞞任何事情。當我們隱瞞某件事情時，它們並不會就此消失；只會住在我們心裡恣意妄為。我是一個糟糕的深櫃！公開我的性向我就不必擔心是否需要隱瞞或偽裝我做愛、約會和談戀愛的方式。我希望每個地方都像紐約一樣那麼開放包容。從我自己的角度來看，

這讓我的生活變得更好，因為現在我的約會對象是能夠接受我的性向和個性的人，這意味著火熱的性愛和真摯的愛情。」

珍妮（Jenny）告訴我，做自己能夠帶來澈底性的改變。她現在知道她可以找到所愛的人。「我不再害怕約會，每一次的初次約會都包含一個更令人興奮的承諾。至少，這些約會都能給我一種剛開始才會有的吸引力和肉體上的魅力。」她說，當她和男人約會時，並沒有這樣的感覺。最後發現只能同意自己成為了她應該要有的樣子，而不是她真實的模樣。這樣令人窒息的感覺應該是許多女性都曾經歷過的吧。

所有的女性，即使是那些勇於面對自己的性生活、種族或性別認同的女性，都會被社會的人云亦云所束縛和壓抑。我們不需要透過屈服於這些固執的屁話來讓荼毒自己，再繼續壓抑下去有可能會讓你困死在裡頭。珍妮說：「當我年輕的時候，大約15歲左右，我偷偷看了很多女同性戀A片。我很感興趣，也很興奮，但我下意識地告訴自己，這是我一生都不必嘗試的事情。」這不是一種會讓你開心的生活方式，你永遠不會感到滿足的。請、你、做、自、己！

做自己並愛你自己是一個超強大的方法，毫不掩飾地表現真實的自己其實能向那些為了性向還在掙扎的人證明做自己真的是爽到不行。你能為那些像你一樣曾經（或仍然）感到迷茫的小人物幫一點小忙。這個忙就如珍妮所說的：「更少的同儕壓力，更少的團體迷思（groupthink），和更少的洗腦。」

透過你所擁有的所有權力來幫助他人，一起變得越來越好，致力創造一個更美好的未來。我們生活在想要扯我們後腿的父權文化中，是時候挺身而出，一起改變一些事情了。不論你是女人，或是任何性別，都值得為此奮鬥的。只要我們能一致對外，便能更加強大。如果

這世界有一半的人能對羞辱女性、壓迫女性和物化女性身體的現象勇敢地說「去你的！」我們將能全面地扭轉關於性的論述，以及成為一個有自主權和控制力的女人究竟代表著什麼。

　　讓我們成為愛自己的女人，因為正如 Instagram 上大家耳熟能詳的話所說：愛自己的女人也會愛其他女人。

　　問題是，女士們，我們都是人，我們都會犯錯。其中許多錯誤可能是在喝醉時犯的。既然我們已經確定所有女性都享有性自由的權利，我們或許應該談談你在一團糟的時候所犯下的蠢事。

第 **3** 章
你昨晚幹的那些蠢事

喝酒真的很爽,所以大家才會這麼愛,對吧?

酒中處處皆故事。對於我們其中許多人來說,在大學時代和二十出頭的時候,喝酒通常是所有軼事發生的共同點,也是我們擁有(或忘記)每一段深刻記憶的燃料。讓我們面對現實吧!我們都他媽的超沒安全感的。我們有一半時間不知道自己在做什麼,而另一半時間,會試圖讓自己看起來很酷,以便吸引人們的目光。酒精隨處可見,每個人都希望你也喝酒,這樣他們會比自己一個人喝酒時感覺更好。我們去酒吧參加社交活動或參加派對,喝著源源不絕的葡萄酒和威士忌,去夜店提供酒水服務(bottle service)。當你為了找尋自我、成為憧憬的樣子以及為了如何過上心之所向的生活而煩惱時,就很容易被酒精所吸引。

不管你要否認多少次,並反駁這才是「真實的自己」,請你要牢記每一次當你為了玩樂而搞砸一切的時候,或起碼是為了玩樂而搞砸自己的時候。

這沒有什麼好羞恥的。當你在尋找自我的認同時,尤其是你試圖想成為獲得性賦權、掌控一切並在職場上當個狠角色的女性時,稍微依靠一下你的好朋友普羅賽克(prosecco)也是很合理的。

這是事實,我們都一樣。我們都會喝醉、隨便和人上床、舌吻陌生人、和陌生人做愛,脫掉我們的上衣、傳簡訊給前任,然後吐在計

程車裡。當你剛踏進大人的世界時，無論你是正在唸大學或已經畢業了，你都會碰酒精或大麻（或以上皆碰）來舒緩我們緊張的生活。甚至可以在聚會時服用一些阿得拉（Adderall）或古柯鹼（cocaine）來嗨它個三天三夜。酗酒帶走了你的壓抑，讓你可以游刃有餘地應對剛到手的自由感和艱鉅的責任帶來的不可避免的焦慮。見鬼的是，酒精能讓所有的壓力看起來很微不足道且變得很容易處理。

由於酒精的存在幾乎是一個普遍的事實，你可能需要承認過去有一些非常糟糕的經驗。可能是你至今仍有差恥感、創傷甚至是受害的事情。要毫不差恥地接納你的性向，你就需要面對、放下，並從你在搞砸時所做的所有愚蠢的事情中走出來。

對我來說，在過去十年的大部分時間裡，喝酒喝到斷片是一種生活方式，我的朋友們也都是這樣的生活方式。我們處得很好，因為我們都喜歡搞砸一切的感覺。酒精是把我們連繫一起的黏合劑。

等你長大一點，大學畢業並進入現實世界時，你所在群體中的酗酒者就會開始減少。最終，如果你不接受這個套路，會發現自己在週二晚上受到孤單寂寞的轟炸，看著影集《慾望城市》重播並不斷抽著萬寶龍紅牌香煙。

最終，你會把自己從這個狀況中登出下線（希望如此），意識到你每週頂多只能有一、兩個晚上在社交場合（在公共場合或與朋友一起）喝酒，然後繼續過你該過的生活。

與此同時，你真的應該忘掉你喝醉時所做的蠢事。

幾年前，在紐約的幾棟破爛公寓裡，我躺在非常舒適的記憶海綿床上（其實只是地板上的一張床墊，上面有記憶海綿墊），幾乎什麼都不做，而我姐姐史嘉麗（Scarlett）（或史谷特（Scooter），我都這樣叫她）傳訊息給我。

她正沉浸在宿醉和緊張的狀態中。你應該懂那種感覺：對前一晚模糊的記憶感到恐慌不已，還有一種令人筋疲力盡的、無所不在的羞恥感如霧一般籠罩著你。真是他媽的糟透了。

史嘉麗嚇瘋了。

顯然，她喝醉了，而且還和同事睡了。當時，她的工作是亞利桑那州（Arizona）的一名考古研究助理。★

> ★ 如果你沒有車，在亞利桑那州基本上會無事可做的。這真是超煩人的。因此，喝醉酒所犯下錯誤也是無聊所致的其中一種體驗。

她說：「我真的很擔心我和提姆（Tim）勾搭上之後會把一切給搞砸了，†現在我在這裡的日子會比以前更糟。」我姐姐通常對任何事情都事不關己，而現在卻像她那神經質的姐姐一樣，直接一頭埋進羞恥的深淵裡，老為一些小事大發雷霆。

> † 根本沒人在乎那男的叫傑夫（Jeff）、托德（Todd）或盧克（Luke）。

聽著這個悲慘的故事，我又回想起我還是夜店妹的過往之中。「你知道我上了多少不該上的人嗎？真的多到靠北。在我喝茫的時候真的上了很多人。但你知道嗎？現在那些鳥事都不重要了。我向你發誓，你會沒事的。」

我想我讓她感覺好一點了。

我沒有說的是：她實際上的所做所為是愚蠢的，也許她不應該和她的同事上床。這會讓情況變得有點尷尬。她真的必須每天和他一起工作。我想我說的有道理吧。

然而，她也得明白，就算如此也不會因此就世界末日了。我們之所以會在意這些微不足到的酒醉事件，是因為我們在喝醉酒時的樣子（肯定）不會是現實生活中的樣子。雖然人說酒後吐真言，但我發現

這絕對是錯誤的。看看我們喝醉酒說的話可以對自己的生活造成什麼樣的傷害，當喝醉時，我們成了討人厭的大嘴巴，會竭盡所能地說出每一句傷人的話來搗亂。因為我們整天都被困在這個狹窄拘束且注重禮貌的人情世故中，所以當你喝醉時，你就會說出所有糟糕的話。

如果你想他媽的過上好日子，那你就必須接受愚蠢、喝醉酒的自己。

如果沒有一點自我反省和現實的苦澀，對自我的接納便不會到來。你必須釐清做這些事情的原因，是什麼讓你搞砸一切？你需要深入探討你做某件事的原因，才能真正理解它，放下它，然後繼續生活。

第 1 步：確定你是否已經徹底變成了一個渣女

首要之務是問：你是一個渣女嗎？她基本上就是一個披著女性外皮的渣男：自戀者，利用別人和玩弄她的情人於股掌之間。她真的就是一坨屎。

現在這個時代，像這樣諸如此類的行為早已見怪不怪。你才20多歲（或30多歲），還年輕，正要享受生活。你會做一些傻事，但有時狀況會不太一樣，做這些事的動機會大於那些愚蠢後果，並且很快地踏入世紀渣女的領域裡。最重要的是，你可以分辨出「開玩笑無傷大雅」和「愛情的騙子」之間的差別。

思考以下問題。若能夠如實回答，那你距離認識自己又近了一步。此外，如果你發現自己確實表現得像個渣女時，請盡早收手。

你單身是因為愛自己，還是因為你不在乎任何人？

如果你是自願想要單身的，那麼你已經有個四平八穩的狀態了。如果你沒有和自己建立一個穩定、健康的關係，你就無法真正與他人建立同樣穩定、健康的關係。你真的對自己滿意嗎？是否每天醒來都以自己的生活感到自豪、滿意自己的人際關係，並對鏡子裡的自己自信滿滿呢？請你找出這個問題的答案。即使答案是肯定的，也要問自己：你如何對待其他人，尤其是你的另一半？單身是因為這就是你的生活方式，還是因為你他媽的就是討厭所有？或者是因為沒有人願意和你約會，因為你是一個易怒的婊子？

很長一段時間，我不想和男朋友們有任何關係。我對待男人就像對待花一樣：隨著季節更迭而替換。只要花幾塊錢就有一大把。如果你對待別人就像這樣用完即丟，那你就是一個渣女。

你是睡了很多人後仍會好好對待他們，
還是睡完了就搞人間蒸發？

親愛的，若能使你開心，你每個晚上去酒吧都沒問題。或者，在木板路上搭訕你喜歡的小鮮肉。得到從電影院排隊買票的那個人的電話號碼，如果你想的話，甚至可以等一下就跟他翻雲覆雨。

你可以做自己。如果這能讓你開心；如果這是你喜歡做的事，那就繼續做下去吧。我向你致敬。

但是在這些邂逅之後——在這些一夜情和隨機搭訕之後——你對他們的態度好嗎？

這不是為了迎合男性的自尊（永遠不要那樣做），而是關於如何

用我們希望被對待的方式來對待別人：尊重。不要在你上完他們的那一刻就把他們趕出去，★第二天給他們發一條「我昨晚過得很開心」的簡訊（即使你再也不想見到他們）。並且，讓彼此處於平等的地位上，不要讓別人認為你想要的比你付出的還要多，因為獻殷勤的感覺真的很糟糕。真的，而且這樣也很魯莽。我們都有權過得開心，但不應在此過程中傷害任何人。

★ 除非你決定要他們之後就回家。在這種情況下，請禮貌地幫他們叫 Uber。

保持禮貌並不難。我的意思是，如果你離開了，那個人就是個十足的混蛋，而若你做了同樣的事，那麼你也會是一個混蛋。但大多數時候情況並非如此。我們都只是想玩得開心並結識新朋友而已。

約會是因為喜歡對方，還是因為下面癢了？

你不應該為了釣到免費的炮友而約會。免費炮友很棒嗎？很棒啊。但這一點也不酷，也非常地無禮。

我不是一個高道德標準的人，也確實有過許多糟糕的經驗。這就是為什麼我要告訴你這件事。如果你是因為下面癢了而去約會，那你完全就是一個膚淺的婊子。我知道，因為我曾經就是那個膚淺的婊子。

找到一份副業或一份更好的工作，並養活自己。男人和你約會大多是因為他們想上你嗎？哦，是的，確實如此。但請讓自己變得比那些傢伙還要高尚。和某人出去約會是因為你感受到他們與你之間的共鳴，而不是因為你想要被「餵飽」。如果他們堅持要幫你付錢──你得自己決定。有時候被請客是件好事。但請記住──你不欠他們任何

東西。你應該始終以禮待人，但不能僅因為他們請你吃晚餐就覺得應該讓他們上你一次。

你是因為熱愛無憂無慮、冒險的生活，還是因為害怕受傷或過於害怕失控而逃避承諾？

最後，你通常會表現得像個混蛋一樣，以避免讓自己有心碎的風險。想要玩得開心和不想受傷之間的界限會逐漸變得模糊。

如果一個男人想做你的男朋友並總是好好地對待你，那你拒絕他是因為你不喜歡他，還是因為你害怕他會讓你失控，導致你甚至無力去鼓起勇氣嘗試交往看看？理解這之中的差別很重要，如果你是渣女，請停止你現在正在做的事情！你不能把人當垃圾對待。如此你肯定也會把自己當垃圾對待，當一個混蛋並不是一種賦權，混蛋就只是混蛋。你必須承認你的渣女行為並真心地覺得這些行為是不對的。既然我們已經知道自己該不該當個渣女了（真的，別再這麼做了），我們可以繼續走到第2步了。

第2步：接受自己是個 愚蠢、酒醉的婊子（沒事的）

如果你發現自己又快要斷片了，那你可能是個愚蠢的酒醉婊子。你可能會讓自己做一些愚蠢的行徑，請接受這樣的自己。

如果你不承認並接受自己的所作所為就是一個愚蠢的酒醉婊子，你將永遠都是不成熟的，也無法成為自己的女王。甚至這些糟糕的行為不僅是當你喝醉的時候才發生。我們都經常犯一些錯誤，也希望這

些事不曾發生過。這些蠢事可能是發生在職場、家裡或和朋友一起的時候，我們都曾經搞砸過。

　　這就是我想要告訴給我生命中所有女性的真相，我姐姐是愚蠢的酒醉婊子，這並不意味著她不會成為一個叱吒風雲的女權主義老闆，她在某個晚上做了一些蠢事，送她一句網路上常見的名言：「把它扔進該死的桶裡，然後繼續前進。（Chuck it in the Fuck-It Bucket and move on.）」

　　在冗長的電話中（結果只有我在談論我曾是個多麼醉的賤人），我告訴史嘉麗這次我在巴賽隆那睡了一個陌生的比利時人（應該吧？），因為那個我真的很想跟他做愛的傢伙花了很長時間才到酒吧。在我們完事之後（大約三次劇烈抽插和一次的假高潮），昏沉的我拿掉保險套，想要若無其事地將它扔進垃圾桶。結果反而失手丟到窗戶上，然後從玻璃窗上滑落，變成一團黏糊糊的東西。

　　「真噁心。」那傢伙說完就穿上衣服離開了我的房間。

　　隔天早上，另一個人甚至連看我一眼也沒有。我可以理解——我對他來說就是個臭婊子。他真的很喜歡我，想和我一起約會，我卻上了他的朋友。如果有人這樣對我，我也會生氣。這真的很糟糕。

　　我真的為自己的行為感到羞恥，之後我再也沒有見過那些人了。我甚至不記得他們的名字，我做的事讓我覺得自己像個世紀王八蛋。但把事情看遠一點之後，這一切其實都不重要了。當然，我還是會記得這些事情的經過。我從那次經歷中學到了教訓，但這對我的長期目標、潛在收入或任何其他真正影響生活品質的事情都毫無關係。

　　我是個愚蠢的酒醉婊子，就像其他跟我如出一轍的婊子一樣，我他媽的已經放下了。你知道為什麼？這就是我接下來要告訴你的。

第3步：獲得一些觀點

人們其實不在意你做了什麼。因為人們都過於自顧自利，根本不會在乎你的個人選擇，我可以向你保證真的沒有人在乎。

他們只關心自己的生活。你會被昨晚喝得爛醉而嚇壞；但同時，你的朋友也在做一樣的事情。當然，你可能也會發生一些非常悲劇的事情——例如在公司舉辦的假日派對上昏倒了——但人們通常會逐漸看淡這些事情。現在的問題可能很嚴重，但再過一陣子，總有一天會為你的生活增添繽紛的色彩。我們會把這些事情視為光輝歲月，但並非因為這些事有多麼了不起，而是因為它們為我們的餘生提供增添精采度的軼事素材。

第4步：搞清楚誰是你真正的朋友
——因為你會需要他們

當你宿醉時，真正的朋友會擁抱你，即便你前一天晚上你還想要往他們的臉上揍，他們知道「喝醉的你」不是你。如果你想知道誰是你真正的朋友，可以試試喝到自己嚴重斷片，看看誰會陪在你身邊。（這招有效，但請謹慎使用。）

我有一個朋友，她跟我很像，只差在她的髮色是金色的。她是我最好的朋友之一，我們都叫她「Sweet Dee」（就像在影集《酒吧五傑》（It's Always Sunny）中一樣），這個綽號真的很受歡迎。神啊，我愛死那個騷貨了。某天晚上，我們參加了布魯克林的5月5日節（Cinco de Mayo）派對。我不太記得那個晚上究竟發生什麼事；只記得當時我想離開，但她沒有要走的意思。所以我很生氣，開始對她

大喊大叫，說如果她一直這樣瘋狂參加派對，她的皮膚就會看起來像一張「皮革沙發」一樣皺。諷刺的是，我知道我們當下菸一根接著一根抽，狀態十分地糟糕。她知道我失控了，所以幫我叫了 Uber，給了我她的鑰匙，然後送我回家。隔天，我們和好並繼續生活。我說我很抱歉昨晚自己失控地像是潑婦罵街，她說沒關係。我們大白天在威廉斯堡的屋頂上喝酒談天，我們實在太愛彼此了，根本沒空一直對彼此生氣。當你喝得爛醉時，你的好朋友就會照顧你，不管怎樣他們都會的。

相反地，在另一個同樣沉重但結局沒那麼「幸福」的故事中，我在唸大學時的某個晚上，醉得很誇張，我對朋友和室友說了一些非常不可原諒的話。她氣了我非常長一段時間。我道歉的次數遠比我記得的還要多，但她不在乎，也沒打算把這些恩怨放水流。最後，也許這是最好的結果：我們不再是好姊妹了。她不想接受道歉，這也是她的權利。但你還是得繼續生活。我祝她一切順利。

我無法與一個想讓我永遠沉浸在歉疚中的人維持有意義的友誼關係。在這樣的狀態之下，友誼是不會茁壯成長。友誼就像你在好市多（Costco）買的多肉植物一樣，它需要大量的陽光，但結果你得到的卻比你預期的要少得多。你必須供予友誼需要的滋養，否則它就會凋零。

一段有意義的、持久的友誼將忍受斷片失控、刺耳的幹話等事物的轟炸。親密好友會傾聽你，並願意在你做出一些蠢事之後讓你有機會能彌補。如果他們做不到，就讓他們走吧。在這個狀況之下，你們都沒有錯。只是代表你們已經疏遠了彼此和友誼。無論如何失控發飆可能是這種關係中造成更大問題的徵兆。你知道有多少次在我斷片時，我的所作所為逼得朋友得對我說出惡毒的話嗎？我知道他們會為

此感到自責，但我不需要看到他們繼續在意這件事。

真正的朋友不會那樣對待你。到時你就會知道什麼才是「赴湯蹈火，在所不惜」的真諦：就算你喝到斷片，跟蹌蹣跚，嘴裡吼著他或她「壞人」或「朋友」，那個人都會陪伴著你。即便你毀了派對並激怒了一堆人，那個人還是會原諒你並照顧你。

當你嘔吐時，他們總會幫你把頭髮往後抓好。如果他們還記得讓你的瀏海別被弄亂的話那就更加分了。

第5步：他媽的給我撐過去

我知道要面對這種恥辱的惡性循環是知易行難。相信我，我懂的。用說的當然很簡單：「撐過去，你行的！」但是，一早看著自己腫脹、髒兮兮的臉，然後要自己相信一切都會好起來根本就是天方夜譚。

你正在宿醉。宿醉具有扭曲現實的超能力。你暈頭轉向，而當酒精從你的身體裡排出時，你的心跳會加速；會對光和聲音很敏感。你將這有毒的液體灌滿了你的身體。事情就這樣發生了，但你的生活還沒有完結篇。他媽的給我去喝點倍得力（Pedialyte），或是看看電影，讓自己冷靜下來。

你必須提醒自己，這不是世界末日。即使每個人都因為你所做的一切而看你不爽，但在接下來的幾週之內，它只會變成某個有趣的故事。大家還記得嗎？光輝歲月。（詳見「第3步：獲得一些觀點」）

你們覺得我的意思是我們不會在喝醉時犯下改變人生的錯誤嗎？不，還是有些人因為不用保險套而最終懷孕或罹患性病──事情當然會有一些意外，但這不會是常態。這就是這種恥辱的惡性循環之所以

如此有趣的原因。正是對這些意外的恐懼使這一切變得如此難以理解。如果這一次，你真的做了一件非常糟糕的事情呢？你可能沒有，但這種微小的可能性就足以讓你陷入全面的恐慌。

在絕大多數的情況下，沒人會在乎你做過什麼。沒有人受傷，也沒有道不道德可言。即使你確實遇到了任何一件上述那些狗屁倒灶的事情──即使你真的忘記戴保險套或揍了警察的臉之類的。但只要你還活著，現在你就沒事。當你醒來，生活還是要繼續過。

我數不清我的朋友說過多少次：「昨晚大家都對我很不滿嗎？」或「我是最爛的人嗎？」或是「我想我這次真的搞砸了。」

幹，我甚至不記得我搞砸了多少次，更別說我朋友了。即便我真做過這些事了，可能我也不會那麼在意。人喝醉就會做傻事。

你不是這世上唯一會這麼做的白痴，我們都是如此。那天晚上之後，你的朋友們也一樣會陷入了他們的恥辱循環中。

生活還在等著你繼續過，你不需要一直著墨在這些事情上。為下一個更糟糕的事情乾杯，過上你最美好的生活吧。

第 **4** 章
別再提別人的八卦

　　我盡可能將耳機用力塞入耳腔裡。「對，我想把那個火辣的小母狗綁在我的辦公桌上然後幹她。她真是個拘謹的婊子，撐起她的屁股！」如果我再把耳機繼續往內塞，我可能會戳破我的大腦。

　　請告訴我這沒有發生。幹，這不可能真的發生。沒有人會這樣說話的。這不是真的。一定事有蹊蹺，對吧？

　　但這是真實發生的事。那是2015年某個炎熱夏日，我和那些十樓的混蛋們一起被困在公司的電梯裡。我的同事警告過我，自從他們的房地產金融法律事務所搬到公司正下方兩層樓的辦公室以來，這些混蛋便一直再找大樓裡的女性的麻煩。遇到他們完全跟好事扯不上關係。

　　幾天前，我的同事告訴我一個令人不安的故事。她說她和另外三個來自不同樓層的人一起搭電梯。其中兩個女生甚至不是這些混蛋的同事。她說他們聊到女生時所說的那些傷人的惡毒言論讓她感到噁心不已。

　　到底有誰想要聽這群偽善的大老粗直男性在胡言亂語及打量女性的言論？拜託一下好嗎？難道就不能好好地搭電梯，非得被這幾個混蛋騷擾嗎？

　　這是性騷擾。類似的事每一天都會在曼哈頓的辦公大樓裡發生；在超繁華的熨斗區（Flatiron District）亦然。

我與同事在遭受這種創傷性互動的幾天後，我發現自己和這群垃圾小隊一起擠在電梯裡。

和我一起在電梯裡的有三個人。我站在後面，三個男人在中間，一個女人在前面。

其中兩個傢伙比出抓住女人屁股的動作，並歇斯底里地笑著。她戴著耳機所以沒有注意到。

我什麼也沒做，只是站在那裡。我就這樣讓它發生了。我們到了十樓，他們四個都出去了。那個女人可能是他們的同事，甚至可能是老闆。

我嚇得呆若木雞，覺得自己像個叛徒，壓根是一個混蛋。我讓一個女人處於幾乎在被性侵的邊緣，但我卻什麼也沒做。這讓我感到內疚且覺得骯髒，讓我覺得自己像個騙子。

我的經理告訴我：「你應該舉報他們。」「這真是令人無法接受。」

但問題是：我要向誰舉報？我要跟誰說？警察？這些混蛋並沒有做任何違法的事情（實際上來說）。

我不能告訴他們的老闆。我甚至不知道他們是誰。

我不能告訴大樓管理員。他們又能怎麼樣？

管理員的工作是將陌生人拒之門外，而不是監視電梯裡發生的事情。我感到很無助。這種感覺簡直糟透了。

我就站在電梯裡，正前往自由媒體工作的路上，我的工作是兩性作家，身處在世界上包容性數一數二大的城市，然而在我眼前卻公然發生這種仇視女性的事情。當你以為你身在一個猶如烏托邦的大都市裡，但這種男性本位的性觀念卻仍無所不在，無處可逃。

我他媽在怕什麼？怕被打？或許吧。怕被罵？也有可能。

不過，我其實心知肚明，不是嗎？我擔心惹上麻煩。我擔心引起騷動，擔心破壞和諧的現狀。我不想因無中生有而受到指責，我不想被叫「愛告密的臭婊子」。

這就是我們女性從小被教導的待人處事：不要興風作浪，不要破壞和諧。只要站在旁邊，看起來漂漂亮亮、和和氣氣的樣子就好，做人要以和為貴。

以和為貴。善待性騷擾你的人。他只是在讚美你。你應該感到開心才對。當你的同事評論你的毛衣時，你應該感到高興。當你的男同事試圖在公司聚會上和你親熱時，你他媽的就應該要很爽才對。你應該為一個男人想和你說話而感到榮幸，即便你才 12 歲，在放學後走到加油站附近吃點心，某個建築工人跟你說你的腿很美。當他要你在街上幫他口交時，你應該要覺得很爽，就算你在早上 8 點 30 分正疲累地前往工作的路上。

在憤怒和慚愧的驅使下★，下次再讓我遇到那些十樓的混蛋時，我會準備好的。

　　★ 高度推薦這兩種情緒。

那天早上我上班稍微遲到，一個棕色頭髮、眼神平靜的女孩為我擋住電梯門，我不認識她。另一個女孩已經在電梯裡了，緊跟在我身後的是兩個三十出頭的男人。他們穿著不合身的西裝，看起來明顯有在用塑髮產品。

你幾乎可以感覺到他們身體散發出來的攻擊性。

我立刻感到不舒服，這是大多數女性都習以為常的感覺。我直視

前方，這部電梯有些不對勁。這兩個人聊了幾句話，其中一位向另一位更新了關於「他上過的女孩」的資訊。

「早安，女士們，」其中一位男子說，我們沒理他。「我說了，早安。」

「早安。」其中一個女孩低聲說。

「對嘛，這並不難啊！今天真是美好的一天，對吧？你身上那件裙子真不錯。」女孩孱弱地笑了笑，眼睛一直盯著前方。電梯在九樓停了下來，兩個女孩都出電梯了。

現在只剩我一個人了。我擔心我可能也會受到人身攻擊，但我試圖提醒自己如果發生這種情況，鑑於我們就在這棟人潮擁擠建築物裡，這兩個混蛋應該會被送進監獄裡（但是，話又說回來，誰知道呢，對吧？不管怎樣，女人的話通常都不容易被採信）。然而，我知道我有責任幫所有和我一樣緊張和不安的女人終結這些該死的鳥事。

「事實上，她不必和你說話，因為她是人，不是你養的寵物。滾開。」我盡可能語氣強烈地說。

我以為會被反擊，所以已經做好被罵的準備了，反倒是這兩個混蛋一臉愕然和疑惑。這真的可能是第一次真正有人叫他們滾開，更不用說跟他們說這句話的竟是一個女人。

電梯到了他們那一層樓，他們默默無語地走出去了。

多年之後，我還在想，這是我為所有女性挺身而出的一次，但不意味著我每次都會這麼做。不是因為我不想或認為我應該這樣做；亦非我認為還有其他更可惡的混蛋；而是因為並非每次發生的地點都像我公司一樣電梯設有監視器以防安全。我在意每個傷害人的混蛋，有時說錯話的人就是你身邊的人，比如你的媽媽、姐姐、叔叔、兄弟、同事或老闆。如此情況會變得很驚悚，更難以捉摸，而且永遠會使人

恐懼。我可以百分之百肯定地說，這種情況會一直出現，且會使人心煩或不自在。

　　你可能正在讀這篇文章，回顧剛提到關於十樓混蛋的故事，想著你怎麼從來沒有勇敢地面對過這樣的人，你可能會想自己怎麼從來沒有反抗過任何人。那真的沒關係，我懂你。我也沒比你好到哪兒去，你沒有理由需要對此感到愧疚。

　　我們現在對那些情境習以為常，因為騷擾、性別歧視、仇女症和普遍的低俗問題實在令人窒息，這些問題就是存在著。如果你以前從未為自己挺身而出，那也無妨。如果你有時會為別人見義勇為，那完全是沒問題的。也許最後你發現你為自己挺身而出卻失敗了；也許你覺得自己像個白痴；也許有人會讓你不舒服。而你卻沒有回嘴反抗他們，這才是真實的狀況，事情就是發生了。我們的陰戶時不時都會被一拳重擊——當然，這只是比喻。每一天都是一場抗爭，因為社會本身的結構就是為了讓你他媽的感到沮喪。不管你遇到什麼蠢事，你能做的第一件事只有閉上嘴。這就是你的心靈會被傷害而屈服投降的套路。我們將一起學習如何做出一些改變。我們將刪除那些已根深蒂固在社會系統中的代碼指令。因為去你媽的爛社會！

如何反擊那些羞辱你的王八蛋

　　十樓的混蛋故事只是女性每天要忍受的蠢事中的其中一個小例子。什麼狀況其實都有可能會發生。前幾天，我在《哈芬登郵報》（The Huffington Post）上讀到一篇文章，內容是關於女性在帶著孩子或懷孕大肚時在街上會被搭訕和性騷擾。這他媽的到底是怎麼回事。因此我自然得問我唯一一個有孩子的朋友。她告訴我，當她推著女兒

坐的嬰兒車時，男人們仍然經常對著她舔嘴唇。實在是粗魯到讓我作嘔，並不是說她不性感或者媽媽們不性感。顯然，媽媽們是很有吸引力的，但這並不代表任何人都有權評論自己的身體。我們絕對不能坐視她們在孩子面前遭受這樣的騷擾。

　　本章可能會有（讀作：肯定會）一些以偏概全之論，這只是一個提醒。原因：絕大多數時候，都是男人在幹這種事。我就問你上次被女人用咄咄逼人和不適當的方式搭訕你是什麼時候？而那個狀況是否會威脅到你的身體健康？

　　本章所討論的不僅僅是街頭騷擾和公共場合的言語攻擊，這些類型的互動通常是城市獨有。但是不分地區、階級、種族或背景，永遠都會有一些爛人在惹事生非。你的老闆可能就是個徹頭徹尾的混蛋；你的父親的碎唸攻擊可能就像美國計劃生育聯盟（Planned Parenthood）的免費保險套一樣不停地被發送出去，你的媽媽可能認為唯一能讓你生活美滿的是一個有錢人，而你的妹妹可能是一個愛批評、傷人的混蛋。

　　關鍵是，各行各業的人都可能有讓你失望的人。人類是最糟糕的生物。我知道這聽起來很悲觀，但這是事實。我不是來給你一些口蜜腹劍的蠢話，這本書的目的並不在此。如果你期待聽到一些甜言蜜語，建議你先去閱讀其他內容；如果你是來這裡了解一些殘酷的現況的，請繼續讀下去。這就是我們被這個社會搞砸的方式，先意識到，並克服那些鳥事，然後抵抗回去。我已經幫你分析好了（如下）。不客氣。

第1部分：有害的男子氣概
和我們需要停止逃避的嚴峻現實

　　讓我們了解男人是從哪裡以及從誰那裡學會騷擾和傷害女人的。男人不是天生就會性別歧視，他們是後天形成的性別歧視者。這不是男性原有的遺傳基因，子宮裡沒有什麼製造白痴的特殊機制。

　　在以我們的方式看待男人的文化中長大，有一些觀念被深植到小男孩的大腦裡。有害的男子氣概（toxic masculinity）★是一個很難擦掉的污點（尤其是當我們的社會對此毫無概念的時候），而男人在他們生命的前期就會因此繼承性別歧視的觀念。

　　　　★ 我可以理解你可能不太懂這個詞。

　　有害的男子氣概告訴年輕的順性別男童，他們有權得到女孩的關注，女孩的身體會供他們使用。

　　大家，不只有我們女士們受到了性別規範的影響，男孩子們也會遇到同樣糟糕的事情。你看，我真的一點都不討厭男人。†

　　　　† 順道一提，我正式結束了為仇視男性的傳言道歉的日子，因為我根本
　　　　　沒有仇男。

　　我討厭我們搞砸男人的方式，（很明顯）我不是第一個這麼說的人。從《Salon》到《Bustle》再到《The Guardian》雜誌，出版物大量報導了關於有害的男子氣概這種正在惡化當中的病象，以及其如何影響所有性別的人們。這種流行病象就像電影《全境擴散》（Contagion）中那種可怕的疾病，傳播並殺死了所有人：它很危險，它會感染一切，而且是致命的。

　　有害的男子氣概對年輕男孩和男人提出了不合理的標準，這些標

準影響了他們與女性的關係。當你告訴一個小男孩不要哭時，他會開始將情感與女性氣質聯繫起來。我和我認識的大多數女性都被那些不懂如何識別健康情緒表達的男性稱為瘋女人（或之類的稱號）。我們常被說黏人，是因為男人沒有任何像這樣的方式來表達自己的感受。人們告訴我們如果為自己挺身而出，就是婊子或賤人，因為男人被教導說我們的存在是為了服侍他們。

　　性感的讀者們，我想向你們解釋這種對女性自主權和男性權利的觀念會如何永久改變一個人的生命軌跡——我的生活。

　　當我二十出頭的時候，我和一個男人有過幾個月的友誼。這是一種火熱的朋友關係，我們在一起的時間不常但卻很密切來往，所以很快就變得「親密」起來，以至於沒有太深摯的意義。他是一位體型豐厚且有中東血統的男生，我以為我們只是朋友，其實已經算是彼此最好的朋友了，他看起來是個「好人」。我知道，噁！當時，我剛要和一位在之後將成為我長期伴侶的人約會。

　　有很長一段時間，我試圖忽略這樣一個事實：當我們出去喝酒或閒逛，或在他的公寓喝酒時，他會對我做出相當激進的性挑逗。我會責怪自己，並告訴自己是我引誘了他，這是我的錯。我告訴自己，「我們只是朋友，而他也明白這一點」。

　　他只是醉了。

　　某一天晚上，我從一片漆黑的陰霾中醒來，他壓在我身上，我的褲子被脫掉。我的陰道很乾，他插不進去。然後我又昏過去了。

　　現在，我真的很討厭承認接下來的事情，因為這讓我充滿了羞恥和後悔：第二天，他提到他有試著要跟我做愛，但沒有成功。我沒有跟他翻臉並說他侵犯我，但在那種狀態下我不可能同意，我卻只是告訴他因為他的陰莖太大了，所以我們在床上並不適合。事實並非如

此，除了編造理由來安撫他的自尊並掩蓋被性侵的事實之外，我確實沒有需要隱忍的部分。我仍然很害怕我說了那些話。在我最好的朋友和室友把他趕出我的生日聚會之後，我們停止來往了幾個星期，因為他在我半昏迷的時候摸我。我從未跟他翻臉過，我只是不理他了。

他覺得有權得到我的身體和關注。當我喝醉時，他覺得有權占我便宜。我甚至不確定他是否意識到他強奸我了。這就是男性（占有女性的）權利的影響；使得我們對現實視而不見。

有害的男子氣概教導年輕男性：女性——無論她們表達什麼樣的感受——都準備好並願意接受男人們的示好。這看起來像是當你在下班後不想去喝一杯時，你的男同事就會為此大發脾氣，或者作為一個男性「友人」在某晚試圖要和你上床，同時還抱怨著「朋友區」的界線。或者，在極端的情況下，根據我的經驗，可能就會導致性侵事件發生。根據美國大學協會（AAU）關於性侵害和性行為不端的環境調查（2015年）發現，有超過25%的女性在大學期間遭受過性侵害。所以你看，我們最終都完蛋了：認為這個狀況沒有問題的男人，以及面臨無法言喻的創傷的女人。

在大學裡，我的一個朋友告訴我，她被一個她宿舍裡的人毆打。她記得在夜店時有親過他，醒來時全身赤裸躺在床上，他人卻消失了。她知道自己發生過性行為，但對前一天晚上完全失憶。她說她去學校健康中心時曾試圖要報告這件事。當她解釋完後，護理師只回答她：「你喝醉了嗎？因為很多女孩在喝醉後會做出讓自己後悔的事情。」我的朋友只是一語不發。直到她願意開口談此事之前，多年以來這些責備都一直積在她心裡揮之不去。她覺得自己沒有資格對此有任何作為，因為她的確一直在喝酒。她如我們大多數人一樣內化了自己的創傷。

第 2 部分：別理這些有害行為。
是時候說，「你被淘汰了。」

　　由於這些亂七八糟的訊息和廢話，當我們需要相互交流時，會遭受一些霸王硬上弓的固定套路。看看街頭的騷擾和搭訕就知道，想問男人一個問題：在街上搭訕一個女人並跟她說她奶子很美是否真的能達到你的目的？在街上隨便問一個女生來吃你的雞巴你真的有成功過嗎？

　　說真的，我真的很想知道。真的很難不去問到底這些爛男人是從哪邊學來「在公共場合對我們大呼小叫」會對他們有任何好處？他們會在火車上、在飛機上、在商場裡、在車外，從窗戶裡、在職場上、在他們的休假日裡、在從健身房出來的路上一邊抽著菸一邊對我們做這些事。

　　這與如何讓一個女人跟他做愛完全沒有關係。重點在於權力，做這些事情的目的是為了讓你覺得自己渺小，這樣他們才能感覺自己像個男人。這都得歸咎於有害的男子氣概。泰瑞・庫柏斯（Terry Kupers）教授在他的著作《有害的男子氣概是監獄心理健康治療的阻礙》（Toxic Masculinity as a Barrier to Mental Health Treatment in Prison）中這樣定義有害的男子氣概：「有害男子氣概意味著積極競爭和支配他人的需要，並包含男性最具爭議的癖性。」男性的這些行為對社會和女性的身心健康都是有害的。他們讓我們害怕晚上獨自走在街上，把鑰匙夾在手指之間作為防身刀器，以防有人襲擊。男人被告知，如果他們不騷擾女性、不玩弄女性或沒有「百人斬」，他們就不是真正的男人。如果他們不表現出征服的樣子，女性就不會喜歡他們。有害的男子氣概就是維持優勢地位；這是它的定義。這完全是大錯特錯

的，並且會傷害男女雙方的自尊。男人們變成了無禮的混蛋，他們認為壞一點才能打到炮，而女人最終會一直處於害怕孤獨的狀態。

我的朋友，珍妮，某次在紐約市的路上等紅綠燈。接著當小綠人的燈號亮起時，行人陸續通過。當她要從人行道上走出去時，等在紅綠燈處的卡車慢慢前駛。她驚慌失措地又跳回人行道上。她以為是司機沒有看到她的人。她又再次往前走，結果車子又一次向前衝去。

「你在幹嘛？」她尖叫著說。「是紅燈啊！」

司機探出窗外說：「我就是想看看你的臉。」

這就是女性每天都要面對的情況。男人以為讓我們嚇一跳，就能讓我們對此暗自竊喜。

第3部分：性感美麗的女孩啊，媒體形塑的理想女性不該成為你的憧憬

我們都需要為自己挺身而出。女人總是被自滿和地位劣於男人的觀念所壓抑著。即使在現代世界裡，我們被教導要追逐夢想，成為想成為的任何人，但這些觀念仍然會滲透到我們的思想中。它們甚至在你可能沒意識到的潛意識層面上影響我們的互動和行為。

各種仇視女性的言語都會對你有所影響。還記得1992年混音老爹（Sir Mix-a-Lot）的〈寶貝回來〉（Baby Got Back）嗎？1983年警察樂隊的〈你的每一次呼吸〉（Every Breath You Take）？約翰‧梅爾（John Mayer，這個死變態）於2002年創作的〈你的身體是仙境〉（Your Body Is a Wonderland）？這些主流歌曲中的每一首都將女性性感化，這他媽的實在太噁心了。這些歌曲告訴女性，她們唯一的價值在於身體特徵，是不人道和極具傷害性的。直白來說，〈你的每一次

呼吸〉講的是關於一個男人跟蹤你並關注你的一舉一動是完全沒問題的。但該死的這首歌實在很琅琅上口，對吧？

其他歌詞更加險惡。想想〈模糊的線條〉（Blurred Lines）那首歌，這是羅賓・西克（Robbin Thicke）一首備受爭議且經常被討論的歌曲，它在 2013 年引起轟動（並登上了排行榜榜首）。這首歌隱晦地鼓勵強姦，低聲說「我知道你想要」，即使任何一個女人實際上可能並不這麼想。

當我七年級參加中學舞會時，老師們允許播放大量露骨的音樂供我們這些孩子熱舞。在和我的朋友們跳舞時，我向右看，看到一位跟我一樣 13 歲的同學正隨著尼力（Nelly）的歌曲旋律被指交。她被性化且被剝奪了貞操，因為一些年長的男人想把手指伸進她的身體裡。我記得她看起來真的很緊張，甚至害怕。當媒體傳遞著我們應該讓男孩觸摸我們並為所欲為的訊息時，就演變成了我們都知道的下場。

威脅、騷擾和暴力不僅僅發生在大街上，也不一定非得是肢體暴力才能讓你崩潰。實際上，言語暴力也是個狠角色。

他沒有這意思吧？應該沒有惡意。也許我應該感到榮幸。他只是表達喜歡的方式與眾不同。他有他的偏好，我應該順應配合。

這就是我們如何告訴自己任何行為都是正常的，卻完全搞砸了一切。女士們，要學會相信自己的直覺，擺脫那些洗腦的觀念。你被教育成原諒所有男人的過錯，這是你必須時刻提醒自己要小心的重點；你必須強迫自己違抗既有的觀念，才能獲得自主權。要當一個女人，就得讓你的女力崛起。

簡直可惡至極，我們可不是玩具，不是生來只是為了要讓男人玩弄，我們不該被這些誇大的女性特質所定義。我們是人，不是嗎？就和這世上所有人一樣會犯錯、會咒罵別人、會放屁。如果我們身為女

人的價值是如此拙劣、畸形的樣貌，那要如何充分發揮自己的潛力呢？我們身為女人又為了什麼？取悅男人嗎？拜託別鬧了好嗎？我們都必須少費精力做討厭的事情來讓別人愛我們，而應該花更多的時間來愛自己。

　　為了反擊，我們需要方法來捍衛自己。本章將教你一些方法。但我首先要告訴你：不是只是看書就可以有所頓悟，而你也不會因此在看到一些性別歧視的廢話時，就突然可以振作起來有所作為。每一天都是一場抗爭，你需要可行的解方來克服。我還是得說，事情不會這麼簡單的。

第 4 部分：誠摯邀請您加入困難女性聯盟

　　為自己挺身而出並不代表你就突然成了混蛋。你無需將自己置身於所遇到的每一個情境中，有些互動可能會危及你的安全和身心健康。例如每當你的父親說出恐同、性別歧視或種族歧視的話時，當著他的面大吼大叫可能對你沒有幫助。為自己挺身而出意味著阻止錯誤的事情發生。這表示你得抗拒內在的恐懼，而不是像一個沒有骨氣的傻瓜一樣被欺負。即使你害怕也要做些什麼，有時這也意味著得勇敢面對可能與你關係密切的人。

　　我父親是這個世界上最好的人了。他基本上可以說是我最好的朋友。然而，有很長一段時間，我會禮貌地無視他有點喜歡唐納德・川普（Donald Trump）的事情。★我什麼也沒說，直到有一天我們一起在車裡，他不經意地提到他認為工資差距的惡化不是真的，而我姐姐和我理智線秒斷。

　　　★ 他不再這樣了。他認為自己是個白痴。

　　這一切變成了關於右翼思想、保守價值觀和女性在世界上的地位的又臭又長且令人筋疲力盡的對話。我不想讓我爸爸不高興，也不想因為他有缺陷的想法而吵架。一直以來他總是全力支持我，我也因此非常愛他，我只是告訴自己他是「上一個時代的人」。歸根結柢，我們不得不討論它並公開表態。沒有理由為無知找藉口，即使他曾為了要幫助我的兩性評論事業發展，會寄來亞馬遜最受好評的情色書籍。

　　男人沒有權利光因為他們認為自己有優勢就讓你看輕自己，男人沒有權利因為看不慣你就打你，男人沒有權利光因為他們認為沒有任何後果或不會被立即還手，就可以說出不適當的話。

　　我明白為什麼女人經常沉默不語。我的意思是，該死——正如我之前在職場上遇到的那件事一樣，即使是我，仍然不是一件輕易做到的事。我們不願說出來的原因有很多。以下是一些我們選擇沉默，但（通常，也許）會覺得自己很蠢的原因：

1. 我們害怕人們不喜歡我們。

　　如果你不被喜歡和被欣賞，那你就是一個他媽的愛發牢騷的廢物。你沒察覺到嗎？你不想成為那個「憤怒」的女人，對吧？你真的不想。因為這樣一來沒有人會想當你的朋友。還有，你還想要自己長得漂亮。好的謝囉。

2. 我們擔心只有那些順從的女性才會被選為另一半、妻子和母親。

　　正如我們所知，女人唯一的價值在於她有能力找到配偶並拼命生育。#CowLife（＃乳牛日常）。

3. 我們不想因為太難搞而破壞了我們找男人的機會。

　　我們怎麼可能不這麼想呢？人們告訴我們這是真的。看看網路上的每一個Twitter酸民：他們對一個說出自己想法的女人首先會侮辱她很醜而且將孤老終生。他們說，沒有人會想要跟女權主義者在一起；他們說，女權主義的目的是為了讓你失望。女權主義者是令人作嘔的醜八怪，只有當她們頭上套著袋子時你才幹得下去。

4. 我們不想要「難以駕馭」的名聲。

　　誰願意娶一個「難搞」的女人？我們需要退後一步，因為這件事比那更深入。這仇女的社會制度會灌輸我們「女人很『難搞』」的想法。你需要付出一些心力來讓她開心或滿足嗎？看吧，女人有夠難搞的。她總有一些獨見？看吧，女人有夠難搞的。她們有複雜而精實的行程安排和／或生活？看吧，女人有夠難搞的。

5. 我們不想太「情緒化」。

　　男性認為女性更情緒化，因為父權主義從男性很小的時候就開始壓抑他們的情緒。正因為如此，男人似乎不知道正常的情緒表達的範圍為何。我們非常擔心，如果我們很複雜難懂或情緒化，可能有機會發展的伴侶將不想和我們相處。事實並非如此。正是父權主義導致男性無法以同樣的方式對待女性。我們必須重新再教育人們，教一個算一個。

第 5 部分：
當女人決定她想要一個好男人時，
她就擁有全世界

現在，假設你是一位與男性約會的女性，或者你有會和男性約會的親友。眼光短淺的男人會期待看到女人的情商小得像牙籤一樣，他們無法看到他們生活的小圈圈以外的事，只有真正清醒的人才能看得更遠。我們活潑的個性是使女性如此迷人的原因。作為一個完整的人，提出合理的擔憂和論述，才能讓你變成更美好的人。這才是之所以讓你成為人類的原因，也絕對是你身為人該有的樣子。

不可否認的一大打擊是，真正清醒的人並不多。對於所有只和男人約會的女士們，在你需要的時候，我的心與你們同在。

假設你在這種情況下和男人約會，一個真正的男人 —— 一個成熟、清醒的男人，且了解有害的男子氣概及其影響——可以欣賞女人最好的、真實的本質。一個真男人不是要倒退到根深蒂固的仇女心態；不是用言語或行動讓女性看輕自己。這並非是在維護他自尊的威信，而是要把女人當人看。事實上，這是我們應該期望要有的最低限度，倘若沒有做到這一點，就真的太可悲了。我們被告知要期待零星的關注和疼愛——只要有人願意施捨什麼。

我們甚至不知道被好好對待是什麼感覺。當某個傢伙以任何方式表現得非常友善時，我們都會被震懾不已。我姐姐和她的女朋友還在取笑我對我最近的前任印象特別深刻。他（倒吸一口氣）……對我很好！他毫不猶豫地想成為我的男朋友。我直接投降！他讓我搬進來，因為他說他不想要再過沒有我的生活了！我真的被迷暈了！！！！

我會吹噓他送咖啡到我床上、買花送我的事蹟。我姐姐會說：

「是的，這在一段關係中真的很正常。我不知道你為什麼這麼興奮。」在我們的關係中，他在很多方面都是一個很棒的人，但大家對好男人的門檻太低了，他怎麼可能不是呢？我的期望已經夠低了，低到任何善意的舉動都讓我覺得他應該得到一張手寫的感謝卡和一次口交。

　　說到感情關係，通常需要有被好好對待的經驗才能理解。當你習慣於接受渣男行為時，你就會視為平常。如此一來你會慢慢適應這樣的爛環境，然後內化成自己的觀念。

　　直到我們與一個好好對待我們的人交往後，我們最終才會知道擁有一個好伴侶是什麼意思。他們很稀有，但確實存在。用說的都很簡單，向大家保證會有好對象在等著我們對我來說並不難。然而隨著約會這檔事已逐漸演變為一堆新鮮的屌照、搭訕和肉搜跟蹤，人們很難繼續相信這個說法。在悲觀的世界裡做一個樂觀主義者並不容易。當你每天都遇到一大堆糞到不行的渣男時，該如何繼續保持希望？

第 6 部分：停止對其他女性潑髒水

　　女性也受到我們限制男女的社會化方式的影響。女人和男人一起被教導要互相仇恨。

　　諸如「你不像其他女孩一樣」★和「你比其他女孩還酷」之類的話被視為一種讚美。好像當一個女人本身就是我們需要克服的事情一樣。我們將其他女性視為異己，且需要證明自己比其他女生更好，如此一來才能被視為有魅力的。

　　　★ 首先，所有女人都很棒。

　　真正體現這種思維的方式之一就是胡說八道。我們被鼓勵談論人們的八卦，互相交換這些八卦，好挫挫我們「朋友」的銳氣。我們喜

歡談論其他女人的壞話，有時甚至沒有意識到我們都在胡說八道。媒體鼓勵這種行為，並將其美化，將女性分化成瘋狂、惡毒和狡猾的形象。看看《辣妹過招》（Mean Girls）、《希德姐妹幫》（Heathers）、《獨領風騷》（Clueless）和《美少女的謊言》（Pretty Little Liars），所有電影體驗都拼命講述女性如何對待其他女性像一坨屎一樣。

　　女人攻擊女人，我們就是我們最大的敵人。所有這一切都讓彼此陷入困境，讓我們走到一個死胡同。他們談論一個女孩不均勻的眉毛，或者批評高中時的辛蒂（Cindy）有多胖。我們這樣做只是為了讓自己感覺更好；我們想要出類拔萃，想透過打擊別人來證明我們更好。

　　你懂我意思的。你知道你剛和某人分手沒多久他何時交了新女友嗎？你有沒有和朋友一起瀏覽他們的社交媒體上的照片說：「我比她正多了。看看那破麻。那是他的損失！」別想唬我，我們都是過來人。你會因為其他女人沒有你性感所以感覺良好。你是勝利者，妳贏，她輸。你並不介意前任是一個瘋狂且沒品的王八蛋。

　　臨床心理學家和作家諾姆‧施潘塞爾（Noam Shpancer）將這種行為與父權主義的影響聯繫在一起，在網站《今日心理學》（Psychology-Today.com）上寫道：「當女性開始考慮被男性視為力量、價值、成就和身分的最終來源，而她們也想要獲得這樣的殊榮時，她們就會被迫與其他女性去爭奪這項殊榮。」

　　我有一個朋友經常發給我她認為醜陋的女人照片。她總是說我們要一起變好，同時，她又發給我一些長著誇張暴牙的女孩照片。

　　她還附上一些關於這些圖片的說明，其中，她評論了她們的垃圾衣服或鼻子的大小，但我不回應。她不停地發照片，我雖然不回應，但她還是依然不停地發著照片。就像在跳一支舞一樣，她試圖讓我也

參與她的低俗行為，而我拒絕這樣做。並不是說我從以前就冰清玉
潔，我他媽的肯定也做過這種事。但我正在有意識地從此之後努力不
要重蹈覆轍。

作為一名致力女權主義的女性，得意識到這種行為有害於我們正
在努力的事情。

真相#1：

我們需要停止假裝我們一點錯也沒有。

「我知道我這樣說很壞，但是……。」或者「我知道這聽起來好
像是說我討厭其他女人，我沒有這麼想，但是……。」說這些話不會
讓你說的那些狠話變得比較不狠。

真相#2：

你無法透過貶低別的女人來讓自己更好。

你以性別政治的名義摧毀了我們為之努力的一切。如果你讓女性
被詆毀並助長了這樣的傷害，那麼你就是罪魁禍首之一。如果你只專
注在工作中那些你熱衷的事，或者當某個男的在人行道上向你搭訕未
果而對你說「臭婊子！」你卻沒有任何回應時，那你其實沒有比那些
會嫌你太情緒化的男人優秀到哪裡去。

真相#3：

這樣做不會讓你比較高尚。

這樣做不會讓你變得堅強，也不會讓你成為更好的人或更令人嚮
往的女人。反而讓你看起來極度沒自信。關注其他女性的身體缺陷只

會顯現出你對自己的不自信。當你說另一個女人醜陋時，你會讓自己從內到外都是醜陋的。這是最可悲的事……。

真相 #4：

一切都是公開透明的。

人們都知道你做了什麼。大家不是笨蛋。

第 7 部分：支持你的女性朋友圈

正如凱爾·史蒂芬斯（Kyle Stephens）在前美國體操隊隊醫賴瑞·納薩爾（Larry Nassar）的判決中所說的：「小女孩不會永遠是小女孩，她們會長大成為強壯的女人，並回過頭來摧毀你的世界。」時代在變，混蛋。

沒有人教導女性我們可以一起掌控這個世界。已經受夠了這種鳥事的堅強女性正在積極地做出改變。開始實行「閃耀理論」（Shine Theory）。紐約雜誌《The Cut》中安娜·弗里德曼（Anna Friedman）說：「當你遇到一位機智、時尚、美麗且專業的女性時，請與她成為朋友。相比之下，與最優秀的人在一起並不會讓你看起來更糟。這讓你變得更好。」

「閃耀理論」指出女性擁有一種等待釋放且無可抑制的力量。女性的團結是銳不可擋的，猶如野獸一般的兇猛，具有同理心、狂野和統治世界的力量。我們所有人都顯露著耀眼的光芒，幫助另一個女人一臂之力，照亮和增加她的光芒並不會削弱你自己的光芒，只會讓你們都能光彩耀眼。以上都是你在 Instagram 上時常引用的名言佳句。

我們都應該要聽進去這些話。當然，這麼做會讓男人都嚇傻了⋯⋯而這麼做只有好處沒有壞處。

很多男人都害怕女人團結起來，害怕女人同心協力的影響力——女力。這就是英加・馬西奧（Inga Muscio）在她的嘔心瀝血之作《陰道獨立宣言》（Cunt）中反復強調的內容，認為這是恐懼女人的男人最大的恐懼，他們害怕女性在性方面擁有巨大的權力。誰都無法阻止女人團結的力量。難怪在我們目前所生活的文化中會如此害怕這件事發生，因為我們的文化試圖商品化並羞辱女性，使我們屈服投降。女人真他媽的太猛了，女人就是生命的真諦，是力量的來源。如果他們有意會到女人力量的強大，應該會被嚇得屁滾尿流。

只有團結起來，我們才會強大。如果你不想看到人們只關注你的細腰和大奶，那你應該開始重視軀體以外的事情。

我擁有強大的女生朋友圈。有些我已認識多年；有些才認識幾個月。無論如何，我認為是朋友的女生都會支持我。我可以相信她們。當我拿到出版合約時，她們為我慶祝。她們會開香檳慶祝，並在社交媒體上發布了她們的好朋友正在寫書的消息！當我經歷分手時，她們聯合起來確保我不會感到寂寞。我的堂姊還為我計畫了一個美好的生日慶祝活動。而我最好的朋友每天都會跟我熱線，隨時提醒我有多棒。

我的女性朋友圈會從網路和世界的各個角落來到我身邊，讓我在傷心難過的時候可以依靠她們。她們會透過電子郵件、電話、Facebook 貼文、Instagram 私訊告訴我：「你是女王，女孩！你超棒。」我有一種被愛護和照顧的感覺。她們會在我迷失時讓我知道：每個人都應該在生活中獲得這樣的支持。每個女孩都應該成為她們女性同胞的朋友。

　　看到這裡，我希望你已經有努力為其他女性挺身而出，而不是為了滿足你自己的方便而貶低她們。女性需要為彼此挺身而出，如果你看到一名女性受到性騷擾，在安全無虞的前提下你如果可以有所作為，那就做吧。如果你愛的人正在經歷一些糟糕的事情，那就陪在她們身邊，互相支持。當全世界都想看你失敗的時候，給彼此一個大大的擁抱。如此一來，我們可以挑戰男性霸權和端正整體女性的生活地位。讓我們一起嗨翻全場吧，你們這些性感的婊子。

　　透過閃耀理論來保護其他女性。勇敢地對抗任何做出低俗行為的人。請記住，不僅指騷擾而已，還關於你能想到的每一種貶低他人的方式。當然，街頭騷擾是一個大問題，但我敢肯定，你們之中有更多人正在面對糟糕的家庭成員、貶低女性的職場環境，以及讓你詆毀自己的恐怖情人。如果有更多的女性挺身而出，就能改變男性對待我們的方式。

　　請記住，當我們之中的任何一個人能夠活得光彩耀眼時，其他人的光芒才會顯得更加燦爛。允許某人發光發亮並不表示你只能對那些冤枉你的女人大吼大叫，你可以率直地讓你的朋友或同伴知道如果她們需要你，你就會在她們身邊。提醒你生活中的女性，她們並不孤單，如果她們需要你，你會陪著她們。提醒她們是很棒的，讓她們變得更好。

　　現在，你可能想知道：我該怎麼為某人挺身而出呢？我的意思是：我知道我們女人的美好，而我也真的想付諸於行，但老娘需要一些具體作法，懂嗎？我他媽的當然懂。透過以下五個簡單的步驟行動起來，讓我們一起動起來。

1. 評估情況。

　　我從黛布賈妮·羅伊（Debjani Roy）那裡得到了一些厲害的建議，她致力於婦女權利運動和「Hollaback!」的講師，這是一家成立於2005年的非營利組織，致力於教人們如何應對騷擾。此外，我參加了兩個關於網路和街頭騷擾的研討會，特別是關於如何作為旁觀者進行干預的研討會。沒錯，婊子們，我是真正的專家。★

　　　　★ 其實我不是專家。

　　你得注意狀況惡化的可能性。學習如何為自己或他人挺身而出是第一步，也是最難的一步。我有無數次看到不好的事情發生，覺得應該有所行動，但恐懼阻止了我的行動。並不一定是害怕暴力，而是害怕被排擠，所以我們常常選擇沉默，是因為害怕成為被針對的目標。如果你以前也曾有一樣的經驗，那麼你並不孤單。我們都曾放棄過應該介入或挺身而出的時刻。

　　羅伊說要環顧四周並釐清周圍的環境。這在公車、火車、公園或商店等公共場所尤為重要。是白天嗎？周圍還有其他人嗎？這個人看起來好鬥或令人生畏嗎？他們看起來有點失控？在你做任何事情之前先問問自己這些問題。

2. 如果你不想回應這些騷擾……

　　無論情況如何，你都不必為此感到羞恥。不必回顧那些經歷並讓自己陷入內疚之中。我們常常遇到一些狀況，但卻選擇什麼都不做。基本上我們會帶著內疚離開。我們想做點什麼，但現在不知道該做什麼。我也有過相同經驗。

3. 使用簡短的句子。

　　如果你想有所回應，你很棒。先從一些輕易做到的部分開始，例如「這樣不OK」或「你這樣很不尊重人」。這適用於街上、家庭和職場。率直地以簡短的方式聲明該行為是不可接受的就可以阻止攻擊者的行動。雖然不是每次都奏效，但大多時候是有用的。如果他們開始有所防備，你只需重申事實：「我告訴你這是不尊重人的，你讓我很不舒服。」

4. 練習台詞。

　　想一想如果情況惡化時你會想說什麼，有助於釐清你要說的內容，堅定地表達你要說的話。當有人對你有侵略性時，你不希望對方有跟你搭話的機會。看著對方的眼睛；盡可能活用周遭的空間。言語攻擊的唯一意義在於讓對方感到自己的渺小。在保持嚴肅表情的同時，讓自己盡可能看起來勇敢。如果你正在大街上，就請繼續往前走。如果你人在辦公室，就要板起如西部牛仔決鬥時的死亡凝視。

　　我在職場上慣用的伎倆是讓這混蛋說完他或她想說的任何廢話，同時保持嚴肅的神情。然後我揚起眉毛，發出一種驚訝的嗤笑，然後說：「對，你講的話實在太荒謬了，別浪費我時間。」然後直接走掉。這就會是致命的一擊。

5. 盡量試著冷靜下來。

　　如果你是一個人，而對方是陌生人，請盡快遠離他們，不要害怕去商店尋求協助。如果情況危急，全力逃跑，不顧一切地往前跑。你不會想給這個混蛋有任何攻擊你的機會。別再直覺地以禮相

待，但也千萬不要做任何危險的事情。

我當時和10樓的混蛋們身處在一個安全的地方。我雖然是一個人，但我在公司的電梯裡。如果他們襲擊了我，我會在五分鐘內讓警察到他們所在的樓層。我想他們也知道這一點。

在各種情況下，你會發現自己需要為自己或他人挺身而出。以開放的心態和願意讓那些混蛋跌個狗吃屎（這是比喻，嗯，有時候不是）的態度對待每個人。

在幾種主要的場合中，你可能就得保護自己，並讓自己與侵犯者的情勢互換，並讓這些混蛋到他們該去的地方。所謂主要的場合是指在街上、職場、家庭和在網路上。

場合 1：在街上
為自己（和其他女性）挺身而出

若能保持魄力、自信和安全的情況下是可以做到這一點的。瑪爾·哈里森（Mal Harrison）是情色智庫中心（Center for Erotic Intelligence）的主任，其專注於社交智力及理解如何與人互動時的重要性。她建議轉而騷擾攻擊者，試圖讓他們感到羞恥——這是她個人取得巨大成功的策略：「你媽媽教過你這樣和女人說話嗎？」則是她經常使用的台詞。瑪爾向共同的朋友布萊妮·科爾（Bryony Cole）展示了她的策略，布萊妮·科爾是「Future of Sex」的創造者。這方法真的有效。透過提出問題，騷擾者肯定會回答得跌跌撞撞的。這有助於將注意力轉移到他的行為上。

布萊妮現在說她已經準備好了兩句台詞：「你媽媽教你這樣跟女

人說話嗎？」以及「你覺得我會在你說了那樣的話之後就會跟你上床嗎？」之類的話。她覺得這很有力量。

如果一個男人害怕被他騷擾的每一個女人反咬一口，他就會在做這件事之前更加謹慎。如果他知道對一名女性進行性騷擾會招致全體女性的憤怒，他就不會想踏入那泥淖裡。我們有能力改變我們被對待的方式，至少比什麼都不做還要好。就從照顧好我們自己開始。我們是一個大家庭，需要開始團結一心。

羅伊強調安全始終是最重要的：加劇的威脅可能讓口頭騷擾演變成暴力。這世上不存在所謂完美的應對方式。只要對你有用的方法就是最好的方法。在街上羞辱一個對你說噁心或粗魯話的人的問題在於羞辱有可能變成肢體攻擊。你必須意識到，反擊和暴力雖然不太可能發生，但機率並非為零。

很多時候，往男人臉上揍並不是一個好主意，會危及你的人身安全。相反地，嘗試通過肢體語言來傳達訊息。昂起頭，盡量表現出完全不受這個人對你說的話的影響。假裝你沒聽到，即使這些話讓你非常不舒服。很多時候，這些體驗只會持續幾秒鐘或幾分鐘。請記住，這個人是來宣示他對你的支配地位。他想讓你感到恐懼。他自認為比你強大。當一個人（或任何人）將自己侵犯到你的空間時，拒絕接受任何要求並保持嚴肅神情就足以化解這種行為。

場合2：在職場上有所作為

這些技巧並非只能用在街頭騷擾上。事實上，許多情境中都相當有效。就像你在秋季用來搭配毛衣的碎花連身裙一樣百搭。只是，你知道，這更厲害。你可以在職場上使用同一套規則。

如果有人對你有不當行為，你可以大聲喝止這種行為。如果不想直接面對這個人，那就找一個盟友，可能是你的人事經理或協調員。保護你是他或她的職責。

話雖如此，這招並不一定總是奏效。我曾經在一家由一個混蛋偽君子所經營的新創公司工作。人事經理是他們的朋友，並且總是因為袒護他們而臭名昭著，儘管她無數次宣稱「都是為了女生好」。這又是另一個女人傷害女人的經典例子。在辦公室裡人人皆知這些惡行，只是沒人向人事部門投訴性騷擾而已。

如果你屬於這種情況，請找另一位你可以交談並尋求建議的同事，也許她是與你緊密合作的女同事。她可以幫助你規劃，以適當的方式處理這種行為。絕對沒有人可以傷害他人卻能逍遙法外的——不管他是你的老闆、你的同事，你的男朋友，還是你的兄弟姊妹。

場合3：面對你的家人，如果：

你媽媽是個瘋子。

你叔叔喝醉了，告訴你「給我回到女人該待的廚房」。

你哥吹噓自己偷吃的事實。

我的生活爛透了！

勇敢地面對家人可能是你做過最困難的事情，你們流著相同的血緣，反抗他們就是反抗你一直以來所認同的一切。這真的很難，但你知道嗎？有些人若非本性就壞，就是會做出傷害人的事情，所以你需要把自己放在第一位。

如果你愛、喜歡或尊重的人是一坨屎，不要只是妥協接受。告訴

他或她你不欣賞他或她的語氣，為他們粗魯噁心的言語提出替代的解決方案。

當你試過各種努力都失敗時，那這全家人真的都瘋了，請立刻離開他們。同樣地，如果是你的姊妹面臨這樣的狀況，請不要視若無睹。

場合4：網路是讓你失去快樂的地方

網路是我們擁有最大的公共空間，在電腦螢幕後面你可能會覺得安全，但事實並非如此，網路上匿名性成為越來越嚴重的騷擾地獄。

儘管網路可以成為「淘汰」施虐者的好地方，卻也容易像細菌培養皿一樣地培養著這些人。我們必須談談網路的黑暗面，以及其如何作為騷擾的催化劑肆意妄為。網路理所當然地成為一個失去正直與禮貌的地方，是卑鄙小人、惡人、有仇女症的肥宅鍵盤俠的天堂。

不要誤會我的意思，我也是沒有網路會死的人，而且沒有網路我就無法賺錢。即便如此，我還是能非常確信地說網路是一個可怕的地方。作為網路上的女性，我想像的是如果每個人在公共場合都戴著面具，那會是什麼樣子呢？你可以對任何人說任何你想說的話，而不會受到影響。當你躲在螢幕和超大杯汽水後面時，很容易就會敢於吐出一些荒謬、噁心、殘忍、可怕的事情。網路提供的匿名性暴露了網路上那些妖魔鬼怪最邪惡的一面。

網路是地球上最大的公共空間，把我們所有人連接在一起。它是數位空間的世界。

我完全支持公開討論，也接受網路帶來大量的不同意見。因為這是與全球各地的人們討論爭議話題的絕妙方式。

　　騷擾跟這些討論，甚至觀點上的分歧是兩碼子事。它的意圖是造成傷害，包括種族主義、性別歧視、暴力、排外心理和歧視，這些狀況無處不在。根據皮尤研究中心（PRC）2017年的數據，41%的年輕人曾遭受過嚴重的網路騷擾；66%的美國成年人目睹過成人騷擾；18%的成年人曾面臨嚴重的網路騷擾。

　　這些糟糕的人真的是無所不在。我曾經非常惹怒了一些男權運動推廣者／非自願禁慾者（INCEL）／匿名的家裡蹲宅男，以致於他們派出一大群網路酸民在網路上攻擊我。這很可悲，但也很可怕。

　　當你是一個女人時，會遇到會來自四面八方的鳥事，即便你回到家也逃不掉。網路就在那裡，等著你。不用他們說我也知道；我是以寫關於陰莖和肛門的文章為生的。

　　白人民族主義者（以及一些極度缺乏安全感、種族主義、憤怒的女性）在推特（Twitter）上想要針對我。我和一些朋友在一家夜店參加生日派對時，我發了推文：「看著白人男孩調情是極其痛苦的事情。」沒什麼大事，只是你見過一群哥們在夜店裡試圖搭訕女人的樣子嗎？噁！客觀來看這場景實在令人尷尬又痛苦。

　　白人民族主義者認為我不能是個白人，他們非常希望我不要成為白人，以便讓他們可以發飆，所以我成了猶太人了。如果我是猶太人，我很樂意成為猶太人們的一員，但我不是。在網路上被一群野蠻、種族主義的納粹分子攻擊總是能帶來一些樂趣。在這個特殊的例子中，讓我大開眼界，不僅看到了一般人可以多麼地瘋狂，而且還看到女人彼此之間可以多麼糟糕。我收到的訊息中至少有50%來自（極端種族主義的）女性，她們告訴我，我不過是生氣這些傢伙不跟我調情，而只想要那些「漂亮的白人女孩」。

　　騷擾不僅僅包括言語，還可以包含圖像和暴力影片，從有害且未

經授權的個人色情圖片到描述暴力或強姦行為的影片。網路為多媒體體驗提供了絕佳的平台。這種多媒體體驗也會被騷擾行為所利用。據皮尤研究中心指出，10%的成年人在網路上受到過人身安全或性方面的威脅。

　　對我來說最糟糕的是在我為《Teen Vogue》寫了關於肛交的文章之後。我盡量保持語言的包容性與傳達事實，孩子開始看A片的平均年齡在8到10歲左右，向年輕人提供一些中肯且科學準確的資訊對我來說是很合理的。我從《芝加哥論壇報》和《哈芬登郵報》等出版物中得到了很多正面的回饋。這篇文章也有一些非常公允的批判：我太著墨於解釋插入和安全措施的實用性，以致於我在文章中卻沒有提到陰蒂的事情。正如我相信你已經猜到的那樣，我經常談論陰蒂，所以這是一個真正的錯誤，我很樂意承認。看到了嗎？這才叫討論。

　　然後是數量驚人的酸民們向我排山倒海而來。我在每個頻道上都被洗板了：Facebook、推特、電子郵件、Instagram，中美洲和幾乎所有地方的媽媽們都對我很生氣，我甚至不知道到底有多資訊落後以致於人們會用雞姦這個詞來形容肛交。這真是讓我對人們瘋狂、固執和恐同的程度大開眼界。一名婦女甚至燒毀有講到此事的雜誌並拍成影片上傳，還好她只是在網路上發布影片。當你想要提出不同看法或討論任何可能被認為有爭議的事情時，人們就會嚇壞。

幹，等等……你在網路上做了什麼？

　　如果你看到有人受到騷擾，就應該採取行動，並不表示你得與那些酸民打交道。酸民活著就是為了讓你不高興，他們想讓你生他們的氣，這會讓他們性奮勃起。

　　不要理會這些噁心的豬，他們不值得你生氣。他們不是想要跟你交換意見的理性人們。這些人唯一想做的就是極盡所能地用他們想得到所有惡毒的話來傷害你。不要浪費你的時間，更不用說去勞費你的手指了。

　　永遠不要閱讀仇恨者的評論，反而要阻止任何騷擾你的人，並舉報他們。琳迪・韋斯特（Lindy West）在她的書《刺耳》（Shrill）中非常簡潔地描述了閱讀評論留言的惡性循環。她說看評論就像去一家只賣大便三明治的熟食店，而你卻一直回去光顧希望這次他不會賣你大便三明治了。你所有的朋友都去過同一家熟食店，也告訴你這三明治真的很糟，但你還是回去光顧了，並期望這次會有所不同，認為你終將得到一個你吃過最美味的三明治。你一直希望這次會看得到美好的評論，或者你最喜歡的名人去轉推你的貼文。好吧，直截了當地說，你始終都會得到一個大便三明治。留言區是為了那些無聊、寂寞、足不出戶的怪胎所設立的，他們只會折磨你。真的別再這麼做了，這不值得。那些評論十之八九都是廢話，像是塞在臭腳丫穿過的骯髒襪子裡的垃圾，點一把火燒了，然後把那些垃圾塞進了一個已經四天沒大便的人的屁股裡。

　　有時當騷擾的行為變得非常激烈時，你可能會對此感到無能為力。在某些情況下，你只需要忍受並盡可能不要閱讀那些仇恨言論。把這些言論拋之腦後，它會一如往常地漸漸消失，如果要說酸民有一個可取之處的話，那就是他們的集體注意力的持久度很短。

　　在你的Twitter上設定貼文篩選器。能阻止了人們向你發送多數尖酸刻薄的廢話。Instagram也有一項功能，可以讓你書寫的內容不會出現在貼文牆上。我在AnalGate之後封鎖了「戀童癖者」（pedophile）和「戀童癖」（pedo）的關鍵字，酸民則開始以各種創造性的方式去

拼寫出來。這讓我有點印象深刻，但也是蠻令人難過的事情。

如果當酸民找上門時你應該記住一件事，那就是這些失敗者的人生是如此無聊且一事無成的，以致於他們將空閒時間（他們有很多）全花在網路上去騷擾女性，你真的很難比他們還糟糕。

你不能讓網路酸民把你擊敗。你絕對不能停止做你正在做的事情。永遠不要停止寫作、發推文、使用 Instagram 和做自己。你應該（非常非常些微地）憐憫那些酸民，因為他們沒有生活可言。實際上是生活中唯一能帶給他們幸福的事情，試圖在安全的螢幕背後上網物化和和羞辱女性是他們生活中唯一擁有的東西。這會讓你聽到的那些可怕的話像膠水上的橡皮一樣反彈回去嗎？可能不會，但當你知道有人支持著你就會有所幫助。

到死都要對抗那些混蛋

關於這一點，羅伊說我們需要認識到網路騷擾對人們的情緒影響。大多數人在 17 歲之前都有過這樣的經驗，許多女性在 13 或 14 歲左右就經歷過。無論我們想不想大聲地說出來，它都會讓我們感覺渺小，讓我們在心裡有所恐懼。將會左右你的存在、你的穿著以及你未來的樣子。這可以影響一個女人的一生。

我們必須指出並認知到這種影響。我們可以對女性說「你要變得更強大」或「忽略它」，進而減少這些經驗的影響。這能消除女人的恐懼感，因為我們都希望感覺自己並不孤單。如果我們能夠團結一心，意識到我們都有過並目睹過這些經歷，就可以努力改變這樣的文化敘事。

要走出這些陰霾就必須有所抗爭。這並不意味著你必須往人們的

臉上揍。而是意味著你必須以某種方式提供幫助。如果你什麼都不做，你會後悔莫及。這就是現實。如此你真的會成為社會迫切希望你成為的自大女性。

你應該得到平等的對待。意思是你有權自己去上班、逛街或搭乘大眾運輸工具時不必擔心被性騷擾，你有權勇敢地告訴男人「他媽的別煩我」。

不要擔心別人對你的看法，別再逃避這個讓你變好的方法。如果想得太多而無法採取行動，是無法有所反擊的，不要讓壞人得逞。

請記住，被騷擾絕不是你的錯，你無需為某人對你的行為負責。羅伊告訴與她一起努力的女性，以及世界各地的女性，她們並不孤單，她想向女性保證，在她處理的經驗中，人們在緊張的情況下會有各式各樣的反應。

不管他們是誰，他們越討厭你，你越要堅持你的努力，只有如此你才能有更多選擇和自由去決定自己的生活。他們越是要羞辱你是個蕩婦，你就越應該繼續做下去。叫你停下來的人越多，你就越要努力往前進。你是有權力這麼做的，任何讓你對享受自我和追求愉悅感到罪惡的人都是王八蛋。

找回你的力量代表你要培養自信和自愛，以對抗那些想挫敗你的人。人們會試圖利用你的性和自由來控制你。無論你做什麼，他們總會說些負面的話。永遠不要讓他們成為你放棄的理由，永遠不要讓別人告訴你應該如何對待你的身體，並和任何讓你感到不安全的人上床。

這是一個漫長而緩慢的過程，需要時間、練習和耐心。不要害怕自己的恐懼，反而應該用恐懼來幫助你有所作為。總有一天你會覺得自己很強大，充滿自信。你會覺得可以征服世界。當然也會有那麼幾

天，你會心情無比地低落，甚至沒有力氣去面對那些混蛋。要能有所成長或形塑自我，你得先認知到這是一段沒有終點的過程、沒有究竟的領悟。是一條充滿坎坷的曲折道路，這就是人生。

　　告訴自己，沒有女人應該感到孤獨。你不是一個人，你再也不是孤單的。騷擾是不可原諒的；仇女心態是不可原諒的。我們需要站在一起，以改變這些人的態度和行為。首先，要知道你是個狠角色，並且永遠不會屈服於那些騷擾者的不友善和傷害。要有勇氣為彼此挺身而出，並適時伸出援手。

　　你是一個有性慾的人，應該為此感到自豪。你知道網路還有什麼好處嗎？提供你充分的資訊。你知道在網路上你很難找到什麼嗎？正確的資訊。

　　既然你是一個不接受任何人的騷擾且性慾旺盛的美麗女人，那就讓我們談談性病吧。無論如何，掌握你的身體和安全才能真正擁有自主權。

第二部分

擁有一個性感到不行的生活

第5章
性病和你需要知道的真相

　　本章不會告訴你一些自以為是的資訊，我不會假裝自己是婦產科醫師，大談自己對性病的看法。我是為了告訴你關於性病的真相，因為你需要知道一些真正的現況。而身為你的專欄作家，將告知你這些事情。我親身經歷的蠢事已經到了可以拿到榮譽學位的地步了。

　　談到性病時，我們需要篩掉過多缺漏和虛假的資訊。沒有獲得對的資訊，你就不可能保護得了自己和身體。

　　瘋狂做愛並沒有錯，但如果你在不了解事實的情況下做愛，你最終可能得服用抗生素或終生受困於某些隱疾。皰疹並不性感，從來沒有人會說，「你知道我覺得什麼如此性感嗎？多虧我的生殖器發炎，還流著惡臭的膿液。」

　　即使是我這樣一個熟諳性病並且總是推廣保險套和安全性行為的人，也不能坐視那些只顧享樂的笨蛋所面臨的危機發生。

　　當電話響起時，我正在網路上瀏覽，這是我出社會的第一份真正的工作。簡而言之，我的工作就只是：上網瀏覽並尋找讓我們的新聞寫手仿寫的熱門新聞故事。你不需要寫任何文章，你只是整天泡在網路上關注：當週關於各種金・卡戴珊（Kim Kardashian）的翹臀和D-list名人接受最新的醫美手術的消息。

　　我就在辦公桌前拿起電話，在我們開放式的千禧世代辦公室裡，我離文案編輯的位置還有一英吼遠。

「嗨，恩格爾小姐（我）？這是你的主治醫生。你最近性病檢測的結果出來了。現在方便談談嗎？」

我很清楚如果是好消息的話，他們就不會打電話過來了。我們的新創辦公室裡沒有會議室，而且到外面去會花上太長的時間，所以我人就停在走廊上，靠著石膏牆壁接這通電話。

「你的披衣菌檢測呈陽性。」

我愣了一下，一顆心頓時墜入谷底。我感到胃部不適，有那麼一刻我想我可能要吐了。護理師解釋這種感染有很高的治癒率，她詢問了我目前的性關係。我告訴她我處於一段忠誠的關係中。我聽到了一陣疑惑的停頓，好像她認為如果我有披衣菌，我就不可能是一夫一妻制。也許我腦裡都是她對我的看法；也許評判我的人是自己。

我聽過或讀過關於披衣菌的所有資訊此時充斥著我的大腦。從我嘴裡脫口而出的聲音不是我自己的；那是一個我不認識的小女孩、嬰兒的聲音：「我還需要知道什麼嗎？之後我要小心什麼才能避免再復發呢？像是小心別穿沒先洗過的髒內褲或褲子？」

她對著電話嘆了口氣。「不，只要使用保險套，你就不會再復發。」

我當時23歲，對性病已經非常了解了。然而我卻在當下問醫療專家我是否會因為穿髒牛仔褲而感染披衣菌，就好像我忘記了我原本就知道的一切。直到那一刻，性病對我來說才算真實存在。

然後我不得不告訴我當時的另一半這個消息。帶著汗濕的手掌和巨大的恐懼，我告訴他我感染了性病。

目前還不清楚是誰先感染，但令我感到欣慰的是，我的男朋友沒有責怪任何人，也沒有對我大吼大叫或甩了我，而是和我一起去藥局拿阿奇黴素（azithromycin）。護理師給的劑量包括兩人在內。

一劑中等大小的紅色藥丸。

就這樣，我的性病痊癒了。

告白時間：在我的披衣菌檢測呈陽性之前，兩年多以來我一直表現出我只是容易感染陰道酵母菌而已。我用抗真菌藥（antifungals）和益生菌治療酵母菌感染；症狀會消退，然後在我下次發生性行為、穿著濕泳衣或穿著緊身褲久坐在辦公桌前時又會再次出現。

這是我大意的地方：酵母菌感染會有的搔癢、灼痛和分泌物也是披衣菌感染和細菌性陰道感染的症狀。它們所有的症狀都是搔癢、灼痛、異味和分泌物。

前一年我沒有檢測出披衣菌陽性，但當我服用大劑量的阿奇黴素後，酵母菌感染的症狀再也沒有出現過。事實證明，我正帶著嚴重的細菌性陰道感染（和披衣菌）四處走動，並將這些症狀當作真菌酵母菌感染來治療。看，吉吉阿姨和其他人一樣都會大意失荊州。

對於那些不知道的人來說，酵母菌感染是由念珠菌過度增長所引起的一種不舒服的陰道感染。症狀包括搔癢、灼痛、痠痛、性交和／或排尿疼痛以及陰道分泌物。分泌物通常如起士一般的黏稠度，那可真迷人啊！

酵母菌感染有很多原因。如果你一直在服用抗生素，可能會因此清除陰道內有益的、酸鹼平衡的細菌，從而導致酵母菌過度增生。當你的陰道長時間處於潮濕時，也會發生酵母菌感染，進而刺激酵母菌過度增生，並讓你的陰道變成烘焙酵母的麵包店。

硝酸咪康唑（Monistat，我最喜歡的抗真菌藥物）的專業藥師說，你應該避免穿著濕泳衣和任何會阻止你的陰道常態保持乾燥的狀況。

否則，小妹妹裡面的細菌和酸鹼值就會失衡，你可能就會感染酵

母菌。

　　要知道你到底是什麼狀況的唯一方法是定期檢查。

　　如果你處於一夫一妻制的關係中，美國計劃生育聯盟建議每年進行一次篩檢。根據疾病管制中心（CDC）的數據，50～75%的披衣菌病例根本沒有任何症狀。能夠確定到底有沒有中獎的唯一方法是進行篩檢。

　　根據疾病管制中心的說法，披衣菌如果不及時治療，會對女性的生殖系統造成嚴重傷害，並導致子宮外孕（ectopic pregnancy）。然而，如果及早發現，披衣菌就不是什麼大問題了。它基本上像一種陰道感冒，但如果不接受篩檢也不進行治療，就可能會傷害你的卵巢！是不是很有趣啊！？！

　　所以不要像我一樣。如果你與多個伴侶發生性關係，請每八週接受一次篩檢。如果你覺得下體可能有什麼症狀——任何事情——就去看醫生，討厭看醫生並不能作為卵巢弱化或其他更糟糕的症狀發生的原因。

　　現在，在我們討論性病和如何保護自己之前，讓我們從一些非常重要的思維開始：別原諒任何要羞辱你這件事的人。罹患性病不該遭受公眾的蔑視和攻擊，任何想這麼做的人都是因為它們瘋了或是掩飾自己的恐懼。去他們的！如果你是在單身時，或是你在遇到／進入一段感情之前感染了性病，你的伴侶都無權羞辱你。你就只是他媽的搞砸了，你不過是一個人。（反羞辱列車上的小提醒：如果你讓伴侶戴綠帽並把性病傳染給他們，那麼是的——這個人完全有權生你的氣，如果是這樣的話，你會因經歷而學到這是一件很可惡的事情。）

　　不管怎樣，我們先回到一些基本的層面上。

　　STD代表性傳播疾病（sexually transmitted disease），STI代表性

傳播感染（sexually transmitted infection）。那麼這其中有什麼差別，什麼時候要用哪個術語？

我們首先必須定義疾病和感染之間的區別。疾病是因感染而發展成慢性病並持續很長一段時間。感染則可以通過藥物治癒，例如普通感冒或淋病（Gonorrhea 或稱 clap）。

並非每個感染 STI 的人都會表現出感染症狀。因此，它永遠不會成為一種疾病，一輪抗生素通常可以殺死大部分這些感染細菌。疾病是一種持續存在的疾病——可以治療但無法治癒的疾病（例如 HIV），一些性健康推廣的團體正避免使用 STD 作為固定的術語，因為大多數性傳播「疾病」實際是可以治癒的感染，所以我們開始稱它們為 STI。

到目前為止你有跟上嗎？從本質上講，STD 並不是我們正在處理的性傳播感染的正確縮寫。

例如：大多數 HPV 感染不會發展成子宮頸癌的疾病。HPV 病毒通常會自行消滅，因此屬於感染。

我們使用疾病這個詞只是因為我們習慣將性和濫交汙名化。說一個人有病是非常有損他或她的自尊的，當人們所罹患的感染症狀可能只要用一劑阿奇黴素之類的藥物就能治癒時，依然會讓那些人會覺得自己是不潔、骯髒和不被愛的。

雖然大多數 STD 的副作用會擾亂女性的生活，但 STI 的感染機率是男女平均的。

性傳播感染很糟糕，但我們得讓更多人知道這些知識並減少那些羞辱的聲音；所以我們需要真實地了解 STI 的相關資訊。

我們必須消滅性傳播感染的妖魔化，用事實取而代之。如果我們沒有正確的知識且不教育年輕人了解他們的身體是如何運作的，我們怎麼能期望遏制這個國家不斷增長的性傳播感染率呢？

八大真相清單

　　疾病管制中心列出八種最常見且最普遍的STI類型。那麼讓我們來談談這八巨頭吧。你知道的越多，就越有能力避免被感染或感染他人。

　　如果您曾感染過STI並接受過治療，之後又不小心接觸到STI感染者，仍然可能再次被感染。治癒後不表示你就能對性傳播感染免疫。這不是水痘，懂嗎？

　　這些都是你需要知道的。在攸關你身體健康的時刻，可不能兒戲。

披衣菌

它是什麼：披衣菌是一種常見的細菌感染。

它會影響誰：男性（men）和女性（women）。★披衣菌會透過陰道、肛門或口腔接觸感染。

> ★ 請記住，我使用男性和女性這兩個術語，因為這是在醫療資訊上的呈現方式。希望很快有一天，我們將能獲得有關非二元性別、性別酷兒等方面的有用資訊，但這一天尚未到來。真令人失望。

症狀：灼痛、搔癢、分泌物、非經期出血；50 ～ 75%的感染者不會出現症狀。

如何治療：披衣菌使用一輪抗生素治療，如紅黴素（erythromycin）或多西環素（doxycycline）。若你的伴侶也有接觸，他或她就應該接受同樣的治療，可以用抗生素治癒。對於鏈球菌性咽炎（strep throat），你基本上也吃同樣的藥——只是它用的是青黴素（penicillin），服用約十天的藥量。（我白眼真的要翻到屁眼去了，大家都他媽的給我冷

靜一點。）

淋病

它是什麼：淋病是一種細菌感染。

它會影響誰：男性和女性。它可藉由任何形式的性接觸傳播，包括肛門、口腔或陰道。它也可以透過與尿道接觸傳播。

症狀：小便時疼痛、睪丸腫脹、有黃色或綠色分泌物。

如何治療：根據疾病管制中心的說法，一些淋病菌株已經對抗生素產生抗藥性，因此更難治癒。由於其耐藥性，疾病管制中心現在建議對淋病進行雙重治療：肌肉注射單劑量250毫克的頭孢曲松（ceftriaxone）和1公克的阿奇黴素。

皰疹

它是什麼：生殖器皰疹是由兩種不同的病毒中的其中一種所引起的病毒感染：第一型單純皰疹病毒和第二型單純皰疹病毒。

它會影響誰：男性和女性都可能感染皰疹病毒。疾病管制中心估計，年齡在14至49歲之間的成年人中，有六分之一感染了皰疹病毒。皰疹病毒可能透過與感染者進行無安全措施的肛交、陰道性交或口交來感染。如果此人處於發病狀態，你就更有可能感染該病毒，但即便感染者無症狀，仍可能有感染風險。你不會在一般的STI篩檢來檢測皰疹病毒。它是透過單獨的血液檢測來篩檢的，並且只有在情況需要時才會進行。醫生唯一會建議進行皰疹篩檢的情況是，當認為你可能已經感染的時候，例如你的陰部出現大而成熟的異常潰瘍。

症狀：這可能跟你的認知相異，大多數患有生殖器皰疹的人甚至都不知道自己感染了。感染病毒的人經常將皰疹瘡誤認為是毛髮內生或痘

痘。當第一次發病時通常會最嚴重，可能會非常痛苦。發病通常不會只出現一次，可能會持續發生。其他症狀包括非經期出血和分泌物。生殖器皰疹稱為第二型單純皰疹病毒（HSV-2），皰疹也可能為唇皰疹（cold sores），即第一型單純皰疹病毒（HSV-1）。是的、是的。酷、酷、酷。唇皰疹也是一種皰疹病毒。如果你患有唇皰疹並進行口交，就會讓你伴侶的生殖器感染口腔皰疹。耶！很有趣，對吧？

如何治療：皰疹無法治癒，每天都要使用抗病毒藥物治療，以減少發病和將病毒傳染給性伴侶的機率。

人類乳突病毒（Human Papillomavirus，HPV）

它是什麼：人類乳突病毒是最複雜、最難理解的性傳播感染之一。我也對它感到非常困惑。它有超過150種相關的HPV毒株，其中40種會感染生殖器部位。

它影響誰：男性和女性皆會被感染。HPV是全世界最常見的性傳播感染。根據疾病管制中心的說法，幾乎每個成年人在他或她的生活中都會感染某一種HPV。目前已有超過7900萬人感染HPV，我知道這很誇張。我在2018年3月進行了子宮頸消融術，因為儘管接種了疫苗，但我還是出現嚴重的菌株感染。我的醫生得在醫院對我進行麻醉，然後用那該死的雷射光去除所有異常細胞。整整六個星期，一些燒焦的黃色子宮頸從我的陰道中排出。HPV你真棒，從古至今都沒有人說過：HPV去死！

症狀：大多數人從未表現出症狀，十分之九的HPV病例會在2年內自行消除。如果你的子宮頸抹片檢查異常，你就知道自己感染了HPV。然後，你的婦科醫師會想要進行子宮頸活檢以確定其狀態。一般來說，你會在不知道自己感染了HPV的情況下正常生活。然而有些菌

株會導致子宮頸癌、陰道癌、肛門癌和陰莖癌。在美國，每年有超過42000例癌症是由HPV所引起的。

如何治療：HPV 無法治癒，但大多數菌株會自行消除。三劑HPV疫苗可預防大多數有害的致癌菌株。目前沒有針對男性的篩檢，也不會在一般的STI篩檢中進行。

B型肝炎

它是什麼：B型肝炎是由B型肝炎病毒引起的肝臟感染。

它影響誰：男性和女性。B型肝炎會在血液、精液或任何其他體液交換時傳播。透過性行為或共用針頭也會傳播此病毒。B型肝炎疫苗接種已讓B型肝炎的感染率急劇下降，在美國的感染人數不到5000人。

症狀：有很多跡象顯示你感染了B型肝炎，但症狀通常為嚴重的流感症狀。

治療方法：B型肝炎可能演變為一種慢性疾病，但一般來說它的病期並不長。只有2～6%的成年人感染後會有長期感染的現象。感染本身沒有治療方法，最好的預防措施是B型肝炎疫苗。

人類免疫缺乏病毒（Human Immunodeficiency Virus, HIV）

它是什麼：HIV為人類免疫缺乏病毒，它能夠透過T細胞攻擊人體的免疫系統。你的T細胞是保護身體免受感染的細胞，當HIV殺死它們時，它們就更難抵抗一般的感染，例如感冒或流感。當你的T細胞數降至每立方毫米200個細胞以下時，HIV就會變成愛滋病。

它影響誰：愛滋病毒可以透過性行為或共用針頭傳播，它也可以在分娩過程中從受感染的母親傳給嬰兒。

症狀：感染後2到4個星期內會出現類似流感的症狀。

如何治療：愛滋病毒無法治癒。如果你和多個伴侶發生性關係，您應該服用暴露愛滋病毒前預防性投藥（Pre-exposure prophylaxis，簡稱PrEP），是一種有助於阻止HIV在體內傳播的日常藥物。這並不表示你就不需要保險套，你應該每一次都全程使用保險套（女用或男用保險套），即使在口交或舔陰時都要戴。

滴蟲病（Trichomoniasis）

它是什麼：滴蟲病是由一種名為陰道毛滴蟲的陰險小混蛋引起的，這是一種原生動物寄生蟲。

它會影響誰：影響男性和女性。它會透過陰道性交或從陰道與陰道之間的傳播。這一次，肛門就成了其中的贏家。誰知道呢？

症狀：性器官有灼燒感、搔癢、發紅和腫脹。百分之七十的感染者不會出現症狀。

治療方法：大劑量的甲硝唑（metronidazole）或替硝唑（tinidazole）就可治癒。

梅毒（Syphilis）

它是什麼：梅毒是一種性傳播疾病，通常會破壞人們的神經系統，此病尚未有治癒方法。

它影響誰：男人和女人都可能感染梅毒。

症狀：梅毒有四個階段：初期、二期、隱性和三期。感染後，你的陰道、肛門和口腔會長瘡，還會出現皮疹。你必須在前兩個階段就要進行治療。否則，可能無法治癒。

如何治療：抗生素可以在初期和二期階段擊倒那混蛋。

　　以上要告訴你的是：請使用保險套。更安全的作法則是使用PrEP。沒有「絕對安全的性行為」，只有「更安全的性行為」。

　　我知道保險套很難用，用起來不舒服，而且會讓你的陰道像撒哈拉沙漠一樣乾燥，但人們也很容易以為自己不會感染STI。我們認為，倘若我們的伴侶說他或她「剛剛接受過篩檢」，所以不戴保險套也沒差。但猜猜怎麼了？每三個人中就有一個患有性傳播感染。

　　尤其是男性，他們甚至可能不知道自己感染了STI。沒錯：例如，如果一個男人感染了HPV，他甚至不會察覺。他不會有陽性的篩檢結果，因為根本就沒有HPV的男性篩檢！如何？雖然約有40%的口腔癌和肛門癌發生在男性身上，但子宮頸癌的罹患機率是更高的。據疾病管制中心指出，90%的子宮頸癌和肛門癌被認為是由HPV引起的。

　　真正荒謬的是，如此多的醫學專家似乎一般都對HPV治療漠不關心。同我私下談過的那些醫生經常說，因為有太多的HPV病例最終會自行痊癒，因此若去研究出告知人們感染狀況的治療方法會引起軒然大波。也反映了醫學界對待生殖器皰疹篩檢的態度，由於有12%的人口患有HSV2（還有更多人患有HSV1，即口腔皰疹），因此在一般的STI篩檢中進行檢測會引起恐慌。同時，了解一個人是否感染HPV的唯一方法是透過子宮抹片檢查，這是只有女性才能進行的檢查。自然而然地給人一種女性需要告知伴侶HPV篩檢是陽性的責任，也創造了另一種女性可能遇到的責難，讓女性因「疏忽」而感到羞恥。男人也可能感染了HPV，但他並不知道，如果他將病毒「傳染」給另一個伴侶，他似乎不用負任何責任，而女人卻又再一次的被冠上不潔的罪名。真棒。

　　還有更糟糕的事等在後面！你還可能因為口交或舔陰蒂導致大量

的性傳播感染。對，是的，你在口交時是有風險的。這難道不是一件好事嗎？你可能認為在做愛時使用保險套是安全的，但你也肯定會因為口交而導致性傳播感染。披衣菌、HPV、皰疹、滴蟲病和淋病都是透過皮膚接觸傳染的。如果你的口腔有傷口或潰瘍，愛滋病毒就能透過精液來傳播。

我有一個讀者曾經問我如何讓一夜情對象幫她口愛。我想給她一些來自女性強力的建議，為了你的安全，你其實不該讓剛認識的男人幫你（或你幫他）口愛。除非你打算使用女用保險套或其他障礙避孕法（Barrier Methods）……我們都知道你不會這麼做的，小騷貨。

你想要打消跟別人做愛時口愛的念頭嗎？不，別騙自己了。

我知道你可能不會在口交時使用避孕套（男用或女用），但重要的是你要知道你將自己處於危險之中。就算你打算撒手不管往前衝，還是得知道這些事實。我寧願你都知道這些事情，好嗎？

我一直以來算是很老實地使用保險套，但也不是每次都這麼老實的。我的意思是，如果你從未有過沒做安全措施的性行為，請舉手讓我知道。

是的，有時候我確實也覺得麻煩，有時候會找不到保險套，或者喝醉了根本就不管了，我們都有過這樣的經驗。

你能做的就是原諒自己，接受篩檢，然後做該做的事情來治癒或治療性傳播感染，並繼續過你的生活。

當我發現自己感染了披衣菌時，我不敢告訴我的伴侶。我擔心他會認為我是妓女或嫌我很危險。但我沒有什麼好羞愧的，我們是直到篩檢結果呈陽性的前幾週才真正開始交往。我沒有辜負他的信任，我沒有劈腿。

我其實是比較負責任的。我每年固定會去婦產科診所接受篩檢，

我把結果告訴他，也服用了殺死細菌所需的抗生素。他完全能體諒我，願上帝保佑他。

跟你交往對象進行對話真的困難得要命，這需要很大的勇氣。性傳播感染所能牽扯到的羞辱和恥辱實在太多了，所以有一些聊天的技巧可以幫助你處理這樣棘手的對話。

你需要在發現自己患有性傳播感染的那一刻就進行對話。在一段彼此信任且健康的關係中，誠實是關鍵。

你不必請求對方寬恕，並沒有什麼好原不原諒的。你只需要承認自己的狀況，誠實坦白到底，然後放下它。相信我：在這個我們稱之為「生活」的爛節目中仍有其他更糟糕的事情會發生。

你要怎麼提起這件事的？我當然知道這不是一個會引起性趣的話題。

不要拖泥帶水，不要為了告訴男友你感染了HPV而安排浪漫的晚餐約會。現在不是試探和迴避的時候，而是要直接跟對方解釋到底發生什麼事，然後昂首挺胸地面對。

你得親自跟對方談談，現在不是發送帶有一堆悲傷表情符號的訊息的時候，或是邀請你的伴侶來你家並做一些沒什麼大不了的雜事。從你愛和關心他或她的角度切入，保持冷靜，不要哭（如果可以的話）。

這是一段對話，而不是你的個人獨白。允許對方提問，讓你的伴侶也有所貢獻。這對你們倆來說都是一個不尋常的里程碑。能夠一起面對最終才能讓你們的感情更加緊密，只要你的伴侶真的在乎你們之間的關係，他就不會讓你走。

當我第一次告訴男朋友我感染了披衣菌時，他提出了很多問題。他已經20多歲了，但他仍然不確定這種STI與其他STI有什麼不同，

以及我是如何被感染的，還有之後該如何治療。

　　我做的第一件事就是解釋說我的醫生開了抗生素讓我們倆服用。他不需要接受篩檢，因為他已經是接觸者了。最好的辦法是讓他服用一劑阿奇黴素。我向他說明了他想知道的所有事實，當我不知道答案時，我就會上網查清楚。

　　當你處於戀愛關係中時，你會得到對方的信任。你應該對伴侶誠實並坦率地說明一切，藉以幫助你的伴侶了解你正在經歷的事情，這將幫助他或她能夠理解，如此一來你們的感情會走得更順利。

　　在與你的伴侶溝通時，一定要提到的一點：如果你感染了一輪抗生素也無法殺死的性傳播感染，你應該採取保護措施來保護伴侶的安全。如果你患有生殖器皰疹，在發病期間不要做愛，並全程使用保險套。如果你感染了 HPV，請使用保險套讓對方免於感染 HPV。告訴你的伴侶你想要使用保險套，因為你關心他或她的安全和健康。

　　如果你不告訴你的伴侶你有性傳播感染，你就是王八蛋。我是認真的，所以請不要那樣做。

　　您還必須通知所有可能已經有接觸過的性伴侶，我知道這對您來說感覺會很糟，而且也很少人會這樣做。

　　知道自己要這樣做是一回事；實際上這樣做卻會有另一個層面的焦慮與混亂。請打電話給他們，是的，用電話講。在這種情況下有兩個原因說明為何你不該用簡訊告知：首先，這太他媽的太無禮了。你不會想要透過訊息告訴你的伴侶你有性傳播感染，也不會想藉由訊息告訴那些可能已經感染的人這件事。這是一個健康問題，這些人應該要聽到你親口說，不管那些邂逅有多麼毫無意義。其次，你不會希望這個人保留你的訊息、文字或語音訊息郵件並試圖以此來羞辱你。我知道這聽起來非常糟糕，但你永遠無法想像就是有些人會這麼沒水

準。但若是以打電話給對方的方式，可以很快速地說明來龍去脈。短時間內來看這是一件很可怕的事，但至少你不會留下任何證據。我不打算要跟你說，誠實不會招來公開的差辱。什麼事都有可能發生，你得多為自己著想好降低這種遭遇發生的機率。

　　如果我們是同一種人，那麼要打電話的名單可能會非常長。你很快就會對對方的憤怒麻木無感。列出所有人的名單，然後先打給你認為最不容易生氣的人。如果他們開始變得超級歇斯底里的話該怎麼辦？將手機放在距離你的臉六英吋的地方，好讓你不會聽到他們發瘋，然後對他們說：「你寧願我不告訴你，好讓你帶著可能的性傳播感染大剌剌自由行動卻被蒙在鼓裡嗎？」如果你想說實話的那個人是個混蛋，就掛電話吧。然後進入通話記錄，向下滑，接著封鎖那個混蛋的號碼。對他說：「死都別見面了，混蛋！」

　　你不是膽小鬼。你是一個強壯、兇猛、性感的女人，你不會發脾氣，也沒有疏忽提醒別人的身體健康可能出現狀況。雖然這可能是你一生中打過最尷尬、最可怕的一通電話，但這總比做一個膽小鬼好。

　　就像告訴過去的伴侶可能走不下去一樣，當你告知性伴侶這個消息時，情況也可能會變得很糟糕。你可能得面對非常嚴重的狀況，但是也很有可能沒事。我希望每個伴侶都會想要了解STI。根據ZavaMed 2016年對英國和美國1700人所進行的一項調查，有43%的人表示性傳播感染會導致分手。如果你的伴侶真的嚇壞了，那你該怎麼辦？

　　給他或她一些空間。這可能是一種情緒反應，你的伴侶可能需要一些時間來消化事實。

　　發現跟你交往的人有性傳播感染是一件非常痛苦的事情，也是一個極為殘酷的事實。

　　如果你的伴侶因為性傳播感染與你分手，實際上，你也不會想跟這種人在一起。你怎麼能和一個無法面對淋病患者的人在一起呢？怎麼能相信一個因為誠實地承認自己患有生殖器皰疹而選擇離開你的人呢？如果他們無法接受，那很好，表示這個人顯然不適合你。想像一下，如果家人去世或你得了癌症會怎樣？與你交往的這個人顯然也不會想要面對這些事情。

　　同樣地，如果伴侶願意敞開心胸告訴你他們的狀況；如果他們很坦白且願意誠實地分享他們有性傳播感染的事情，請以同理心來看待。如果你決定不想繼續這段關係，那也是你的選擇。但是有一些方法是足以防止性傳播感染的傳播，如果你真心關心這個人，只因為感染就孤立他們感覺很不公平。最重要的是，以同理心接近他們，不論是你還是他們都值得被這麼對待。

　　被拒絕的感覺真他媽的糟透了，這可能是分手中最爛的部分，它讓你覺得自己不潔、毫無價值、不討人喜歡。你的STI狀態成了分手的罪魁禍首，可能會讓你感到很卑微，沒有任何辦法可以解決這些感受。但請記住，你並不孤單。很多人都處於同樣的狀態；目前世界上有28%的人患有無法治癒的性傳播感染，我們只是談論不夠多而已。這就是為什麼這件事會帶來這麼大的恥辱感，但真的沒有必要。

　　例如，我在紐約一家非常高檔的餐廳參加生日派對。壽星是我認識的最酷、最壞的女人之一。她散發出銳利的氣息，而她坦率地面對自己的弱點讓我十分欽佩。她那種展現美麗自我的自信是我每天都想要效仿的。

　　在啜飲著香檳和手鐲在她纖巧的手腕上叮噹作響之際，她說：「嗯，我家裡所有的女人都患有皰疹，這確實牽連到整個家裡的人。當我姐姐出現症狀時，她嚇壞了。她在浴缸裡用冷水沖洗陰道，我媽

媽說：『親愛的，歡迎來到我們的世界。史密斯家的所有女孩都會得皰疹。』」

她談笑風生地說著，彷彿這是世界上最稀鬆平常的事情。與此同時，我差點把酒從鼻子裡噴了出來。我沒有任何意見。她對此真的淡然視之。我還能說什麼呢？這麼光鮮亮麗的人怎麼會得皰疹呢？

我很欽佩她和她的家人沒有被皰疹擊敗。在價值數千美元的珠寶之下，她仍然有如一千顆太陽一樣閃閃發光，她沒有讓皰疹黯淡了她的光芒。

如果你患有STI，你是可以與其共存的。親愛的，你也可以與HIV共存了，你不必將自己有STI的事實視為一種恥辱。人生苦短，不能讓不戴保險套的性行為毀了它。

第 6 章
自慰帶你上天堂

　　我們對女性自慰和性高潮的接受度仍不足。性積極性不是建立在它需要的基礎之上。我真的相信性賦權是從真正的自愛開始的。不僅僅是「我可以達到性高潮，因為我真的很興奮」，還包括「我愛我的身體，我愛我自己，我愛我的感覺，我知道什麼讓我感覺良好。」

——Babeland 情趣店共同創辦人克莉兒・卡凡納（Claire Cavanah）

　　我記得在 6 歲時第一次發現我的陰蒂。我爬上了父母四柱床的其中一根橡木床柱，當時可能是在扮演某個迪士尼的反派角色。（我總是更喜歡黑魔女（Malefcent）和烏蘇拉（Ursula）。不知道為什麼我的兒童心理學家對此感到驚訝；要知道我的母親在我成長的過程中只穿哥德式時裝。）

　　當我爬上鋼管，雙腿纏繞時，我意識到這感覺真的很棒，甚至令人興奮，與我經歷過的任何事情都不一樣。是一種陶醉的感覺，感覺比冰淇淋好，比糖果好，比世界上任何東西都好。

　　雖然我已經長大成人，而且我的父母對性也持開放態度，但當我還是個小女孩時，沒有人特別告訴我，我所經歷的是性高潮：這是人類保有的一個完全正常且令人愉快的部分。我不得不透過手淫和外部研究自行解決所有問題，雖然我可以跟父母談論性方面的話題，但我還是什麼都不懂，這就是我成為性教育家和作家的原因之一。我們在

性教育中嚴重遺漏了一些部分，結果卻以難以理解的方式傷害了我們。

在所有的（極少且極度貧乏的）性教育中，我們從不教年輕人快感。懶得告訴他們甚麼是敏感處，因為我們忙著在告訴他們不能隨便碰自己的性器官……或彼此的。我們專注於讓他們遠離性傳播感染和懷孕。雖然這也很重要，但這並沒有降低教導其他內容的重要性。

我們必須停止對陰莖插入陰道這件事過度反應，並回到根本上。絕大多數時候，插入式性行為不會帶來女性高潮。我知道我們這個年紀好像已經過了學性教育的時候了，但複習一些知識應該也無傷大雅。另外，像現在這樣閱讀這本書時，你知道會發生了什麼事嗎？你也許會從中學到一些東西。如果要問我因為性教育和兩性寫作發現了什麼，那便是總有新東西等著我去發現。讓我們一起狂歡吧！

下一頁是那些擁有女性性器官的人的生殖器解剖圖。

當你進行插入性行為時，陰莖會進入陰道口。你有看到，對吧？現在，找到陰蒂的位置。你看到圖片中的陰蒂離陰道有多遠了嗎？

三分之二的女性需要透過陰蒂刺激才能達到性高潮，快感是陰蒂的設計目的，其實也是它唯一的功能。你（通常）無法透過直立的插入來觸及陰蒂，實際在生理上是不可能的，除非你在顧及陰蒂快感的前提下換了其他性愛姿勢，或在臥室裡帶一個振動按摩器來輔助使用。想像一下，如果我們年輕時被好好教導陰蒂的大小事，性生活會有多美滿，我說的對嗎？！

當我們花這麼多時間教授異性性行為（陰道性交）時，我們並不光是在教女性如何獲得性高潮。如果你只是教女孩和男孩如何以一種完全著墨在男孩快感的方式發生性關係，那這要如何讓年輕女性知道她們自己的性高潮？

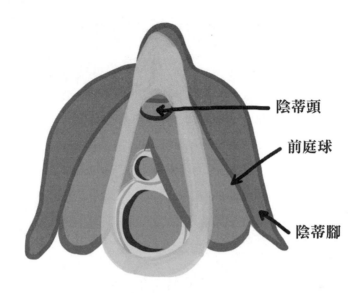

陰蒂頭

前庭球

陰蒂腳

　　這會間接地告訴她們，她們並不那麼重要。去你的。你可以肯定地說這種忽視將會影響女性的自信。如果一個女人被教導說男人的快感比她的快感更重要，這就會強化以男性為中心的觀念，即她的性高潮在性過程中並不重要，她會開始認為自己（但是在潛意識裡）不如她的男性伴侶。這使女人被物化；使她成為一種達到目的的手段，其目的就是男性高潮。這與事實相去甚遠，她是一位威嚴的女王，有權每次都能達到高潮。

　　一個自信的女人是透過正增強（positive reinforcement）來培養。她周圍的人和教育工作者告訴她可以把自己放在第一位，尋求滿足感並將自己視為讓自己快樂的主角，這會讓她更加自信。她不應該只是躺在那裡讓一些汗流浹背的傢伙像電動手提鑽一樣操著她。

　　我們需要灌輸這些價值觀，以增強所有女性可以擁有的力量，但很少有人鼓勵她們去探索和把握。透過教導女性了解自己和其價值，

就能重建她的自信。而且，就像我們在第1章和第2章中談到的那樣，高調地推翻父權主義。

我們必須重新檢視教給年輕人的東西。女孩需要被教導什麼是陰蒂，自慰是形塑自尊的基石。它教導年輕女性：她們不需要男孩就能感受快感，她們可以帶給自己快樂。對於年輕女性來說，這是一個非常深刻且驚人的消息。在女性被邊緣化並被性慾控制的時代，提供她們讓自己快樂的方法是至關重要的。

我們的社會不會告訴年輕女孩這些事情，因為這會讓她們可以自由地控制自己的身體。這個世界不斷想要控制和操縱我們對身體互動和感覺身體的方式，所以為女性提供自我滿足所需的方法其實是危險的。如果女孩們發現只需按一個按鈕，就能瘋狂高潮，那麼小男孩們該怎麼辦呢？

一旦了解陰蒂和G點的位置以及它們運作的機制，就該實際去使用它們了。是時候讓自慰走出黑暗時代，邁向充滿振動按摩器的光榮世界了。

自慰對所有人來說都是美好的

女士們，你必須定期自慰。這是重拾你對自我認同和了解身體的第一步，當你更了解身體是如何運轉時，自慰只會讓你的性生活更美好。它可以幫助你了解自己想要什麼。如果你不知道自己喜歡什麼，也不知道自己喜歡被觸摸的方式，你他媽的要怎麼告訴別人自己的好惡呢？

每個陰道都是不同的，每位女人想要的和喜歡的都不同，你必須花時間與自己相處並真正發現這些令你快樂的地方。沒有什麼比了解

自己身體的女人更性感的了，到時如果你的伴侶不覺得你有良好的性素養，請不要與那個人約會，他們是大白痴。

如果你真的需要說服別人自慰有多麼美好且重要，總得舉出它對健康的好處。讓性在一個文化社會被接受的方法就得著眼於性快感被證實對身心健康的益處。大家，這是有益健康的！你的靈魂不會因此被詛咒下地獄，而你的心血管健康將會因此獲得大幅的改善！

性高潮是生活中與生俱來的樂趣之一，它們是人類美好的一部分。根據 2009 年發表在《性醫學雜誌》上的一項研究，性高潮被證實可以增加神經遞質的流動，並為大腦提供感覺良好的化學物質。你的大腦會釋放催產素，這是一種天然的鎮痛劑和配對激素，你的焦慮會因此減少，進而放鬆下來。高潮還能釋放內啡肽和多巴胺，可以大大減輕壓力。當你高潮的時候，世界會變得更美好。

雖然沒有絕對的證據可以證明這一點，但一些專家表示，自慰可以幫助女性將細菌從子宮頸排出，從而改善陰道的整體健康狀況。當你感到性奮時，子宮頸會自然地微微張開。這個開口（稱為隆起）可以改善子宮頸的功能運作，並有助排出可能聚集的細菌。很酷，對吧？我不得不（再次）說，女性的身體是很驚人的。

自慰還可以讓你和伴侶的性生活變得更美滿。根據 2003 年發表在《心理學與人類性行為雜誌》（Journal of Psychology and Human Sexuality）上的一篇文章，人們發現自慰可以增加夫妻的性健康。雖然造成這種情況的原因有很多，但這個說法有很大一部分是因為：如果你有美滿的性生活，你就會想要（在有和／或沒有你的伴侶在場時）自慰。如果你在自慰，你會想要更多的性生活。雖然並非所有夫妻都是如此，但性通常是您想要的更多，越是能對自己身體接觸感覺良好，你就越想與伴侶做愛。

而且，寶貝，這一切都要回到了我們之前談到的「了解你自己」的事情上。如果你在自慰後知道自己的喜好，就會有興趣與你的伴侶交流這些快樂的新發現；如果你自己測試過你對性的好奇程度，當你想要騷一點時，就可以把這些美好帶給你的伴侶。

自慰應該是母親在女兒進入青春期（但老實說，應該在大約6、7歲左右）時教給女兒的第一堂課。這對話會尷尬到要死？或許吧。但是，就像大多數事情一樣，如果你願意直接去做，就會是一件稀鬆平常的事。

我們生活在一個終於被鼓勵要注重自我照顧（self care）的時代。從女孩們共進早午餐、點燃香氛蠟燭、書寫日記到宣洩情緒，全國各地的女性都在為自己抽出時間來做這些事。

相信我，你在Instagram上肯定會看到這樣的主題標籤，自我照顧就像一種新的南瓜拿鐵——基本上每個女孩都愛。

除此之外，真他媽的太棒了。我很樂見女性真正地專注在自己身上，實際地將自己的需求和慾望置於所有人之上。但是為什麼自慰沒有包括在這些神聖的儀式中呢？

如果我們讓性高潮充分發揮作用——如果我們不再貶低它們的重要性，而是真正開始讓它們成為每一個#SelfCareSunday的一部分——它們就會漸漸地正面影響在我們的健康、思想和身體。自慰不應該是只在深夜裡才做的事情，戴著耳機在RedTube上看著女對女的A片，這感覺像是某種骯髒的小變態（除非你就是喜歡這樣，或者與室友一起分享。但老實說，不管怎樣，自慰可以讓你性奮，而且既方便又舒服）。你應該能夠把自慰放在待辦事項清單裡。

美甲？搞定。買那件新毛衣？搞定。上健身房？搞定。自慰到高潮？搞定。

我覺得這聽起來很棒。自慰是你生理上的冥想，不要讓自己拒絕這個機會。去發現你喜歡什麼，留點時間在自己身上，真正讓你的思想與身體進行對話。並沒有什麼好羞愧的，你（真的）只是在做你自己。

既然你在做自己……就應該有適合你的方法可行。這是只為你而生的獲得。去吧，讓這一切變得有價值。

我知道現在生活在一個不會讓我們飢渴的時代。我必須專注在自慰上，有時得將其列入我的日常生活中。2017年，女性性健康公司Unbound對500多名女性進行了一項調查，以了解奇多總統的當選對女性性慾的影響。在調查中，有27%的人表示他們自慰的次數減少了，18%的人表示他們對性活動的愉悅程度減少了。我們不能讓這個混蛋讓我們厭惡自己的陰部。不，這些人是無辜的。

我們需要購買所有新型振動按摩棒，以找回我們的性慾，並向這個混蛋展示什麼才能形成真正的自我──性高潮和星塵。

挑一支好的按摩棒，然後與它水乳交融

根據布盧明頓印第安納大學性健康推廣中心的一項調查，仍有47%的女性沒有按摩棒。亞當夏娃（Adam & Eve）集團進行的另一項調查發現，將近56%的女性沒有按摩棒。用一個字來形容這狀況：「幹！」上述兩項數據都很悲劇。那到底是怎麼了？

實際購買按摩棒讓很多女性打消自慰的念頭，因此讓我們很多人都感到擔憂，沒有人希望被人看到自己購買一些脫下褲子後使用的東西。對，你的手指其實也是一個神奇的東西，但如果你因為害怕而拒絕使用這個（女性）人造工具，那麼就這樣吧，親愛的。

　　我們必須消除對按摩棒的汙名化，應該像談論一雙新鞋一樣談論我們的按摩棒。我會特別與女性分享我要買什麼樣的按摩棒，以及正在嘗試的新東西，還有她們應該為她們的抽屜添購那些玩意兒。如果我們正面去談論它，它就不再那麼令人討厭了。

　　找到合適的按摩棒就像找到合適的生活伴侶。它會帶領你到新的境界，激發你的靈感，並向你展示你的真正能力。這他媽的才是真正的解放，我們都應該獲得這樣的解放以及對陰部的掌控權。

　　你與按摩棒的關係和你與修眉師的關係一樣重要：值得信賴、不可或缺，並且在你最毛茸茸或性奮的時刻始終在你身邊。（不要讓我從父權主義對毛髮的病態要求開始講起，否則我們永遠講不到按摩棒的事情。）

　　按摩棒是讓你更接近自慰的關鍵途徑。它能讓你不會因為和那個混蛋分手而有世界末日的感覺。如果在家就能性高潮，那還有什麼原因能讓你需要這些糟糕的交往關係呢？

　　你需要找到一根可以信任的按摩棒——一根你可以與它共度整個下午並且永遠不想分開的按摩棒。

　　所以按摩棒不能隨便亂挑。

　　出門為自己添購一件好東西。購買按摩棒，你就不再是一個無精打采的廢物。

　　你不必去那些窗戶裡有充氣娃娃穿著性感警察制服的爛地方。你不必走進街角一家陳列著壓克力窗裡展示著大麻菸斗和巨大黑色假屌的簡陋商店，就能獲得適合你的按摩棒。性並不低俗，性就是生命。

　　目前已有真正合法的精品店販售這些東西。在Google上搜索當地的情趣用品店。現在，並不是每個地方都有這樣的店。如果你不是居住在大城市裡，可能就很難找到這些地方。如果是這樣的話，歡迎

透過網路來購買。請上 lewandmassager.com，給自己買一個魔杖按摩器。這款按摩棒永遠不會讓你失望。

對於初學者，買一些沒有威脅的東西。魔法按摩棒（Magic Wand）、Le Wand 超強震動按摩棒或任何魔杖按摩棒看起來像一個頸部按摩器，但它的尺寸非常大。對於一些女性來說，把那個東西放在陰蒂附近是一個可怕的想法。我第一次去使用 Hitachi 電動按摩棒時，我以為我的陰蒂可能會灼傷。僅供參考：這不是你準備自慰時應該有的感覺。

如果你想要一些低調的東西，那就給自己一個跳蛋（bullet vibe）吧。

跳蛋體積小，便於攜帶，並有可愛、溫和的顏色（如粉紅色和海藍寶石色）。其中一些甚至附有小兔子耳朵能服務你的陰蒂兩側。它看起來就像小兔子；那就沒什麼好怕了吧？我有個看起來像口紅的跳蛋。可以把它放在包包裡隨身攜帶，沒人知道它是情趣用品。

你需要知道的是，按摩棒是一項投資。你肯定能夠找到一些便宜的按摩棒，只吃電池而沒有 USB，並且材質也比較拙劣。請不要買那種垃圾。

請選擇醫用級矽膠製成的按摩棒，需要充電再運轉，且附有不同的速度和震動方式（如果你想要更高級的款式）。你不必買一個看起來就像 AV 男優的假屌，好嗎？這東西應該要帶給你快樂，而不是心理陰影。

當談到你的自我照顧時，你會認真看待，對吧？你投資了按摩棒就如同你認真看待自慰一樣。給女孩一個合適的按摩棒，她就能擁有全世界。

從長遠來看，這終將是一筆划算的投資，因為你不會遇到沒有性

高潮的困境，並且不會因為你不想投資於你的陰道／外陰而不得不更換你那廉價的爛按摩棒。投資自己吧，姑娘！

了解並傾聽你的身體

陰蒂是一座絢爛而美麗的冰山：孤獨且難捉摸。小陰唇上那個神奇的、如玫瑰花蕾般的、如皇冠上的寶石般的小珠子只是其中一個主要的快感泉源。

這是陰蒂：

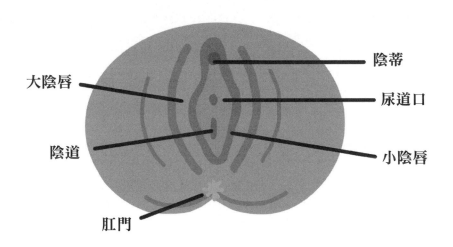

如你所見，在身體外部只能看到陰蒂頭。兩側的翅膀是隱藏在體內的。很多人不知道的是，這偉大陰蒂的可見部分並非它的全部。你知道該怎麼找到它其餘的部分嗎？這得透過探索你的器官結構解剖來得知。一些女性的陰蒂甚至有五英吋！這幾乎是一般陰莖的大小了。

　　拿一面小鏡子，觀察你的外陰。了解它的樣子並接受它。每一個外陰都是不同的，但每一個外陰也都是美麗的。接下來，觸摸你自己，嘗試不同的方式。觸摸外陰的不同區域並注意身體的反應。從陰蒂開始。從在陰蒂頭上輕輕畫圓開始，看看感覺如何，不要害怕去探索任何感覺良好的事物。你也可以觸摸陰唇、陰道口，或將一根或兩根手指插入陰道。

　　這意味著你願意接受你的騷並專注在自慰上。你應該「允許」自己自慰，甚至將其安排在熱瑜伽和瀏覽推特貼文之間進行。它應該是你日常生活中理所當然的一部分。它應該是你其中一種消遣，就跟觀看你最喜歡的Netfix影集一樣。

怎麼做才能比
TRENCHCOATx 的 A 片情節更誘人

　　有很多絕妙的方法可以讓自己開始自慰，絕對比盤坐的躺姿更舒服。請張開雙腿，幻想一些性感的演員，並找到能燃起你性欲的方式。

　　你別只著重在上面的小豆芽。再深入一點，將按摩棒向下移動到陰唇的不同區域，看看哪邊會讓你舒服。陰戶就像一片獨一無二的雪花，所以要找出讓它變成了流星的方法。如果連你都不能把自己的陰戶送到外太空當流星，那你認為其他人能成功嗎？肯定不行。

　　艾力克斯‧費恩是Dame Products的聯合創始人，也是個出類拔萃的狠角色。以下是我從艾力克斯‧費恩（Alex Fine）那裡學到的一些我最喜歡的技巧（你也可以在OMGYES找到這些技巧）：

- 觸底：不要著重在整個陰蒂，而是以三根手指或手掌（隨你喜歡）往陰道內按壓。這種更深刻、更紮實的感覺可能會讓你更愉悅。直接刺激可能會帶來壓倒性的快感。
- 盤旋：如果感覺已經很敏感了，你根本不需要直接去觸摸陰蒂。相反地，以8字形環繞整個陰蒂。這能增加愉悅感，而又不會過度刺激敏感的陰蒂。
- 輕拍：也許你根本不喜歡揉撫。這招很酷，你不必去揉撫陰蒂，只要輕拍著它；給它一個短暫的感覺就離開。你可以透過這種方式達到性高潮。
- 分層：取大陰唇和／或小陰唇，將其分層覆蓋在陰蒂上。可能需要多練習幾次才能找到真正適合你的方法。不要害羞！醒一醒，這只是你的外陰而已。在你的手指或玩具與陰蒂之間隔著一個額外的屏障反而是許多女性達到性高潮的絕佳方法。

　　你不必只是躺在那裡，雙腿呈蝴蝶狀一般地擺著。你也可以讓你的性感自我活躍起來。嘗試不同的位置和姿勢，不要仰臥著，嘗試四肢著地，繞過你的腿來進行，以此方式來取悅自己。嘗試將你的按摩棒靠在椅子上並摩蹭它，或者持續用力幹它。

　　關於女性解剖學最可怕但又最美麗的事情之一就是有無窮無盡的可能性。關鍵是嘗試各種不同的方法，看看哪些是奏效的。雖然並非所有方法都會有效；有些方法會讓人覺得很奇怪且不舒服，那也沒關係。但是如果你不試，你不會知道哪些是適合你的。當談到自慰時，你最不應該做的就是退避三舍。這是你的身體，你必須知道它是怎麼運作的。

　　我現在要開始談那件事了——你準備好了嗎？A片。你在腦海

中的幻想是一件很棒的事情，但A片才是重點。我知道你們之中的很多性感、精明的女孩都會迴避談論A片，或者不想談論你們正在看的東西。

　　女士們，自慰沒有錯，A片也沒有錯。當然，那裡有很多太過直男的內容。正如女權主義企業家和兩性天才辛蒂‧蓋洛普（Cindy Gallop）在我採訪她將近50次時對我說的那樣，我們看到的糟糕的、垃圾的A片本質上不是A片本身有問題，問題在於色情行業。

　　這些產業的老闆認為男人想看某種性質的A片，然後不斷地大量製作同類型且低品質的爛片。他們認為每個男人都想看到兩個男人圍著一個大奶金髮妹子的場景。在這些場景中，性同意似乎是可選擇的。有一次我在一個糟糕的免費A片網站（也許是 Pornhub）上觀看了一段影片，其中一名少女開始與她朋友的父親發生性關係。在我成長的過程中，我認為90年代的電影中也有類似的元素，而且在當時非常熱門，比如茱兒‧芭莉摩（Drew Barrymore）飾演的毒藤女（Poison Ivy），但作為一個成年人看到這個情節覺得有點⋯⋯噁心。我知道我們都會幻想，我也認為要讓自己敞開心扉接受各種各樣心裡所塑造的形象，但幹一個14歲的孩子並且真的認為劇本要足夠性感才能被拍成電影的觀念也是十分扭曲的。門都沒有。

　　甚至不一定要男人喜歡才會被作為色情題材。直白地說，只要能賺錢，怎樣都沒差。這些糟糕的題材是製片公司認為男人會想看到的。我喜歡好看的A片，但我仍然知道這樣的題材是病態且噁心的。

　　幸運的是，還有其他選擇。如果你有興趣的話，也可以參考獨立製作的A片公司。像艾莉卡‧拉斯特（Erika Lust）、TRENCHCOATx 等領頭羊正在製作以女性為中心、友善酷兒的高品質A片，而且內容非常誘人。就在前幾天，我在TRENCHCOATx 上看了一個場景，這

對夫婦不僅有該死的內褲溼透的性愛，還有舔陰和真實的激情場面。它改變了Ａ片界的遊戲規則，符合道德規範的色情內容很重要。我們需要更加努力地關注對我們有益的事物——真正讓我們性奮的事物。他們把陰蒂置於重要的地位！這很特別。

　　色情可以以健康的方式使用，也可以真正提升你的自慰體驗。色情與許多外在事物一樣——只要適度使用並且不影響你的生活，就會正向地提升體驗。如果你也喜歡看Ａ片，那就太棒了。我們都有一些特殊的癖好；我們只是害怕讓它顯現出來。讓你的朋友推薦你幾部作品。看看為女性製作的色情片（是的，這是一回事）。艾莉卡‧拉斯特是我最喜歡的「Girl Crush」。她是一位女性導向Ａ片的導演，她的作品很⋯⋯嗯，我先離開一下，待會回來。

　　只有當Ａ片對你的現實性生活產生負面影響並損害你與伴侶的感情時，它才會成為一個麻煩。Ａ片可以很誘人，你只需要知道該如何使用它。Ａ片在某些方面可能變得有害，性成癮是真實存在的，但這種情況非常罕見。性成癮更像是一種強迫行為，請留意你看Ａ片的頻率。只要你把Ａ片當作一種娛樂，不要讓它占據你全部的生活而影響你真正的性生活。社會喜歡羞辱看Ａ片的人，並稱他們為性變態，但這不是真的。Ａ片是一種幻想，就像任何其他電影一樣，它就是一種娛樂。你觀賞《追殺比爾》是為了觀看暴力和激烈的戰鬥場面；看Ａ片則是為了激烈的、重口味的性愛場面。

　　幾乎所有的Ａ片都是為男性需求而製作的，所以要找到你喜歡的內容恐怕不容易。在你覺得可以接受之前，可以把一些粗暴的性愛畫面可以快轉（除非你喜歡粗暴性愛，也完全無妨）。

　　當你願意忍受所有低劣的、糟糕的演技和女性的墮落時（當我想到我偶然看到的這類影片時，我會全身顫抖），你已經成功一半了。

如果你保持開放的心態並花點時間瀏覽 RedTube，最終你還是可能有機會發現你喜歡的內容。我保證，那裡確實有一些好東西。你只是需要時間去挖掘。

老實說，如果你給它一個機會，你在 A 片中看到部分病態和扭曲的內容實際上是相當誘人的，我並不是說你一定會被某個場景給開竅了。在這個場景中，女人是不會希望一個男人像上面的例子那樣從肛門插入她。但這只是一部 A 片，你不必為你的女性同胞受到侮辱而感到難過，她是一名專業的 AV 女優。我們都陶醉於禁忌和淫蕩之中。親愛的，沒關係的。

如果你無法應對品質低劣的免費素人 A 片，那就付費訂閱吧。天曉得其實 RedTube 上的廣告讓我最慾火焚身。我也愛看一些高畫質的陰莖。

如果你抱怨 A 片有多糟糕，但又不願意為好的內容買單，那你根本就是為了反對而反對，我不會替你感到惋惜。女孩，你這樣根本不可能會好好對待你自己。現在品質好的 A 片甚至都已經很平價了。查看 EroticaX、Kink 和其他高品質的網站。你不會失望的，我愛這些網站。雖然費用略高一些，但我瀏覽它們的次數已超過 Netfix 了。

讓自慰變成你聊天的話題

前幾天，我和大學實習時的一位老朋友共進晚餐。我們在紐約大學附近一家便宜的泰國餐廳享用紅咖哩和綠咖哩。我一如往常地開啟自慰的話題。當我跟她分享我發現最新、最好的按摩棒時，她開始顯得非常心煩意亂。

我停止這個話題了嗎？並沒有。但我讓她覺得彆扭了。整個談話

的狀態被我改變了。什麼？我不能在紐約市的一家餐館談論我的陰部？我拒絕遵守這種愚蠢的規則。也許自慰不是泰國菜的開胃酒，但就算需要做得極端一點才能讓其他女性了解她們的性器官，那我他媽的肯定會照做。

開始談論自慰吧！而且請不要封鎖這個話題！讓自慰成為你日常對話的一部分。每次與朋友見面時，不必藉由雞尾酒壯膽去討論陰部的力量，但你不應該害怕談論它。一旦我們將這些想法添加到日常對話之中，我們最終將能毫無羞恥地思索自慰和快感。只有當這些想法不再是可恥的時候，它們才能不再令人恐懼，這就是我想要生活的世界。這個世界該賦予女性應得的性賦權，否則我們該如何真正地茁壯成長呢？

要使女性性行為成為我們日常談話主題清單中的其中一個重要部分，勢必需要大量的工作和時間，但我們討論得越多，我們就越接近這個目標，就讓人們感到有些不自在吧，如果他們怕熱進不了廚房，那可能是因為他們還沒有達到足夠的性高潮。

陰部的力量，這是我們唯一的生活方式。

第 **7** 章
淫蕩的女人不會錯過任何讓性生活變得更好的東西

　　我要召喚所有女性！是我，吉吉。這裡有一隻金光閃閃的麥克風，隨時準備要告訴你，你的生活需要更多的濕潤。你有潤滑油嗎？我不是說幾滴潤滑油，我說的是很多潤滑油。

　　大瓶裝潤滑油、中號瓶裝潤滑油、旅行用潤滑油，潤滑油就是一切。它是長生不老藥，它是防止陰蒂摩擦的屏障，與防止陰道組織撕裂的靈藥。在你對我的身體做任何事之前先幫我潤滑，我不想讓我的陰道受任何皮肉傷，你聽到了嗎？保險套和潤滑油是不可或缺的，到底什麼時候開始每個人都他媽的不戴保險套了？為什麼沒有人知道要使用潤滑油？我的朋友們，這簡直是針對女孩的國內恐怖行動！

　　我們談到了自慰和快感；接著我們就會進入虐戀的部分。我們談的這些事情都需要一層厚厚的潤滑油，甚至性簡訊（sexting）也應該隱喻地提及潤滑油的事情。

喲，保險套！
確實的避孕是女孩最好的朋友

　　但是關於保險套和確實的避孕措施真的很重要。你會看到所有的事情是如何聯繫起來的，我保證。

我和我的一個朋友坐在冰淇淋店裡，在她的生日晚餐上，她透露做愛時都會叫伴侶拔出來射外面。她穿著緊身的Baby Spice派對洋裝，非常亮眼。我們一大群女孩坐在一家以糖為主題的餐廳裡。原本如此美好的夜晚變成了我帶著五個女孩激動地說明這麼做有多麼愚蠢，以及她為什麼得好好處理這件事的原因。我不覺得自己這麼做有什麼不對，我是一名性教育者和性學者，我不能讓我的白痴朋友認為這麼做很好。也許在那個時間點談這件事不太好？是的，可能吧。但我還是不在乎。與此同時，她困惑且嚇壞的男朋友就坐在一旁，臉色蒼白得就像他床邊抽屜裡那些沒用過的保險套一樣。

幾週後，我滑著Instagram，看到某個應用程序的廣告，名為「天然女孩」（Natural Woman）或「有機陰部」（Organic Pussy）或是其他同樣彆腳的東西，廣告聲稱它可以透過測量你的體溫來告訴你是否處於受孕期。它聲稱是你排卵週期的「唯一經過認證的應用程序」，並承諾它是其他避孕措施的絕佳天然替代方案。我想問它到底通過什麼認證？美國笨蛋協會？它是由醫生所創造的方式，所以我雖然確信這個想法仍有一些益處，但事實並非如它所言。這仍不是一個好主意。排卵期體溫會升高嗎？是的。精子在射精後會在你體內存活長達五天，因此可能會在裡面等待排卵後突襲嗎？是的。

可是，吉吉，你又不是醫生！親愛的，你也不是啊。

現在大家都偏好使用計算生理週期和週期避孕法（rhythm method）的避孕方式，但事實上是愚蠢而且並不是個好主意。我不是說絕不能使用這種方法，但這不是健康或可靠的避孕方式。我只敢指望那些有能力追蹤她們的週期並且真的對她們有用的女性，因為這需要擁有出色的管理週期能力，而且真的得精準地掌握每個月的月經什麼時候會來，與記得更新你的週期APP和日曆。大多數女性都不會記

得每天在同一時間服用那該死的藥丸，更別說要追蹤好週期了。

用量體溫來看是否處於受孕期？你他媽的在開玩笑嗎？你可知道由於這種荒謬、不負責任的 iPhone 應用程式會導致多少意外懷孕嗎？是的，你的生理週期之中有一段時間會比平時更容易受孕，但這並不代表避開這段時間你就不會懷孕。這可能性或許很小，但仍有可能。儘管藥丸、貼片、宮內避孕器（IUDs）、植入式避孕法和保險套都是由男性擁有的公司資助並由沒有陰道的人所創造的，但這並不意味著你可以忽視避孕措施。你需要一種可靠的避孕方式、你需要將自己的身體和健康掌握在自己手中。你真的敢把自己的安全交付在其他人手裡嗎？

幾年前，當我寫了一些關於拔射（不戴套做愛，到快射精時拔出來射精）的事時，我的一位高中老朋友在 Facebook 上告訴我，「這就是我中獎的方式。」這就是她得子的原因。

除了像前面提到的那些荒謬的避孕法之外，人們甚至不知道如何正確使用任何形式的避孕措施。來自印第安納大學的數據，其中研究人員研究了關於保險套使用的 50 份外部研究，發現超過 57% 的人錯誤地使用保險套（我在這裡是比較保守的估計，其他研究人員和醫學專家將錯誤使用率估計為 75 ～ 85%）。如果有那麼多人不會正確使用保險套，那你真的認為人們用得了週期避孕法嗎？精子會在你體內存活三到五天，但你真的敢冒上這樣的風險嗎？這是你想負責的事情嗎？與我交談過的醫生告訴我，擁有一種你信任的避孕法可以讓性生活變得更美滿，因為這能消除不斷害怕會懷孕的恐懼。對我來說，如果我沒有吃避孕藥，每次有人用陰莖靠近我時，我就會開始感到焦慮。先不要過來，謝謝。不喜歡，就算了。

這讓我回到了我之前可能已疏遠（嘿，我會接受）的陳述，我現

在將其改寫為一個問題：喲，女士們！到底什麼時候開始每個人都他媽的不戴保險套了？什麼，保險套已經像2006年的JNCO牛仔褲和低腰皮褲一樣過時了？PSA說：保險套是必要的。避孕是必要的。潤滑油是必要的。

保險套以及你需要它們的原因

保險套不是比基尼除毛，不是你可以隨機決定要不要使用的東西，或沒用也沒差的東西。也不該是憑藉「看我心情使用」之類的態度來決定使用的東西，保險套是不可或缺的。然而最可悲的是，我們把保險套做得毫無性感可言，導致沒有人想要使用它們。

我們生活在一種性消極的文化中，人們認為保險套沒什麼大不了的，它們只會讓性生活變得糟糕，反正也不能防止性傳播感染（我個人的最愛），現在保險套成了另一個男人可以控制的工具。

基本上教育顯然在這方面無能為力。神經質的父母和宗教領袖寧願對安全性行為沉默以對，也不願觸碰保險套的話題。結婚之前不要做愛，否則你會下地獄的，聖母瑪麗亞！避孕藥會讓你不孕或得癌症的，達琳（Darlene）！

保險套是個大議題。新聞快訊：人們會做愛，但他們不會管自己是否知道如何安全地做。人類是一種需要性生活的生物，這是普世價值。經驗事實（empirical fact）是人們喜歡做愛，他們不可能不做愛，自人類生活在樹上以來始終如此。老實說，如果我們不再假裝所有人都不喜歡做愛，我們會更好。你的陰蒂能帶來免費、健康且隨時可用的快感。別想告訴我人們才不喜歡快感，別鬧了。

與其認為保險套是一種非強制性的避孕手段及性傳播感染的預防

方法，不如幫自己一個忙，別再耍白痴了。

　　真的都別再說這種幹話了，你使用哪種避孕措施並不重要（但你還是得使用其中一種），但保險套是你預防STD和STI的唯一方法。如果正確使用，保險套在避孕和STI預防（大多數的STI——我們會提到這一點）上能有98%的效果。你知道避孕藥預防性傳播感染的效果如何嗎？百分之零。那猜猜看宮內避孕器對預防性傳播感染的效果如何？真的還是百分之零。想打賭一下拔射法在預防感染的效果如何嗎？當然是百分之零。

那些人們不戴套的爛藉口，
以及為什麼這些藉口其實全是屁話

　　「戴保險套的感覺不好。這會讓我的陰莖在做愛時毫無快感。」:(

　　什麼鬼話。嗯。真是這樣嗎？如果是這樣的話，為什麼擁有陰莖的各位還能在戴著保險套的情況下性高潮呢？如果戴保險套讓性生活變得如此可怕，你為什麼還會高潮？這完全是廢話中的廢話。保險套不會讓性生活變得更糟，沒這回事，根本就是無稽之談。我知道、我知道，我沒有陰莖，怎麼會懂你們的心情？請往上爬文。

　　現在，如果我說保險套不會讓陰道變乾，也不會在陰莖和外陰／陰道之間有異物隔絕的感覺，那我肯定在說謊，保險套確實會有這些狀況。顯然，無套性愛是一種「自然」狀態，如果世界沒有這些潰爛的病毒和細菌聚集，當然可以為所欲為。但事與願違，我們不能這樣做。就算保險套會有乾燥和緊縮感，也不表示我們就不需要使用它

們，去買個超薄的保險套吧。在接下來的幾頁中，請閱讀我要說的關於潤滑液的所有內容。就算你不和另一半使用保險套，你也還是會需要潤滑液。別傻了。別、傻、了。真的別傻了。

但是，他說他幾週前才篩檢過，我完全相信他！他不是那種人。相信我，我了解他的為人，你不明白。

真是胡扯、看來你在情場上的經驗仍不足。不然你怎麼會講出這種話？

不要相信任何告訴你他們已經篩檢過的人。我知道我之前已經說過這句話了，但顯然我得再多說幾次。除非有人向你出示健康證明（我說的是醫療記錄）並且只會和你發生性關係，否則全程使用保險套是不容讓步的。因為他怎麼可能知道他是乾淨的？正如我之前提到的，並且（可能）會在我死之前一次又一次地複述：男性甚至無法接受HPV篩檢，這才是正確的。男人可能在不知不覺中就感染了HPV，先不要。

我們剛才就STD和STI進行了完整的討論。你已經讀了一整個章節，還會想要染上STI嗎？不，說真的，我真的想知道你的答案。

「我對乳膠過敏。」

少來了。根據美國乳膠過敏協會（American Latex Allergy Association）的數據，全美國有1%的人對乳膠過敏。再嘴啊，賤人。也有聚氨酯（polyurethane）制的保險套。小姐，不含乳膠喔。這種保險套同樣能有效避孕，而且不含乳膠。再說一次：「再嘴啊」。

「你不相信我嗎？」

廢話。還有，相你老母。讓某人因為和你無套性愛而內疚是一件很卑鄙的事情，無論你認為自己多麼信任某人，你都還是需要使用保險套。儘管很有可能對方真的認為自己乾淨安全的，但性傳播感染不

一定會有症狀出現。正如我在第5章中介紹的那樣，許多患者都可能是無症狀的。你的健康真的很寶貴，你不能冒這個險，這個底線必須要踩好。

將保險套放在錢包裡。現在甚至還有女權主義保險套。「Lovability」的保險套會在包裝上註明如「渣男退散！」之類的激勵話語。長期以來，隨身攜帶保險套的女性一直受到汙名化。如果你為生活做好萬全準備，反而就成了一個「放蕩的女人」。為什麼一個好妻子和好母親會隨身攜帶保險套呢？身上有帶保險套的人一定很隨便吧？講這什麼幹話。即便你可能就是想打一炮，但你還是會關心自己的性生活健康，不會讓某個剛認識的混蛋給你一些來路不明的玩意兒。

按照包裝說明來保存保險套。盡可能讓你錢包裡的保險套遠離陽光照射。在家裡的床頭櫃上放一個裝滿保險套的碗，就像是居家擺設的一部分。讓它成為一種美感的展現，保險套風格的裝飾。

請為伴侶戴上保險套，要去了解如何穿戴它。YouTube 上有很多關於保險套的影片，一定要捏住保險套的尖端並將其向下捲動到整個陰莖的海綿體上。

在性交過程中全程使用安全套。美國計劃生育聯盟（Planned Parenthood）發表的一項研究發現，只有59%的人會在整個性交過程中全程使用保險套。這實在令人完全笑不出來。

此外，還有一種令人難以置信的糟糕現象，稱為「偷偷脫套」（Stealthing），即是伴侶在沒有告訴對方的情況之下在性交過程中取下保險套，別懷疑——這就是性侵害。任何在你不知情的情況下取下保險套，或說他們實際上沒有戴保險套的人都是令人作嘔的狗屎，應該被空運到混蛋島上並在那裡潰爛到死。

潤滑液以及保險套和潤滑液
如何像陰蒂和按摩棒一樣結合在一起

「快，在你走之前先潤滑我。親愛的，再潤滑我一次。」我應該要當個詩人才對。哦，等等，那不是我的台詞嗎？記得準備潤滑液啊，男人們，潤滑液應該沾滿保險套的內部和外部。

即使是潤滑過的保險套也還是會比在Drybar染髮補色更快地讓你變「乾妹妹」。大多數保險套上的劣質潤滑液含有石化產物（petrochemicals）、甘油和對羥基苯甲酸酯（parabens）。這些成分都對喜怒無常的陰道生態系統毫無益處（之後會詳細介紹）。更糟的是沒有潤滑液的保險套會比較不保濕（甚至會更乾燥），這會造成撕裂傷。

不要只潤滑外面；裡面也要潤滑，能讓你們恩愛的感覺更好。遠離矽性潤滑液或椰子油。大多數矽性潤滑液都適合用在保險套上，但有些潤滑液的油脂含量比其他潤滑液高，這會讓你很不爽。油脂會腐蝕乳膠並導致保險套破裂，現在你知道得更多了。

不要忘記檢查有效期限，這是多數人都會犯的錯誤。如果你的保險套過期，就更有可能會導致破裂。大多數保險套都不到10美元，買個新的保險套不會讓你傾家蕩產。

正如我所說的關於錢包的事情，請始終將保險套存放在陰涼乾燥的地方。長時間將它們放在錢包裡，只是為了像電影《BJ有喜》（Bridget Jones's Baby）一樣在音樂季上拿出來用的話，其實大可不必。你無需對保險套的有效期限過度焦慮，保險套的保質期為5年，無論如何同一個保險套保留太久沒用。只需知道這一點並把這件事放在心裡即可。

　　花時間尋找適合你的保險套。這麼多劣質品牌生產的保險套只會破壞你的酸鹼值平衡，並讓性生活變得糟糕。你可能不知道的是，有數百種不同的保險套可供選擇（這可能有點誇張，但也可能很中肯）。總有一個品牌可以滿足你的特定需求。你不必只是因為看了900次「戰馬（Trojan）保險套」的廣告就去買它。我一直會想起年輕時常聽到戰馬保險套的廣告歌曲唱著「特洛伊人！」還有保險套上面的特洛伊士兵頭像，這真是不堪回首的回憶啊！戰馬保險套不是為女性設計的。例證：戰馬牌系列有出一款名為「Her Pleasure」（她的愉悅）的保險套，其特色在於帶有「加強效果」的潤滑液，會讓你的陰部感覺像是被汽油點燃了一樣灼熱。

　　如果世界是完美無瑕的，那我們就會擁有比保險套更好的東西。保險套無法覆蓋住睪丸或髒污，也不能百分之百地保護身體免受皰疹病毒的侵害。它們也不是預防HPV的完美選擇，因為HPV可以藉由皮膚接觸傳染（確保你接種了HPV疫苗，儘管無論如何你還是可能會感染HPV），它們並不是無懈可擊的。也許有一天會出現比保險套更好的東西，只是那一天並非今天。

　　是的，也許有一天，世界上偉大的科學家會為（女）人們已知的所有性傳播感染發明出免疫的疫苗。如果我們身處在一個完美的世界，那麼是的，這就是我想要的。我是認真的。

　　如果你正在發生性行為並探索你的性自由，就需要使用保險套。我不知道什麼時候保險套不再是人們認為他們應該具備的東西，但你真的需要保險套，我們需要讓保險套再次變得人見人愛。健康的性生活是很美好的，保護和尊重你的伴侶應該要能使你性致勃勃。

　　不要做一個愚蠢的婊子，並且不要相信任何說他得戴Magnums保險套的白痴。根據明略行公司（Millward Brown）在2015年進行的

一項研究中顯示，有25%的美國男性嘗試使用過Magnum保險套。同時，陰莖的平均尺寸為5.5英吋。這顯然有點不對勁。使用普通的保險套是不會有任何問題的。如果我們不對男性和所有擁有陰莖的人施加巨大的壓力，要求他們得擁有巨大的陰莖，那麼他們就不必覺得一定要買Magnum保險套來冒著保險套滑落的風險。當我們對任何一種性別施加不必要的壓力時，都會惹出麻煩來。雖然我沒有這方面的統計數據，但我猜每200個說他需要Magnums保險套的男人之中大約只有0.8個男人是真的需要。

讓我們談談潤滑液吧！
讓我們成為潤滑液大師！

曾經有一個男的告訴我使用潤滑液是很羞辱人的，因為他確信他可以讓我很濕。我只能對此搖頭，現在潤滑液竟會威脅到男人的男子氣概？

對，好像真的是如此。上述軼事則直接影響幾年後所發生的事情。我在威斯康辛州的密爾沃基就是和這個男的度過萬聖節週末，當時我正在馬凱特大學（Marquette University）拜訪一位朋友。在過去的幾個晚上裡，我們一直在恣意地對著彼此調情並且趁著醉意愛撫著彼此。在第三天晚上，我和他一起回家。我們做愛了，但我不管在怎麼試，我就是濕不了。酒精、香菸和神經緊繃不會讓陰道變濕，這實在太難為情了。我當時也不知道該怎麼要求對方使用潤滑液，甚至不知道我其實有權要求使用潤滑液或者我有權可以表達這樣的性愛很不舒服。

我敢肯定他有意識到發生了什麼事，但我們誰也沒說什麼。他一

直問我「還好嗎？」或「舒服嗎？」我都順著他回答，因為我也不知道該說什麼好。他只是不停地抽插著，而我假裝還想繼續做下去。他和我都沒有這個智慧來溝通我們所面臨的狀況，如果有溝通就足以補救這些狀況，但我們卻只是像白痴一樣繼續埋頭苦幹。

我不了解他（而且顯然也對那個怪咖毫無興趣），但我很尷尬，這次的遭遇也讓我的身體和情感上都受到了傷害。基於種種原因，我最終沒有再見到他，但主要是因為我想到他就會想到那些羞恥、不舒服和尷尬。任何性經驗都不應該讓你感到難過，或對自己感到羞恥。即使是現在，當我回想起將近十年前的那一晚，還是會感到難堪。

因此，從這個故事中，我真誠地希望你能重新認識潤滑液。潤滑液是性愛過程中的無名英雄。它值得被好好地關注。

為什麼潤滑液會如此重要？

不是每個人都會有像前面我描述彷彿陰道像被砂紙磨過一樣糟糕的性愛經驗，但並不表示你在性愛時不必使用潤滑液。當被喚醒時，血液會湧向女生的生殖器並使它們腫脹且濕潤以便進行性行為。你的陰道會自然地濕潤，這是好事，但它很少能有足夠的濕潤度，這是導致性交過程中女性鮮少性高潮原因之一。陰道越濕潤，性生活就會越美滿。有了潤滑液就不用再問女生「爽不爽？舒不舒服？」的問題而搞得「壓力山大」。有時我們的大腦與我們的身體連不上線，可能你男友或女友只是把頭放在你的雙腿之間二十分鐘，而你卻仍然沒有濕，事情就這麼發生了，我老會遇到這樣的狀況。你可能飢渴到瘋掉，也可能還是會高潮，但你的陰道就是不夠濕潤。潤滑液在你想快速來一炮時最能發會它的效用。有時你就像，「我需要陰道再濕一

點，我現在就要。」潤滑液就是一切，它有助於讓不同身體及其功能障礙之間予以契合融洽。每個人的身體都是不同的，對刺激的反應也不同。然而，潤滑液無論如何都能讓你濕潤到不行。

沒有潤滑油，性愛會變成一場災難，而且過程也不會有愉悅、性感的感覺……反而有種在爬天堂路的感覺。不使用潤滑液就很容易導致陰道撕裂，以防你問我那是什麼感覺，那感覺很不妙。在「萬聖節週末乾妹妹鬧劇」（商標申請中）之後的兩天內，我走路都會一拐一拐地。

經過一場艱辛的翻雲覆雨之後，你最不想做的就是必須馬上拿冰袋冰敷你的陰戶。

當涉及到所有與性有關的事情時，從前戲到愛撫挑逗再到性交，你的陰部越濕潤，對你的陰道（以及陰蒂和外陰）會更好。濕潤感可以形成一道保護膜，避免陰道和外陰嬌嫩的皮膚有不舒服的摩擦感。你的外陰是一個特殊、神奇的地方，需要細心呵護。就像你的頭髮如果不使用抗熱防護噴霧就無法拉直頭髮，那麼為什麼你會天真地認為做愛不需要使用防摩擦的潤滑液呢？如果沒有保護牙齒的護具，可能就不太敢打曲棍球，那你為什麼還敢在沒有保護陰部的情況下做愛呢？

現在我要提到屁股的部份了。如果你想對你的肛門做一些事情，你會需要潤滑液的。肛門是一個可愛、美麗的地方，充滿了許多性的可能性，但它卻像曬在陽光下的桃核一樣乾燥。你的肛門不像陰道那樣潤滑。親愛的，它需要品質良好的潤滑液。你需要讓你那乾燥的肛門像滑水道一樣滑溜。

潤滑你的肛門玩具，潤滑你的手指，潤滑你的陰莖，潤滑你的假陽具。你需要潤滑液，越多越好。

一個棘手的問題，哪種潤滑液適合你

水性潤滑液

水溶性潤滑液是我的最愛。請使用100%純有機的潤滑液。你一定要閱讀上面的成分標籤，確保它不含甘油、對羥基苯甲酸酯或石化產物。研究表明，像「KY」這種劣質品牌充滿了會影響陰道酸鹼值的化學物質，而甘油則會導致酵母菌感染。請嘗試像「Good Clean Love」、「Sustain Natural」和「Babeland」這樣的品牌。

矽性潤滑液

矽性潤滑油超好用，因為它的持久性好，不會變乾燥。你不必像水性潤滑液那樣反覆塗抹。在搭配保險套使用時要特別小心。大多數的矽性潤滑液品質都很好，但有些含油量偏高，會破壞乳膠的穩定度，進而導致破損。在與保險套一起使用之前，請務必上網比較不同潤滑液的品牌，並確保它是不會破壞乳膠質地的。Babeland情趣用品店與其他幾家公司一起生產了一種矽和水性的混合型潤滑液，它不會損壞保險套，品質穩定。

矽性潤滑液對那些後庭花愛好者特別合適。當你在肛交時，你需要一些東西，因為肛門是一個超密縮的空間，完全無法自己產生潤滑的狀態。使用保險套時就要注意你所使用的潤滑液（本來就要留意了）。

矽性潤滑液會弄髒床單和織物，所以要小心留意。我是個懶惰鬼，所以沒有處理那些污漬，而是買了張亮紫色的床單，這樣我就不

用費心了。我在這裡先講清楚，看在上帝的份上，不要帶著紫外線光燈來我家。

油性潤滑液

如果你和你的伴侶沒有 STI（同樣，HPV 是無法在 STI 篩檢被檢查出來的），油性潤滑液是一個不錯的選擇。油性潤滑液永遠不能與保險套一起使用。真的不要這麼做，它會損壞保險套的乳膠和聚氨酯（polyurethane）結構，你的保險套會因此破裂。

不認同？你認為它看起來毫髮無傷？油不會像其他潤滑液那樣被皮膚吸收，這意味著您在整個性愛過程中都會非常滑溜。最糟糕的是有些油性潤滑液甚至會改變陰道的酸鹼值，導致某些女性感染像細菌性陰道炎（BV）之類的細菌。例如，椰子油是一種抗菌劑，可以殺死陰道內的有益細菌，為有害細菌的過度增生鋪上一條康莊大道。

香味潤滑液

說到細菌性陰道炎和酵母菌感染，請不要將有調味的潤滑液放入陰道或抹在外陰，否則你會感染上述這些細菌感染。它們不應該靠近你的下半身，親愛的。香味潤滑液帶有甜味，這表示它們可能含有甘油。甘油是糖質中的成分之一，會滋生陰道內的天然酵母菌。酵母菌過多便會導致酵母菌感染。陰道真是既有趣又難搞啊！這些潤滑液充滿了人工調味物，它們不是健康的選擇。

話雖這麼說，香味潤滑液會讓口交變得更加有趣且吸引人，雖然它們不利於你的小妹妹，但它們不會傷害你的嘴。沒有什麼比薄荷或

草莓口味的潤滑液更能讓你想把陰莖或假陽具放進嘴裡了。

　　顯然，一些香味潤滑液還是會令人作嘔，但有一些品牌的潤滑液能提供美味的選擇。「Good Head」就是一個不錯的選擇。請記住在將陰莖／假陽具／按摩棒放入陰道之前先將潤滑液澈底清洗乾淨。

熱感潤滑液

　　使用這些潤滑液時要非常留意。你會看到標籤上寫著「她的快感」、「陰蒂極爽」或「天然按摩棒潤滑液」。切記小心！

　　熱感潤滑液顯然是由沒有陰戶的人創造的，他們自以為懂女人想要什麼。這些潤滑液會燃燒你的陰蒂／陰道（非字面意思所示）。如果你有敏感的外陰／陰道，熱感潤滑液就不是一個明智之選。如果你還不熟悉你所用的產品，那我建議你都別用。我是「Doc Johnson」的陰蒂極爽潤滑液的粉絲，這是我發現唯一一種不會讓我的外陰感覺像是我把它浸泡在廉價的琴酒然後在酒裡點燃火柴的感覺。不過，如果真要說，請你完全不要把這些潤滑液抹在你的外陰上。你還有其他選擇，你並不需要它。

全天然潤滑液

椰子油

　　椰子油是我個人最喜歡的，但就像我說的，報告顯示椰子油的抗菌特性會導致某些女性感染酵母菌。如果你喜歡下體因為感染發出惡臭的生活，那麼就當我什麼都沒說吧。如果你過去曾經歷過細菌性陰道炎或酵母菌感染，最好堅持使用有機的水性潤滑液。不要在你的小

穴裡放入奇怪的東西，因為那永遠不會有好下場。

蘆薈凝露

我說的不是像香蕉船（Banana Boat）那種爛東西。我說的是100%純蘆薈凝露。你可以在全食超市（Whole Foods）或其他天然食用品商店找到它。我不確定衛格門超市（Wegman）、Jewel連鎖超市或好事多（Costco）是否有販賣純天然蘆薈凝露。請洽詢門市店員。他們應該不會馬上聯想到：「這肯定是用來做潤滑液的。」

杏仁油

杏仁油是傳奇的女權主義女王，也是《自慰》（Sex for One）作家貝蒂・多德森（Betty Dodson）最喜歡的潤滑液。她極其愛用杏仁油，所以我也相信她的選擇。杏仁油不具有與椰子油相同的抗菌特性，因此可以避免酸鹼值異常的風險。確保你購買的是100%純杏仁油，並且不含任何化學物質或外部成分。

如何使用潤滑液

你可以在所有部位抹上潤滑液。它可以被自由地塗抹在你和伴侶的性器官上。

在開始任何性遊戲之前，先在陰唇、陰蒂和情趣用品上塗抹潤滑液。如果你的伴侶有陰莖，請在他（假設他是男性）的陰莖上塗抹大量潤滑液，別忘了還有他的睪丸！

不是每個男人都願意被逗玩睪丸，所以在你全心全力投入之前，請提早確認他是否喜歡被玩睪丸。

　　在被口交之前，你可能不會想在陰蒂或陰唇上塗抹潤滑液。因為有些人不喜歡潤滑液的味道。如果你使用的是有機、天然的潤滑液，你可能會覺得不錯（誰不喜歡椰子的味道？），但在你購買之前一定要詢問你的伴侶。所有的性快感都建立在你知道伴侶想要什麼，並與對方妥善地溝通。

　　說到美好的性愛，不要吝於使用那些能讓其更安全、更美好的用品，你是能夠決定自己性生活的美人。採取這些預防措施，能讓這些體驗變得更加豐富。藉此你將能帶著自信和力量去掌握自己性生活。

　　不要把你的安全或愉悅置於他人股掌之中。你知道什麼才是對身體有益的，並且也會好好照顧自己的身體。請提出你想要的要求，不要害怕被拒絕，更不要讓任何人去要求你怎麼做才是對的。你有權決定自己的性生活，這樣的女人才能擁有美滿的性生活。相信你自己的價值。

第 **8** 章
每個性自主的女性
都需要的裝備

當我大約11歲，即將進入前青春期時，我發現了一些非常有趣的事情——真的非常有趣，我花了很多時間獨自在房間裡給自己做手活兒。正如我們所知，我的長期男友（又名床柱）讓我知道陰部的美好。所以就這一點而言，我對於逗弄陰蒂已有多年經驗了。

但我還沒有完全明白我所做的是不是自慰。我只知道這感覺很爽，所以我才會繼續這麼做，根本毫無自制力可言。

這是一個大秘密，我從沒告訴過任何人。因為我不知道這跟性有什麼關係。我知道自己發現了一些非常特別的東西，並且認為沒人能有這種能力。感覺自己像個秘密特務，因為我發現的這個奇蹟也許不是什麼好事，但我想如果我不說，就沒人會知道。我發現了各種有趣的方法來獲得下體的那種感覺，那種感覺就像在我的腹部和胯部激發出火花。只要一有機會，就會做任何我能想到的事情來讓我的陰蒂爽到不行 —— 蹭沙發、蹭枕頭、用手指撫摸自己、摩擦牛仔褲的拉鍊——真的是無所不用其極。

然後一切都變了。我在浴室裡找到了萬能電動牙刷，我不知道我是怎麼想到用電動牙刷也可以當作按摩棒的，但事實證明它是我擁有的第一個私製情趣用品——如果你願意嘗試的話，這會是一種入門款的按摩棒。我不認為我像馬蓋先一樣會自製自己的情趣用品。我只是

覺得我找到了一個更簡單的解方來解決我因不斷按揉陰蒂而出現腕隧道痠痛和手指的皺紋。某種程度來說我算是一種工程師，也是一位試圖巧妙操作自己身體和不斷增長性慾的性先驅者。我會取下牙刷頭，用裡面的金屬棒自慰，並把它裹在一件襯衫裡，因為金屬棒太硬了，不能直接放在我的陰蒂上。然後我會沖洗它並把牙刷頭裝回去。老實說，我不能百分之百把它視為我的牙刷。如果非要說的話，我會說這是眾多收藏的其中一個。這些噁心的事情其實會讓我感到不舒服，但我也不在乎，因為我是蠻噁心的沒錯。

多年後，我的第二個按摩棒是巨大的「diva-white」，令人難以置信的陰莖，鑲滿水鑽的兔型按摩棒（Rabbit）。我曾在知名影集《慾望都市》中看過它，其中夏洛特（Charlotte）認為只有她的按摩棒才能真正讓她性高潮，所以發誓從此遠離男人。那隻按摩棒便成為許多青少年願望清單的重點，我的是類似兔型按摩棒的款式，但真正的兔型按摩棒真的感覺很刺激，而我的簡直就是垃圾。如果小甜甜布蘭妮（Britney Spears）是一個情趣用品並且剛好也是由橡膠和／或膠狀物和／或可怕的東西所製成的話，那我會說兔型按摩棒就相當於90年代的小甜甜布蘭妮。這種按摩棒振動器是我見過最可怕的情趣用品，但不知何故卻能帶給你非常大的解放感，讓我覺得自己就像個大人一樣。21歲時，我會在家裡的上下雙層床鋪上使用它，當時我住在上西城（Upper West Side）裡某棟與兩個男同性戀者和一個異性戀男合住的三房家庭式公寓的，空間真的很擠。

它是我成熟的象徵——這是我快成年時所擁有的第一個成人玩具。在我25歲和我（現在的前任）交往多年的男友搬進紐約市東村（East Village）的一間公寓之前，我一直持續使用著那玩意兒。★就像一個老朋友一樣，在它退役許久之後，仍陪著我從這個公寓到另一

個公寓度過整整四年的美好的時光，就只有那隻「兔子」和我。

★ 在25歲的時候，這三年感覺非常非常地漫長。

　　想想你的第一個情趣用品（假設你有的話——因為據我們所知，將近有一半的女性從未有過情趣用品）。那個玩具玩起來感覺如何？你是怎麼買下它的？如果你從沒用過按摩棒，那也沒關係。但如果你讀完這本書還不去買情趣用品，我就會生你的氣。正如我們已經談過的那樣，我真的很小心眼。所有那些關於「小心眼到不行」的迷因——都是在說我。別他媽的想糊弄我，去給自己買些情趣用品吧，你這個性感的小騷貨。

　　每個擁有性自主的女性都需要某種程度地了解自己的身體並找出自己喜歡的東西。如果你是一個性積極的女性，你需要購買適合自己的東西來將快樂掌握在自己手中。假如你想為伴侶買陰莖環或其他東西，那也很好，但首先要以自我為主。你可能會問你需要什麼東西？來，看這裡。

為什麼情趣用品對所有女人都是如此地重要

　　我只想說，向手指致敬。你的手指就是興奮劑。可以用這些靈巧的指骨做很多事情。它們是你的第一個身體內建的情趣用品。在你的手指和浴缸水龍頭之間（甚至不用玩，你就知道我在說什麼），發現你的身體是令人興奮和奇怪的。探索你的身體可以幫助了解自己喜歡什麼以及希望如何被伴侶撫摸，如果能瞭解到你喜歡如何觸摸你的陰蒂，你就會知道如何引導伴侶幫你摸到爽處。

　　首先用手指探索是一個很好的方法，但摩擦陰蒂可能會讓人精疲力盡，它變得冗長且有些乏味。我的右手腕無力，例如做側手翻和棒

式支撐經常沒力。我堅信，豐富我青春歲月的右手自慰就是讓我手腕無力的罪魁禍首，問題就出在腕隧道部位，這些痛苦都是真的。我的意思是，疲倦的手和手腕是男人率先發明按摩棒的原因之一。

坐好了，我們要來上一堂簡短的歷史課。不客氣，不要表現得好像你不想知道這些魔杖是如何被創造出來的。劇透一下：這跟人們希望女性獲得性高潮並掌握性福無關，因為女人對性快感感興趣是男人無法控制的。你可以相信我，因為：a）我很了不起　b）我曾經為《Elle》雜誌澈底研究過這件事。

按摩棒是在1869年由喬治泰勒（George Taylor）醫生開發的（我並沒有忘記69式那稚嫩的愉悅），維多利亞時代的醫生基本上是透過幫女性打手槍來治療「歇斯底里症」（hysteria）。他們認為女性神經過敏和精神疾病，只是因為我們對所有事物都有感覺。這是一種完全虛構的疾病。一切都是胡說八道，這些病症並不存在。

你可能想知道，怎麼會有這麼糊塗且愚蠢的醫生製造一種虛構的疾病，然後選擇為世界各地的女性消除這種疾病？當男人搞不清楚某件事或無法親身體驗時，他們會在上面貼上標籤並洗手（雙關語意）。這很像產後憂鬱症、更年期，或者是一個對烘焙食品以外的事情瞭若指掌的思考者：男人不會經歷這些事情，所以他們會編造原因來解釋為什麼會發生這些事情。而且——令人震驚——他們真的大錯特錯。

結果證明歇斯底里只是性挫折（sexual frustration）和一般的情緒反應而已。沒有性高潮真的會讓你發瘋。

在維多利亞時代的西方世界，人們普遍認為女性根本沒有體驗過性快感，而且女性高潮並非需要被調查的事情。人們的想法就像：「性交是為了生孩子，男人是唯一喜歡性交的人。」而女人在當時感

覺就像：「嗯。有事嗎？」其實也無妨——我們正忙於避免因為有自己的想法而被送進精神病院的風險。「沒亂說，這真的很常發生。有些女性非常喜歡性高潮，以致於她們不斷預約並定期來接受她們的『治療』。」嗨？有聽到嗎？女人就是愛高潮。

　　讓我們在此釐清一點——有人在未經同意的情況下摩擦你的陰蒂讓你達到性高潮是性侵犯——即使是在就醫的情況下亦然。醫生是否認為這樣做是一種「療法」並不重要。因為沒有人可以觸摸你，除非你 a）知道自己的處境為何，而當時的女性並不知情，並且 b）出於性的因素，你不希望被這樣觸摸。

　　你知道實際上發生了什麼嗎？人們不知道陰蒂是為了追求愉悅感。女性在性交過程中沒有得到陰蒂刺激（還記得1990年代陰蒂的完整結構是如何被發現的嗎？那段美好的時光啊）因此與高潮失之交臂。與此同時，這些傢伙都說：「要高潮很難！揉了那麼久的陰蒂，我的手都累了！！！」你看！按摩棒就這麼誕生了。醫學上的瘋子發明了按摩棒，這樣他們就可以避免在腕隧道部位痠痛的情況下去舒緩歇斯底里症狀。顯然地，19世紀的人實在很愛小題大作。

為什麼所有女權主義者
都應該投資購買情趣玩具

　　隨著時間的推移，情趣用品從純粹的醫療設備，到偽裝成個人按摩器，再到實際上被稱為：這該死的情趣用品。感謝按摩棒，我現在可在行了。再見了各位，我現在可是個陰蒂女王，各位繼續加油。

　　先不談按摩棒演變的過程，按摩棒現在已成我們面對挑戰時手中所揮執的劍。我們不需要另一個人來讓我們感覺良好，這種自由的感

覺爽斃了。

現在，在你叫出：「臭男人！」之前，在我看來（相信我，Twitter酸民會一直針對這句話攻擊你），這並不是說你不想要有另一半（不論你的伴侶男性或女性或非二元或性別酷兒等）。墜入愛河的感覺還是很棒，如果你想和某人在一起，就是可喜可賀之事，我會為你感到開心。但是能理解自己不需要別人來讓自己保有自信和自我價值仍是至關重要。作為一個性積極的、女權主義者、狠婊子，你還是需要把快樂掌握在自己手中。需要知道你喜歡什麼；知道如何才能得到它，以及如何去爭取它，只有這樣你才能啟程去追求你應得的生活和關係。你可以想要一個伴侶，但你也可以不需要，你自己就是完整且完美的。

情趣用品是探索你身體並了解身體喜好的工具。擁有大量情趣用品是女權主義者的自我宣言，其言：「我不在乎你怎麼看我或我的性取向，因為我可以掌握並隨心所欲地面對它。」去他媽的臭酸民。你的情趣用品們就是你自由和自主的有力象徵，擁有它們並自信地活下去。

按摩棒是每個單身女性都應該擁有的東西。如果我能有權決定（吉吉擔任2020年的總統？？），女孩們的媽媽都要給她們按摩棒。是的，每位女性手中都要有一根按摩棒。這就是我期待看見的美國。自慰沒有錯，我們應該鼓勵女孩子自慰，應該同時關注年輕女性（和年輕男性），認知到她們都是有性之人並為此喝采。

如果你知道如何執行，就不太可能會在校園裡四處尋找男孩或女孩為你做這件事。這是為什麼這麼多女孩尚未準備好之前就發生性行為的眾多原因之一；她們認為這會是她們發情的解答。當然並非如此，給女孩一個情趣用品，她就可以掌握全世界。羞辱你的孩子，讓

她認為自己的身體骯髒和噁心，並不能培養出一個堅強、自給自足的成年人。如果你開始讓一個女孩認為她的身體是座美麗、神奇的奇蹟燈塔，她應該知道這一切，知道它是如何運作的，以及是什麼能讓她感覺良好——這麼一來，她肯定不容易讓一些白痴毀了她的生活。所有這一切都歸功於按摩棒。這就是獲得極致高潮的關鍵。願上帝保佑美國，阿門。

　　好吧，你們大家。我的長篇大論講完了。讓我們回到你需要投資購買的東西上吧。請把你的陰戶／身體當作14克拉黃金、鑲嵌紅寶石、希望鑽石（Hope Diamond）等級的獎賞來對待。

超越按摩棒的情趣用品

　　說起來，你可以購買任何想要的設備。在那次自慰之後，你在之前讀過陰蒂相關的章節；你也知道自我探索是生活的一部分，而你應該去任何你內心渴望的地方冒險。如果你才剛開始購置情趣用品，那麼每個對性積極的女性都應該在她的閨房（或者任何你想做愛或自慰的地方，因為你可以自己決定，親愛的）裡放一些重要的玩意兒。

　　陰蒂玩具：如果想購入你的第一個情趣用品，但卻不知道從何下手時，那就買一個陰蒂按摩棒吧。情趣用品網站有專門針對陰蒂的相關販售。

　　通常都會是小巧可愛的按摩棒，一點也不可怕。有些玩具甚至看起來像口紅或茄子的表情符號——這是真的，我用過而且感覺爽極了，它們可以透過電池供電或USB充電，具體取決於你選購的款式。這些算是你可以參考的基本款，但它們也可以在性愛過程中用於刺激陰

蒂。你可以隨身攜帶它們，因為它們很容易被存放在錢包或背包中。下次當你在 Tinder 上約炮時，你就會有一位「朋友」陪你一起去。

　　後庭系列玩具：肛交很爽，不需要擁有前列腺也能享受其中的快感。整個屁股大部分的神經都集中在肛門的開口處——這意味著大部分的感覺和愉悅都會在肛門的前幾吋處就能有所感受。肛塞這玩具物如其名——一個用於肛門的塞，它們的末端附帶一個底座或圓環，你不會想把任何沒有附帶拉環的東西放進屁股裡。這裡有個常見的誤解：哦，如果它被搞丟了，我就把它拉出來就好。但事情並非如此，如果你把一些不適合塞入屁股的東西塞進去，便可能導致腸阻塞（obstructed bowel）。請小心並始終記得要遵循玩具上的指示。哦，還有潤滑液，你會需要很多潤滑液。

一、肛塞：

　　先從尺寸小的款式開始嘗試。我指的是真的很小號的那種款式，有多小就多小。我曾經有一個M號的肛塞，當初我以為我衣服都穿M號的，所以我理所當然也應該什麼都買M號的。尺寸應該都是通用的吧？非也。你需要慢慢地去適應更大號的款式。你的肛門是一塊肌肉，它天生就習慣往外推擴的動向。因此請使用純天然的潤滑液先予以潤滑（如果你想了解一些潤滑液的事情，請快速跳至第7章）。插入前請先按摩放鬆整個臀部。

二、震動肛塞：

　　是的，確實有這些東西而且真的很爽。有很多品牌會為

你的臀部打造許多優秀的震動肛塞，肛門富含神經的開口確實很適合透過震動來獲得愉悅。

G點震動按摩棒：正如我們之前討論的那樣，你的G點位於陰道內。它仍算是陰蒂的一部分：內側部位。它與其說是一個點，不如說是一個區域。它圍繞著尿道海綿體（urethral sponge），每個人的範圍大小不一。G點是陰蒂的根部，你會是從內側去觸碰它的。若想要找到它，請將兩個手指插入陰道並做成像一個鉤子或叫別人「過來」的手勢。位置就在恥骨後面，你會感覺到一小塊如胡桃木紋理觸感的地方，它的範圍也可能不只如此。這就是G點，每個人都不一樣，但給予它刺激時，感覺就像溫水沖洗我的整個外陰。如同我的陰部正在唱大衛馬修樂團（Dave Matthews Band）的那首歌，如果這個比喻還算可以的話。

G點按摩棒有時是彎曲的形狀，有時是直立的款式，旨在可以觸碰到陰蒂內側的這個區域。當你想到按摩棒時，可能一開始會想到一種看起來像陰莖的假陽具按摩棒（很像我以前那個糟糕的兔型按摩棒，RIP）。雖然這些東西很容易找到，但它們不會是你唯一能用的G點按摩棒，甚至你不會想要使用那種假陽具按摩棒，我天真可愛的小獨角獸。

對於許多人的外陰來說，陰莖形狀的G點按摩棒並不吸引人。這可能特別適用於喜歡與其他女人發生性關係的女人，但這絕對不是一種奇怪的現象。當談到按摩棒時，即使是我們當中喜歡陰莖的人也可能會變得討厭陰莖。

我最喜歡的按摩棒像弓一樣彎曲，可以很容易地接觸到恥骨後面的區域。當範圍遍及到我的敏感帶時，我並不想搞砸這種感覺。按摩

棒有各種形狀和大小，你不需要購買像樹幹那麼大的東西。這些玩具的樣式多元，可以將它們單獨用於陰蒂的愛撫動作、G 點刺激，或與伴侶一起進行陰蒂刺激。因為它們通常體積偏大，而且有些甚至附有把手，所以它們是以更靈巧的性交姿勢（如狗交式或勺式）去接觸陰蒂的選擇。

夫妻氛圍：只有不到 30% 的女性可以單獨通過性交達到性高潮，那麼我們在沒有玩具的情況下做愛到底在幹什麼？現在，如果你想，你可以用手指來搞定，輕鬆又方便。顯然地，你想怎麼幹就怎麼幹，但情趣用品是我們都需要的幫手。如果漢堡助手（Hamburger Helper Hand）真的是假的，它就會顫抖。（這個笑話對你來說太老了嗎？）

這些小巧、不起眼的情趣用品會是你性生活的絕妙幫手。然而當我想要向我母親解釋這件事時卻是多麼地令人沮喪。

媽媽：你在做愛時會戴這個？但是這要怎麼做？如果陰莖進入你身體，那要如何弄？

我：你要嘛把它掛在陰唇裡面，要嘛把一邊放進陰道，另一邊頂著陰蒂。

媽媽：

我：

媽媽：什麼？

我：你要看說明啦！上面有圖片。

媽媽：？？？

來自「Dame」和維依雙爵（We-Vibe Sync）的伊娃（Eva）（和

伊娃II（Eva II））等情趣玩具可以在性交過程中佩戴，以在性交過程中提供陰蒂刺激。它需要你的伴侶的助力來讓你從陰莖抽插中高潮，讓你不需要額外的勞力就能高潮，這對每個人來說都是好事一樁。

無論你是單身、與某人約會、和所有人上床還是已婚，都沒有關係；你的情趣用品收藏中應該要有伴侶同享的按摩棒。你應該有能力在一夜情上把它拿出來然後開始嘿咻，你到底還有什麼理由說不呢？你報名加入性高潮的行列，如果你做愛需要一個情趣玩具，那你就應該有權擁有一個。如果真有人對此感到不舒服，那你真的想和這種人發生性關係嗎？

如果和你在一起的男人或女人說你不能使用情趣用品，但又不願意讓他或她的手指／嘴巴幫你做任何事情來確保你有一個令人滿意的性體驗，那你就不該和他或她上床。

生命太短暫了，我們可沒有多餘的時間分給那些糟糕的性經驗和胡說八道的人。每個人不僅應該在性愛中達到性高潮，這是每個人本來就該有的權利。

不是啊，吉吉，那我到底要買什麼才好？這些選擇實在讓人不知所措。

親愛的，現在的你看起來真是前所未有的美好。

別買那些噁心的爛貨：找到適合你的材質

說真的，不要買那些爛貨。有些情趣用品是用劣質的、破爛的材料製成的，你真的不需要讓那些東西出現在你的生活中，或用在下體附近的任何地方。如果我知道我那隻「白兔」實際上有多爛，我真的會吐在我身上。它部分由膠狀物所製成的，這是一種細菌孳生的多孔

材質，永遠無法真正清潔乾淨更永遠無法被澈底消毒。如果你用的是製作品質不好的玩具，玩具的縫隙裡肯定會藏汙納垢。裡面會藏著已經乾掉的陰道分泌液物，而且清都清不掉。這真的超髒的，絲毫不誇張，就是字面上的意思。

　　一個值得注意的問題是，情趣用品和成人娛樂產品並沒有受到美國食品藥物管理局（FDA）的太多審查（如果有的話）。就像無人可管一樣，實在是太瞎了。想像一下，如果你買的牛肉連美國食品藥物管理局都管不了，農民就可以隨心所欲地提供消費者任何品質的肉，而且不必擔心會惹上麻煩。在我們希望情趣用品公司製造對身體安全的玩具並且不使用劣等材質時，他們完全不需要遵守任何規則。一個字形容，幹！我們在身體內外放置了很多情趣用品，但卻難以知道它是否安全。因此，我們要進行盡職調查（due diligence），您需要謹慎購買。我知道這感覺像是一個騙局，的確是因為它就是一場騙局。我們應該要對此有一些規範，但成人玩具在這種文化中受到如此嚴重的汙名化，以至於我們怎麼做就無法讓FDA有所作為。與此同時，每個人卻都還在購買和使用情趣用品——甚至裡面可能就有FDA的人。

請詳讀說明書

　　你每一次都要好好讀懂說明書，我知道這很無聊和乏味。聽好，這我也知道。當剛得到一個能讓你高潮的新玩具時，你才不想拿出那本愚蠢的小手冊（嗯，這是Calibri字體嗎？）購買新的情趣用品真的很令人興奮，我為你感到高興。這是一個美麗的時刻，無止盡的性高潮正等著你來體驗。但並不表示你應該在不知道自己在做什麼的情況

下繼續莽進，不像你在學校上過關於如何使用成人用品的課程。你必須自學，情趣用品有各種形狀、大小和功能。你的玩具有附馬達嗎？它是由多孔材質製成的嗎？所有這些細節都將決定你該如何清潔和保養你的情趣用品。情趣用品很貴，所以你需要知道怎麼保養它們。

了解你的材料

1. **膠狀物：**這你絕對不要買。它是一種多孔材質，會藏汙納垢。一些非常糟糕的情趣用品店會有陰莖環、自慰套和用可怕的廉價材料製成的劣質按摩棒。膠狀物是惡夢的來源。

* 如何清潔它：他媽的把它扔進垃圾桶裡。如果你想，甚至可以放把火燒了它，但說真的先別這麼做，因為那燒起來的煙會很臭。

2. **彈性體（ELASTOMER）和人造皮膚材料（CYBERSKIN）：**它們是膠狀物的親戚，雖然比膠狀物好但仍不算完美的選擇。因為兩者都有微孔，因此會比質地堅硬的材質更難消毒。彈性體很適合用於飛機杯（Fleshlights）和自慰套（對於有陰莖的人），因為它具有柔軟、舒適的質地，感覺很像真正的陰道或肛門。

　　彈性體有時與某些按摩棒一起使用，它們會用一種舒服的方式傳遞這些振動感，特別是那些陰蒂比較敏感的人會更有感覺。當我用牙刷頂住自己時，它就像我的T恤上的障礙物一樣。

* 如何清潔它：你可以使用溫和的肥皂和水清洗，然後將其放在乾淨的毛巾上使其完全乾燥。請記住，它無法被完全消毒的，因為從技術上來說，它永遠無法完全清潔乾淨。提供一個不錯的選擇：買一個情趣用品專用的紫外線清潔盒。

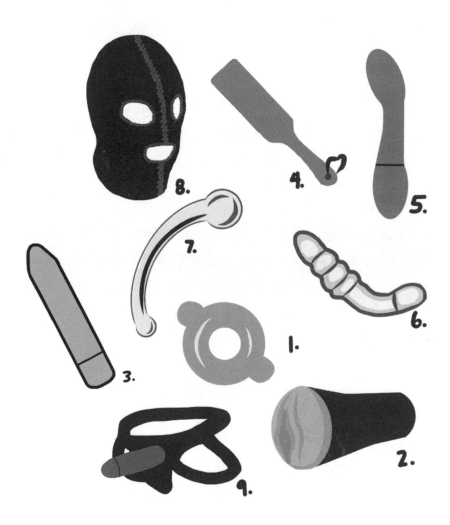

這些布滿紫外線燈的盒子，可以殺死情趣用品上的細菌。它就像一張日光浴床，對你而言則並不需要害怕。雖然它們不會去除所有細菌，但多少還是有一些幫助。請不要將這些材質製成的情趣用品搭配其他情趣用品一起使用，因為你無法把它們清洗乾淨，很可能就會導致傳播感染。

3. **硬質塑膠**：硬質塑膠是不錯的選擇。確保標示是丙烯腈－丁二烯－丙烯酸聚合物（ABA）的材質，如此一來就能確定它是無孔的材質。這種材質可以被100%消毒，它具有光滑、堅硬的質地，因此可以確實進入屁眼並到達G點。其他硬質塑膠的材質：陶瓷和有機玻璃。

- 如何清潔它：溫和的肥皂和水就可以了。請務必選用無味的肥皂，因為肥皂中的香料化學物質會刺激外陰皮膚。你還可以購入情趣用品的消毒噴霧，以便輕鬆且快速地清理。只要確保你買的消毒噴物沒有使用大量刺激性化學物質即可。從你家附近的情趣用品店購買一個並檢查其中的成分，選購時請遠離像「Windex」這樣的爛品牌。不管你在電影《我的希臘婚禮》（My Big Fat Greek Wedding）中聽到了什麼，這真的不是包治百病的萬靈丹。

4. **木材**：大多數木製情趣用品（懲戒響板（paddles）、G點棒、鞭杖等）都塗有一層對人體安全的聚氨酯或漆。也會使其達到防水的效果。有時，這些外層的塗料當經過一段時間之後就會有所磨損，這就表示你的玩具會變得多孔滲透。一定要密切注意使用說明，並詢問情趣用品店的店員木頭上的塗層是什麼成分。

- 如何清潔它：肥皂和水就可以了。將它放在乾燥、乾淨的毛巾上，

使其澈底乾燥後再使用。您也可以使用酒精或稀釋的漂白劑（按照瓶子背面的說明來稀釋漂白劑）。用水澈底沖洗，避免刺激性化學物質接觸到外陰。

5.矽膠：如果你能堅持使用100%矽膠製的玩具，請繼續堅持下去。矽膠玩具絕對是我的最愛，你會知道自己買到的東西是不需要擔心細菌的。

　　　許多公司會說他們的矽膠是「對人體安全的」，但這是一種誤導。唯一對人體安全的矽膠是醫用級矽膠。如果上面有註明這一點，那你就安全了。因此，這是一個很好的宣傳點，所以如果一家公司的產品使用醫療級矽膠，他們肯定會想讓你知道。有些公司會真的關心你的安全（咳咳，這些公司都是由真正知道如何擁有健康陰道的女性所創立和經營的）。

• 如何清潔它：親愛的，當然是肥皂和水。如果你的矽膠玩具不需要通電，可以將其放入洗碗機中或放入滾水中進行消毒。

6. **玻璃**：笑死，你剛才是說玻璃嗎？是的，噗！居然有玻璃製成的情趣用品。你必須對它們溫柔一點，如果它們出現缺口，請不要使用它們。如果你失手讓它掉在地上且覺得可能出現缺口時，也別再使用它了。像 Babeland 的 G 點棒的玻璃玩具簡直就是藝術品。你見過威尼斯海灘上那些吹製著玻璃管的傢伙嗎？他們親手設計這些色彩繽紛的玻璃管要被吹製而成的樣子，而這些 G 點棒就是這樣被製成的。它們充滿神奇的魔力。

   　　這根本就是在收藏藝術品，你應該收藏玻璃製的假陽具。老實說，假陽具和性能力本身一樣美麗。你可能會想，我他媽的為什麼要在我的陰戶裡放一個玻璃假陽具？答案是：它們壓在你 G 點和／或陰蒂上的重量會讓你感覺很棒。

- 如何清潔它：大多數玻璃玩具都可用洗碗機清洗，但我建議將它們煮沸消毒。如果它們的設計很花哨，洗碗機可能會弄壞它們。我可能對這個部分有點偏執，但安全總比後悔好。它們實在太美了，你不會想要弄壞它們。

7. **不銹鋼**：不銹鋼製的情趣用品頗有重量，非常適合用來刺激 G 點和肛門。它們給人一種變態的感覺，這很誘人。它們是金屬，金屬的感覺有點危險，嗯……金屬啊。你可以完全掌控它，並像彎曲的不銹鋼製 G 點棒一樣屁股翹高趴下。不好意思，我需要一張餐巾紙來把我的座位擦乾淨。

- 如何清潔它：我喜歡優質的不銹鋼情趣用品，因為你可以將它放在鍋中煮沸或放入洗碗機中，洗完就可以使用了。

8. **皮革**：皮革主要用於穿戴棒（穿戴式情趣用品、鞭韃等）、馬鞭、

面具等。普通的按摩棒或情趣用品可能不是皮革製成的。這是一種令人感覺變態的材質，而且超級挑逗的用品。我建議每個人至少擁有一個馬鞭，如果只是為了知道它在那裡的話。

- 如何清潔它：皮革是多孔的，不能完全消毒。你的紫外線燈箱可以提供一些幫助，但仍無法完全消毒乾淨。你可以使用皮革清潔劑進行拋光和擦拭。如果您使用皮革設備，最好為每個夥伴使用不同的材料。我知道它很貴，但皮革是一項投資。

9. **尼龍和彈性纖維（SPANDEX）**：尼龍和彈性纖維主要用於穿戴棒和其他可穿戴裝備，如角色扮演的服飾（棉花也是角色扮演中會使用的材料）。這是需要注意的事情，因為你很可能會讓它們沾滿身體分泌物和潤滑液。

- 如何清潔它：用毛巾將它們放入洗衣機中，風乾這兩種材質。你可不想讓它們被烘乾之後，發現你的俏皮護士服小了兩個尺寸。這就不性感了。

基礎保養 101 式

辣妹守則：不要將你的情趣用品用在不同的洞上

　　把用在屁股和陰道的玩具分開使用。除非你的玩具是矽膠和不銹鋼製的，但前提是它們有事先經過煮沸和清洗。你肯定不想要排泄物進入你的外陰或陰道附近，否則遲早會發生酵母菌感染／細菌性陰道炎／中毒性休克。

　　聽著，很多人會告訴你可以把矽膠玩具放在你的陰戶和後庭花

上，只要澈底清洗乾淨就沒事了，但我可不想冒這個風險。你的情趣用品收藏應該要有不同種類的選擇。你可以為你的屁股和陰道／陰蒂購置一些情趣用品，然後就到此為止。遵循辣妹守則，如此你就不會遇到任何不必要的、超級尷尬的婦產科／急診室之旅。我自己可不想向某個名叫卡桑德拉（Cassandra）的護理師解釋我可能不小心讓便便沾到陰道了。我真是瘋了。

以下是真人真事，關於便便沾到陰道。在我20出頭的時候，我有一個可怕的、暴力虐待狂且變態的前男友。當時他快40歲了，這只會讓我接下來要告訴你的事情變得更加難以接受。總之簡單來說，我們需要更好、更完整的學校性教育。

我前一天月經才剛走，我們就已經開始翻雲覆雨了。在我們處於後入式時，他突然拔出並說：「我的雞巴上全是排泄物。」現在，這可能是我聽過最愚蠢的「表達我的雞巴上有便便」的方式（排泄物？認真嗎？現在還在1879年嗎？），但這不是重點。他厭惡地看著我。我，一個20歲的人，對自己的身體缺乏自信和了解，在此時變得慌亂和尷尬，立即穿好衣服離開了他的公寓。他並沒有想要阻止我的意思。

當我走到街上，有餘力來梳理剛才發生的事時，一切都想通了。我的陰道根本沒有便便，你的陰道不可能會有大便在裡面。如果我真能用某種奇怪的解剖學方法把大便塞進我的陰道，那我可能早就在醫院裡了。

那是被氧化的經血，我的月經剛結束，當血液暴露在氧氣中時會變成棕色，這他媽的只是一些殘留的經血罷了。一個37歲的男人居然認為他的陰莖上有大便，而且顯然他從來沒有看過月經是什麼樣子。這我真的無法接受。我傳訊息給他，但他並沒有回應。我們再也

沒有提起這件事了，因為這才是成熟的成年人該做的，是吧。★

★ 我沒有和他分手。因為他口袋很深，而我窮到無法就這樣遠走高飛。
正常發揮！

要玩就要洗乾淨

不要把情趣用品置之不理，讓它們自生自滅。當你每次使用情趣用品時，都必須澈底清潔乾淨。這沒有任何討價還價的空間。如果你使用不乾淨的情趣用品，你最終可能會患上細菌性陰道炎或其他陰道感染。這不是一個明智之舉，而且既不衛生又粗俗。

你不必在一場慾火難耐後突然冒出一個念頭說：「我要先離開一下，我得把這個假陽具放進鍋裡煮沸消毒！」請你就用完就直接放在一邊，置於一個你之後好取得的地方。請幫骯髒的情趣用品準備一個專用的托盤或垃圾箱，好讓你把用過的玩具扔到那裡，之後再做清洗。

不要將附有馬達的情趣用品浸入水中

如果你的情趣用品附有一顆或多顆馬達，請勿將其煮沸或浸入水中。使用溫和的抗菌肥皂和水來清潔玩具。你可以將其沾濕，但請勿將其放入鍋中或裝滿水的水槽中。

怎麼知道它到底有沒有馬達呢？它會移動、振動、搖晃等動作嗎？如果它可以做到，那肯定有馬達。請閱讀情趣用品隨附的說明書，並確保在使用它之前知道如何清潔它。

有些玩具即使沒有附馬達也仍然不適合浸泡（比如一些木製玩

具，因為它可能會因此受到損壞）。請務必遵循說明書指示。

將你的情趣用品
收在一個乾淨且乾燥的地方

最後還有一件同樣重要的事：將你的情趣用品存放在乾淨、乾燥的地方，這樣它們就不會聚集細菌或灰塵。你得確定他們都乾再收起來，不要將情趣用品隨意扔在床下塑膠桶裡，任其腐爛。內褲抽屜或床頭櫃是存放這些東西的好地方，當然也可以購置一個專門擺放的收納箱。

當地的情趣用品店應該有販售不同款式的情趣用品收納箱，如果你想要找到可以搭配你家風格的款式，建議你去附近的 Bed Bath & Beyond 家具用品連鎖賣場。★

> ★ 你知道有人說過——如果你的情趣用品收藏很講究，那你就是個好老婆。這是千真萬確，真心不騙。

無論你選擇購買什麼，請確保它能滿足自己的性好奇心。你不必非得購買我列出的所有東西；這些只是幫助你入門的建議。使用情趣用品能有助釐清你想嘗試和探索什麼的好方法。祝你玩得開心。

它們是不會讓你失望的。

要去哪裡買：偉大的女性導向情趣用品店

現在，我確定你會說：「天啊，讚啦！這些玩具我全都要。每樣都給我帶五個。對了，我該去哪裡買呢？因為我不想去一些令人毛骨悚然的爛店，某個牛仔褲垮到露股溝的肥宅以一種令人毛骨悚然但不

知那來的自信對我推銷商品。」

　　哦，女孩。我知道。當談到購買假陽具、按摩棒或任何你正在尋找的東西時，購物體驗永遠會是最大的障礙之一。

　　我記得我在紐約的第一年，當時我走進了克里斯托弗街西村（West Village on Christopher Street）的一家情趣用品店。櫥窗裡擺著半裸的人體模特，還有成排成堆的成人DVD。一個發光的標誌閃過，上面寫著：「窺視秀！（Peep Shows）」我和我的幾個朋友在一起，像典型的19歲屁孩一樣四處遊蕩，對著紫色的假陽具和廉價的伸縮尼龍製的穿戴裝備噗哧大笑。

　　雖然我年紀逐漸大了，但情趣用品店並沒有日新月異。多年後，我發現自己和我當時的夥伴在紐約綺色佳（Ithaca）市裡最破舊的商店買了一個膠狀（膠狀的真的太噁心了）陰莖環。這個陰莖環（該死的膠狀物）上面都是棉絮，而且它的黏性太黏了。這很有趣，在某個週末，它在我想做愛的時候把我前男友的屌變成了一根按摩棒，而我們把那爛東西扔進了垃圾桶，然後才開著租來的車長途跋涉回城裡。

　　有時，你想要快速體驗一下假屌按摩棒的爽感，所以得從10元商店裡買一隻品質低劣的膠狀假屌，這些事真的很常發生在我們身上。「YOLO!」無論生活中遇到什麼困難，都不要讓這些爛店成為你經常光顧的地方。

　　如果你買對地方，你就可以省去所有那些可怕的、細菌孳生的、品質拙劣的情趣用品，好的情趣用品店確實存在。我的朋友，你甚至不必到實體店，所有最好的情趣用品店都有網路商店，你可以穿著舒適的浴袍購買G點棒和陰蒂按摩棒。

女性導向的情趣用品店到處都有

還有更多，但我最喜歡的一些購物地點是：Babeland、Please、Good Vibrations、SheBop、SheVibe、Come as You Are、Pleasure Chest 和 Early to Bed。

這些商店是最好的選擇，因為它們的品牌目的在於讓購買情趣用品成為一種快樂、愉快、大方的體驗。它們都是由女性創立的女性導向商店。她們的美感著實令人非常愉悅──就像一切都是粉紅色的、絲滑且美妙的──而非給人一種誇張的「假掰女孩感」。它溫暖、誘人，而且十分正面看待性事。性不應該是一件可恥的事情，反而應該鼓勵探索自己的身體。這些商店可以鼓勵你下定決心過上有趣且充實的性生活，讓你彷彿置身於日本的 Hello Kitty 咖啡館和某家高檔的鞋店。

經過培訓的工作人員可以回答你可能面對的每一個問題。你所問的問題都是重要的，你想知道的一切都不會是禁忌，這些人想幫助你。他們會很高興且欣喜地見到你在那裡探索自己的性快感，會讓你覺得自己像個厲害的陰蒂女王。在那裡每個人都很棒，有充足的知識，態度也很友好，他們將確保你找到與你一樣獨一無二的情趣用品。這真的沒在開玩笑的。

當有女性製作專為女性設計的情趣用品時，你才能得到真正好的產品和在家舒適購物體驗，而不是被嚇得半死。

我可以寫一百萬張情書給我所收藏的情趣用品、我逛過的美好的女性友善商店以及幫助我找到完美假屌的好人們。對於他們為我的生活帶來的快樂，實在是不知該如何道盡我心中的感激。父權主義認為我們女人最看重的是鞋子和衣服，不要誤會我的意思，即便現在，鞋

子和衣服還是很重要，但對於性能力強的女性來說，鞋子根本比不上情趣用品。

請和你的枕邊人（們）聊聊關於性玩具進行對話，不要害怕談論你的喜好和床上需求。你希望這個人了解你和你的性傾向，相對的你也帶著開放的心去傾聽他們的意見。只有當雙方都能從體驗中得到他們想要的東西時，性才能真正美好。

如果您在生活中發現有人對你渴望性高潮以及對假陽具的熱愛有所批判，請不要再和這些人來往了。如果你花時間和這些成年人溝通，而他們仍然表現得像個混蛋，那就請他們滾蛋吧。

年紀越大，你就越意識到人通常都是糟糕透頂的。保持你的性積極、緊密地與那些性別友善的社群來往，並全副武裝對抗這個世界。這只是一個友好的提醒，你不必讓那些詆毀自我、慾望或身體感覺的人留在你的生活中。你沒有義務和混蛋交朋友。

哦，最後一件事——我得多次大聲疾呼這一點，大多數附帶馬達的情趣用品都配有充電器。所有的充電器看起來都一樣，而且總是會弄不見。拿一個桶子統一存放，這樣你就可以把所有的情趣玩具的充電器放在同一個地方。每個情趣玩具都有不同的電線，它們也容易被搞丟。相信我，我已經幫你節省掉很多時間了。★

★ 有一次我必須得要求「Dame Products」寄給我一個新的充電器。而且他們居然真的做到了，這太酷了。

現在，走出去，拔出你隱喻的劍，露出你的真面目，女王。你已獲得你所需的資訊去取得你所需的工具……以及你應得的性愛。

第 9 章
當你發一則被雞巴塞到窒息的訊息時，
你還算得上是女權主義者嗎？

　　回答這個問題：算得上。你完全可以想要被雞雞噎住，感覺睪丸頂著你的下巴、被深喉嚨、吸吮陰蒂、被打屁股，浸淫在雙方合意的強姦幻想（如果你願意的話）中，然後被壓在門上幹，你仍然還算是個女權主義者。因此，把腦子裡那些愚蠢至極趕走，不能在渴望陰莖、陰道或全都要的狀態下，仍然保有性別平等。

　　當涉及到訊息來往時，你絕對應該能夠藉由訊息來發洩你的性癖，而避免覺得自己像個神經病／騙子／邪惡的女權主義者／妓女。我們不要再胡思亂想了，女權主義者可以表現得順從（不論在現實生活中和手機上；有或沒有附上表情符號），她可以喜歡陰部，她可以喜歡被人用陰莖甩巴掌，她可以想要陰莖插進她的屁股裡，「想要」是這裡的關鍵詞。如果你在做你想做的事情並且感覺一切都在自己的掌控之中，那麼你就是在實踐女權主義。如果你被迫這樣做或被脅迫，或者為了取悅某人而採取這種行為，那就實在太糟糕了。

　　一個誘人的女人是能言善道的，但常態發送性簡訊（Sexting）或淫語可能會令人生畏。怯場是真實存在的狀況，無論你過去是多厲害的角色。你在生活的各個層面都很難成為一個冷酷的狠婊子。對於許多人來說，性簡訊或淫語都是我們的一個痛點。

　　性簡訊是一門我們都能掌握的藝術。它讓我們能夠以一種安全可

靠的方式來探索幻想，讓我們有機會嘗試一些我們可能還不能完全接受的東西——無論是繩縛、肛交，還是其他事情。我將牽著你的手，幫助你釐清你的性簡訊屬於哪種類型，教你如何入門，並告訴你如何輕鬆地說出淫語。最後，你還需要大量的練習來磨練你的技巧。

聽著，我最喜歡教授的工作坊之一就是「性簡訊101式」（Sexting 101）課程。報名的族群主要來自各個不同的告別單身派對和中年女性，我對此結果甚是滿意。這個課程也允許你自備酒水，你知道的，事情就會開始變得很奇怪。

我自己經過充足的自我認識練習之後便開始當老師，我參加了一堆關於髒話和床上交流的研討會。客觀來說，很長一段時間我都討厭做這些事情。

我現在將自己歸類為 AV 女優等級的性簡訊使用者。

當我處於最後一段感情中時（在我遇到我丈夫之前的那一段），我發現我經常變得無話可說。在你變成一條死魚之前，你只能對男朋友不停說著他有多性感和有多硬邦邦，你懂嗎？而你只能告訴女朋友她的妹妹有多濕，然後你才會說，「夠了，**蠢蛋**。你還有招嗎？」

2016年11月的一個晚上，帶著開放的心態和合理的程度焦慮，我踏上了前往曼哈頓第34街住宅區的旅程，在那裏參加了一個淫語課程。

這堂課是在中城（Midtown）的一個試鏡室舉行的，那裡是有抱負的百老匯演員大本營。整個空間迴盪著三角鋼琴的聲音和無調的歌聲。順便說一句，我不喜歡搞劇場的人，因為他們感覺都有點糟糕（對不起，如果你是劇場人；我相信你是很棒的）。

儘管劇場菁英總是感覺精力充沛，但這裡反而意外地是個好地方。淫語時肯定需要一些表演性、活力和積極的態度，我們之中的大

多數人不會在日常談話中到處與人聊色，所以要聊色卻又不顯得荒謬的話，則需要檢視自己的底線並能演繹不同的表面形象。幸運的是，我們的工作室位置隱蔽，可避免引起太多注意，因為我們會在那裡學習如何用激烈的形容詞和副詞來形容我們的下體。

我的課程是由StripXpertease所主持的，其中四位女士在一間華麗的芭蕾舞工作室裡圍著一張大桌子坐著，準備以52美元一次的價格展現充滿誘惑的表演。

我最喜歡的是每個人都是多麼善良和公正。當你被這些願意幫助你的女性包圍著時，這感覺真的很好。在完成我們的工作本練習並大聲朗讀出來後，我們在房間裡繞了一圈，並一起讀了一個A片的場景。我一次都沒笑，我甚至不覺得（那樣）尷尬，我們都想擴大我們的淫語詞彙量並提升我們的床上技巧。

那天晚上我在兩個小時的講座上學到了很多東西，包括在心裡對某些「性感」術語萌生新的疑惑，例如肉簾（meat curtains）和播種機（sperminator）。人們真的使用過這些用詞嗎？這實在讓我不寒而慄，想像著你的伴侶對你說：「我要用我的播種機幹爆你的肉簾。」

上完課後，我的感覺很踏實、很有力量。那天晚上我在這性愛列車上提到「硬屌」和「陰戶」的次數並不多，我當時的伴侶可能也不會有意見，但他很高興看到我如此充滿活力並對一件事感到興奮。你看，發送性簡訊和淫語都不是你砰地一聲就突然學會的事情。因此，如果你認為自己因為不知道如何準確描述顏射的需求，或者不習慣要求別人射在你臉上而感到莫名地崩潰，真的別放在心上。

性簡訊有點像A片；這是一種幻想。我喜歡給我的性伴侶傳簡訊，非常生動地幻想著他們可以如何填滿我的每一個洞並玩遍我的身體。與此同時，我大多能維持相當「規律」的性生活，只是偶爾會來

個肛交而已。

科技使所有這些驚奇和幻想成為可能。我的意思是，性簡訊是一個相對較新穎的事物。自手寫文字發明以來，人們一直在發送調情的情書，但性簡訊是從科技中所誕生的。一旦我們能夠即時交換訊息，我們就會出現性簡訊。相對而言，你知道這個世界歷史將會因此帶來充滿火花的革新。其意為：沒有人知道他們到底在做什麼。

手機和即時通訊將我們的性生活帶到了外太空，使得在辦公室拖了一整天的前戲成為可能。同時，你不想因為性簡訊他人而嚇壞任何人，你懂嗎？你總是會擔心自己說的那些話會不會太過頭了。你懂我在說什麼的，女孩。那令人毛骨悚然的煎熬回應「……」（點點點）可能會讓你的心情很低落。

我不應該告訴她我想把她的陰蒂吸吮到讓她求我不要停嗎？我應該忍住別要他像龍捲風一樣地舔我的菊花嗎？

更重要的是，當你傳訊息的人給你發了一些重口味到不行的東西而你卻沒有退縮時，這可能會是一個難以釐清的狀況了。這引出了一個問題：如果你是性自主的，難道不應該全盤接受嗎？不，不行，不能這樣搞。

我們會搞定這一切的，因為像你這樣聰明、性感的女人應該能夠在不覺得尷尬的情況下享受傳性簡訊的愉悅。

然後當然，更難的部分來了：將所有那些誘惑的話語用在談話之中。這就是為什麼我要上這門課。順便說一句，我已經變得更好了。我將分享一些我的導師肯定沒教過但其實應該要教的秘密。

口頭上的淫語可能會令人退避三舍，而且會讓人感到非常尷尬。我記得我的一個朋友在第一次搭訕某人後來找我，告訴我對方一直要她對他說一些淫蕩的話。這讓她很不舒服，她不僅什麼也沒說，甚至

連一點聲音也沒有發出。在接下來的性接觸中，她就像一隻癱瘓的水母一樣躺在那裡動都不動。

性簡訊：基礎知識

因為你其實根本不知道該如何開始這件事，所以我想先來談談性簡訊的基礎知識。不像你會直接與你在Bumble（交友軟體）上遇到的辣妹用文字調情一樣，只需要說：「我想讓你摸我的屁眼。」

性簡訊不（一定）要提到屁眼，傳送性簡訊應該要是一件很有趣的事情。笑是完全可以接受的（對方甚至看不到你笑），在聊色之前感到緊張是沒問題的，我們需要認知到傳送性簡訊本身是一件多麼尷尬的事情。是的，這確實可能會很尷尬。如果我們再努力一些來試著接受這種尷尬，並保有一種別人不會覺得自己聊色就是變態的心態，那麼每個人都會願意嘗試更多、健康的性簡訊。顯然，這可以追溯到我們對性的各種恥辱。沒有人知道如何談論性，所以我們都對任何形式的性都會感到不自在。

與騷淫的自己相處的規則#1是：不要太矜持。當你把性簡訊當作高級論文或脊椎穿刺時，它就不再有趣了。如果是這樣，那你應該只會興趣缺缺。傳性簡訊是探索外在世界的好地方（或者深究你的其他方面，如果你明白我的意思的話）。如果這會讓你感到焦慮或羞恥，就把它想像成一種大腦鍛煉，我都是用這個想法來幫助自己的。你這麼做在本質上是在挑戰自己，想要以創造性的方法來描述事物，並提高你的語言技能和隱喻能力。理想的情況下，有時候你可以將注意力轉移到如何增加性簡訊的誘人程度。性簡訊需要練習，你做的越多，就越不會感到不自在——就像自慰、口交、性愛和其他一切事物

一樣。

　　性簡訊是沒有底線的，所以可能會造成混淆。你要怎麼知道傳性簡訊的時機點應該在什麼時候呢？從非常認真的感情關係到Tinder或Bumble上的搭訕，性簡訊在各種不同類型的關係中發揮最佳作用。完全取決於你的本性以及好惡為何。如果你想為你的男朋友或女朋友維持性簡訊作為生活的一部分，那也很好；如果你想和一個你甚至沒有見過面的人發騷發浪，那也沒問題（只要他們都同意的話）。

　　你可以從中感受到一些畫面，因為性簡訊是一種視覺的創造。在這裡你會有非常全面的腦力激盪，可以將性簡訊視為一種虛擬的脫衣舞。這是我從淫語講座上得到的最好的教誨。講師解釋說，我們應該從描述我們穿的衣服開始，即使我們實際上並不會那樣穿。嘗試詳細描述所有內容，你希望對方能夠準確地在腦裡刻畫出你的想像。

　　就個人而言，我更喜歡直截了當地示愛，但每個人的做法都不盡相同。

聊色的三種類型

　　顯然，每個人都如同獨角獸一般與眾不同的、特殊的和獨特的，但我將聊色濃縮成三種主要類型。以上的區分皆是基於我所參加和教授的兩個講座課程，以及累積的大量經驗。我幫我的朋友們寫的性簡訊已經多到無法計算了。對於我朋友們的另一半們，我只能說：「不客氣！」

　　事實證明，並不是每個人都會喜歡我所喜歡的一切。我的朋友蘿倫（Lauren）曾經讓我幫她為一個她偶然遇到的男人傳性簡訊。他傳一些淫蕩的東西給她，她也想以同樣的熱情回應。是的，人們有時確

實會徵求第三方關於聊色的建議，如果你的消息來源是值得信賴的（哈囉，吉吉，是我啦！）並且你不會讓這個第三方知道你傳訊息的對象是誰（除非你們都是共同朋友，因為這個第三方顯然也認識那個人）。

　　我們下班後正走去酒吧的路上。我拿了蘿倫的電話。我無法在擁擠的紐約市街道上準確地口述訊息給她（儘管這是紐約，而且發生過更奇怪的事情；我曾經看到一個人在紐約地鐵C線列車上一邊拉屎一邊自慰）。

　　我在寫這本書的時候傳訊息給蘿倫，看看她是否有使用那些羞恥的性簡訊。她說她沒有，但她說她其實想要嘗試看看，因為那真的很棒。（那你為什麼不做呢，蘿倫，嗯？？？）我只記得其中一句好像是：「我要你用你那硬邦邦的雞巴塞滿我，然後把灼熱的精液射滿我全身。」之類的東西，其實真的沒有很糟，對吧？

　　對吧？有人在嗎？哈囉？

　　總而言之呢，她把手機拿回去，看了一遍訊息，看著我，又看了一遍訊息。「嗯，絕對不行。我不能傳這種東西。」她刪了。我有點生氣，但反正她要傳什麼我也管不著，而且在這個歡樂時光我們喝了很多酒，所以也該走了。

　　像這樣的場合幫助我調整並分類出不同的聊色類型。我敢肯定，其他講師也有創立了類似的類型，但如果要我來說的話，我的版本是比較符合人性的。

　　「吉吉，給我他媽的閉嘴，告訴我我是哪種類型的。」

浪漫型

你可能會問，怎麼會有人會傳浪漫的性簡訊呢？性簡訊是無限的，性簡訊的生活品質因人而異。有時候聊色並不是非得聊陰蒂和講幹話，而是去聊更多感性的話題，浪漫型的人更喜歡吟詩作對地傾訴心情。你知道的，就是那種唯美 A 片的風格。

他們更喜歡莎士比亞式的性感，而不是 Pornhub 等級的粗俗。我的意思不一定是，「你的手真漂亮」或「汝有一個令人愉悅的豐臀」，它完全可以是與性相關的。也許你不會將注意力集中在某人的陰莖或外陰上，而是將注意力轉移到頸部或背部等其他性感部位。

如果這是你喜歡的聊色類型，你並不俗氣。別管任何取笑你浪漫地聊色的人。就做你自己吧。

浪漫型性簡訊範例：

你的嘴唇是如此甜美柔軟。我想嚐嚐它們。

我希望我能把手放在你的腰上，然後慢慢地沿著腰滑過。★

★ 顯然，我不擅長這類型的性簡訊。

恣意妄為型

我喜歡恣意妄為（cheeky）這個詞。有種畫報女郎（pinup girl）的感覺。我認為應該讓這一型重新流行起來。這類型的人會聊所有與陰莖、陰道和乳交之類的事情，但又不會顯得過於低俗，讀完他們傳的簡訊後你需要用餐巾紙擦拭你的座位。如果你的風格就是這一型的話，那你通常會表現得更騷。你會大方地聊色並直接談論性愛。

這些性簡訊的內容通常更直白且不加掩飾。沒有大量的形容詞或副詞，就只是一個性感的、直截了當的描述或要求。我認為大多數人都是這一型的，這可說是浪漫和淫蕩之間的混合體。

恣意妄為型性簡訊範例：

我現在就想幹你。

我希望你的雞巴在我嘴裡。

我現在很濕。

淫穢型

顯然，在聊色時，我就是個淫蕩的婊子。這種類型指的是那些描述性極強、發自肺腑的性簡訊，讀完後你會覺得自己彷彿真的被上過了。意思是竭盡全力的下流、直言不諱、毫不留情地表達明確慾望的訊息。

任何人都可以成為這個類型的人。你只需要一些想像力和一點信念。沒啦，開玩笑的。你只需要使用大量的形容詞。性簡訊規則#2：形容詞越多，訊息內容就會越淫蕩。

淫穢型性簡訊示例：

我要你坐在我的臉上，用你的濁熱愛液浸濕我的嘴唇。

你可以把你那又大又粗的雞巴塞進我體內，用力捏我的乳頭直到我叫出來，然後把我幹到壞掉嗎？

呸！該放下了吧！蠢蛋。

這些類型都不是固定不變的。不需要頓時感到壓力山大，覺得：「幹，我到底是哪一型？我有一次傳了一個帶有兩個形容詞的性簡

訊；還有一次我聊到了某個女孩的手臂。我是誰？」

　　你不能限制在一個框架中就覺得完了，人們可以根據心情或舒適程度在不同類型之間遊走。有時你的性簡訊可能會變得更加直白，因為當時的你正在開會，沒有時間在每條訊息中去鋪陳粉紅色泡泡、濕潤、滑溜、多汁的氛圍，你是個忙碌的女強人。或者，也許你剛開始和某人約會，還不想聊雞巴／陰蒂／會陰之類的話題，那也完全沒問題。

如何變得很會聊色

　　你是否有查覺到自己目前正為如何用性簡訊聊色而感到苦惱？嘿，我們都曾有過一樣的經歷。如果您想知道如何將聊色提升到一個新的水平，其實只需要添加更多描述性詞語就夠了。如果你認為某些內容可能過於露骨，請稍作刪減將事情簡單化，或者反其道而行，懂？有時你就是他媽的往前衝並期許一切順利就對了。一般來說，你需要對你的伴侶描述清楚你想要的和不想要的性愛為何，越詳細越好，就像創意寫作一樣。在這短短的一分鐘，你要讓對方能進入你腦裡性感誘人的幻想之中。

　　能緩解性簡訊帶來的焦慮的唯一方法就是持續地做。即便如此，當你第一次要跟伴侶調情時還是會感到很傷腦筋。

　　由於我在 20 歲出頭時跟一位稅務律師有過一段不上不下的約會和性愛經驗，而我也因此設法磨練了我的性簡訊技巧。他從事著全世界最無聊的工作，但卻也因此擁有最不可思議的想像力。每次他傳訊息給我時，都會將我推出我的舒適圈。只要他要來紐約出公務，我們就會整天互傳淫蕩下流的性簡訊。我不斷地被迫更新我認為性感誘人

的事物，並且想出創新且有趣的方式來引發他的性慾。憑藉著練習傳送大量的性簡訊，我便成為了這方面的專家。就是這麼簡單，經常練習就對了。規則 #3：傳越多性簡訊，你就會變得越好。

你必須提醒自己，你是一個霸道的婊子，而這需要仰賴一個有自信的女人透過性簡訊來表現出來。那麼，如果其結果並沒有如你意料中進行那該怎麼辦？也許有些人不喜歡你提到想要在客廳沙發上彎腰被前後插入的話題。管他的，下一次會更好。你就是老大，如果有人不喜歡你的性簡訊，那也無妨。你會從那次經歷中有所學習並繼續前進。將來你還是可能會和其他人繼續聊色。不然，難道你真的要和一個讓你對訊息這樣的蠢事而感到自卑的人約會嗎？你認真？

正如情色智庫中心（Center for Erotic Intelligence）的主任，同時也是性專欄作家 M 女士瑪爾·哈里森（Mal Harrison）不停在講的那樣，人類性行為唯一正常的地方就在於它的多樣性。不要被那些因為你嘗試跳出框架而羞辱你的人給擊敗。

請嘗試一些奇特的事物。我知道這很可怕且尷尬，但你必須這樣做。想想你最極盡所能渴望的幻想，並把它們寫在你手機裡的筆記本中。將它們分成幾部分傳給任何你想聊色的人，你的性簡訊必須要充滿創意的發想。

傾聽你的伴侶並做筆記，性簡訊是需要反覆試驗的，你必須測試看看不同內容的不同作用，你說的一些話很可能不會以你想要的方式發揮效果。但請記住，這都是每個人都會發生的事情。我也有很多次被句點的性簡訊，我說過一些非常不堪入目的事情。我曾經告訴一個人我想肛交他，雖然其實不盡人意，但我至少衝一波了。我甚至其實不想肛交他，只是因為看過一個把拳頭塞進肛門的 A 片，所以想在性簡訊裡提及這件事。我的天啊！

現在，我確實從那次經歷中汲取了教訓。心靈提示：如果我要提到肛交某人的事情，也許我應該先弄清楚他們是否對肛門感興趣。他們真的有喜歡在屁股上幹大事嗎？

你傳性簡訊的每個對象對於激起他們性慾的方式或偏好各有不同。如果你要聊關於強姦幻想，而你的伴侶似乎不感興趣或想換個時，請留意這一點，下次別再提起這件事了。

規則 #4：問問自己，我會想要看到這條性簡訊嗎？在你傳任何性簡訊之前，都要問問自己是否想看到別人傳來的這條訊息。這將幫助你判斷這是否是一條好訊息。舉個例子，我不希望有人傳給我關於肛交的訊息。我應該在雜亂無章地傳訊息之前，先把那些訊息在心裡先消化評估一下再傳出去。

當你在傳性簡訊時，會涉及很多自我的部分。可能有人會跟你說你傳的內容不得體或不舒服，無論是直接讓你知道還是沉默回應，這感覺都會很糟糕。如果你因此陷在自己內心的小劇場中打轉並發誓再也不會傳訊息給那個人發訊息，這是最輕鬆的作法，但也是相當愚蠢的行為而且毫無好處。請開放地接受這些回饋並繼續過你的生活。

你應該什麼時候聊色？

終極拷問：我經常問自己什麼時候才是聊色的好時機。我有一個收件匣，裡面裝滿了有同樣疑問的讀者，都想知道他們什麼時候應該或不應該聊色，我有很多朋友和學生想知道用對自己陰部的描述來搭訕人是否合適。正如他們所在意的，時機就是一切。

這個問題沒有確定的答案。因此你會感到存疑與困惑，實際上則取決於你與聊色對象之間的關係。如果你的對象是可信任的，那你可

能會比較願意去嘗試。事實上，無論你遇到什麼人，還是可以勇敢去嘗試。如果你傳了一則性簡訊，而他們也用同樣的方式回覆你，那麼你就安全過關了。

對於純文字類型的聊色而言，時機並不是一切。當我說純文字時，我指的是沒有照片或影片。顯然，對方能收到一張你的奶照是一件很棒的事情，只是當你的對象坐在他或她的辦公桌前，且周圍還坐著很多同事時，這可能不是一件好事。

我最喜歡的時間點是當你在辦公室等待你的伴侶結束漫長的一天回家時。我曾經傳給前男友的一句話：「等你回到家，我要狠狠地吻你。我要把我的舌頭伸進你的喉嚨直到你窒息，但我會用一種可愛的方式。」就在昨天，我傳給我老公一則訊息說：「我一看到你，我就要吃你的雞巴。我想念你的雞巴！」其他時候，我直接傳給他我的奶照以達到效果。這些小細節，你知道嗎？

如果你知道你的伴侶今天過得不愉快，一條誘人的訊息可以有助改善他們的情緒。提醒你的伴侶你已經在家等著要被玩壞了，能增強你的自信心，並提醒自己是個性感可口的妹子。任何時候你興致一來，都可以傳性訊息。請記得留意對方的反應並相應地調整你的訊息內容。如果他們不喜歡，就停手了吧。

規則 #5：在詢問他們當下正在做什麼之前，不要用 Google Chat 傳性簡訊給他們。如果你要傳性簡訊給他們，請確認訊息不會外洩。如果一個人的手機螢幕解鎖並且剛好你也傳了一條淫蕩的訊息，你可能會為他們帶來麻煩，或者至少會讓他們在同事面前難堪。我曾經有一個朋友在簡報期間共享她的手機螢幕，結果一則來自她男朋友下流訊息就這樣直接跳了出來。

她的同事為此取笑了她好幾個禮拜。但是她很棒，她完全沒有放

在心上，但並不是每個人都能做到這樣。如果訊息會在他們手機以外的螢幕上發出「叮」的信號，請不要在他們工作時傳性簡訊。

　　總而言之，只要你確定只有他們的眼睛會看到你的訊息，那幾乎任何時候都是傳性簡訊的好時機。我的前任在開會時打開了他們的Snapchat，看到了我奶照。我希望我可以說這只發生過一次。但這已經不是第一次了。這件事有發生在我丈夫身上嗎？我直接問他，他說：「嗯……有。事實上，我不得不更改手機上的預覽選項，這樣就不會顯示你的訊息，那些訊息時在太下流了，而且你還傳了很多則給我。」我還能說什麼呢？他對此沒什麼意見。

我該怎麼說呢？

　　開啟對話是除了沉默之外最難的事情。很多人都會有跟你類似的經驗：坐了數小時嘗試著想出一些既性感又不恐怖但又慾望滿滿的話題。如果你想營造氣氛，可以嘗試一些帶有性暗示的開場白。通常來說，一些俏皮直白的話語通常是最好的選擇。（只希望對方不會像我前任那樣，當我給他發性簡訊時，他老給我一個大拇指的表情符號，我至今仍然對此感到十分受創。謝天謝地，我老公知道如何切入主題。）

　　雖然說「找些俏皮直白的話語」很有道理，但那仍無法讓你知道自己該說些什麼。嘿，你這婊子，給我來點具體的例子吧。冷靜點，以下是一些開場白的參考：

　　你現在穿什麼衣服？

　　真希望你現在在這裡。我好癢。

　　我現在很濕。

> 昨晚我做了一個夢，夢到你跟我在做愛。
>
> 我想要在你到的時候馬上做愛。
>
> 我想要你。
>
> 我一直忍不住想像你赤裸裸的樣子。
>
> 我喜歡你昨天穿的那條褲子，那褲子好脫嗎？

你知道的，不要太過激烈（不要描述陰莖和／或陰唇的外觀特徵），但用詞還是要直白當。如果你給某人傳了以上任何一則訊息，而你卻沒有得到任何回覆、換話題或者尷尬的回應——那就算了，你就聊其他話題（或者另一個人）吧。

如何得到一則性簡訊，
無論它的內容好壞

引戰文：學會得到性簡訊和學會傳性簡訊是一樣重要的。我們從未著墨在接收者的感受上，而總是把重點放在傳送者身上。如果你收到了一則性簡訊（無論是未經請求的、怪異的還是性感誘人的），你必須憑藉自己的情感來決定如何回覆（或不回覆）。

收到一條奇怪或尷尬的性簡訊足以讓任何人慢慢地走向絕望。還是老話一句，你並不孤單。收到悲慘的性簡訊基本上是成為一個女人的過渡儀式。

有一次，我正在與一個在Tinder認識到的男生約會，突然他傳來一條關於回到他的公寓一起洗澡（浪漫風格的訊息）。我甚至還沒有見過這個人，對此我並不感興趣。也許有些女人會對這種訊息感興趣，但我可不這麼想，如果你收到了一則讓你想用免洗刮刀刮傷自己

皮膚的性簡訊，而你會想叫這個笨蛋滾開，那也完全沒問題。你是主宰自我的女人，有權做或說任何你想要的事情。

　　但我們不要玩弄別人的感情。有時候你會收到一則你真的覺得聊得來的人（或你以為你聊得來的人）傳來的性簡訊；有時你穩定交往的男友或女友甚至會說出一些事與願違的話。例如：「梅莉莎，這條有關把黃瓜塞進我的陰道的簡訊是什麼意思？」

　　沒關係，即使感覺怪怪的也沒關係。並不一定表示這個人有病，他們可能只是試圖尋找一個合適的方式來應對。性簡訊的規則清楚地表明你應該嘗試一些奇怪的事情。因此，我們都可能會處於一種不知道自己在做什麼的狀態裡。如果非要說的話，我會說那些傳送噁心、奇怪訊息的人之中有98%不認為那是奇怪或噁心的。我們都只想要滿足自己的需求，只是傳奇怪的東西並不會幫助任何人實現這一目標。顯然現在有些人會傳一些令人感到噁心的東西，單純是為了滿足自己，而且他們可能是為獲得你同意的前提下這麼做了，但這些人只是少數。在這種情況下，只是一個「占便宜」的人，因為他們打擾了你內心的平靜。他們傳「奇怪」的東西並不是為了讓你高興，而是為了讓自己高興。看到其中差別了嗎？

　　如果你收到了一則奇怪的訊息，想想接下來要怎麼應對。你是一個充滿自信的女人，讓他們知道那不是能讓你性奮的事情，或者如果你沒有心情解釋，那就改變對話的方向。清晰的溝通通常是明智之舉，但這些關係是微妙和多樣的。因此，這也可能只是你在和某個人隨意交流的性簡訊，而不是一個認真的伴侶關係。一切都取決於你自己的決定。

　　如果這是你隨意約會的對象，而你被這些訊息給完全擊倒了，那你可能需要全面地檢視這段新關係。如果一則訊息就能讓你對這段新

戀情失去興趣，你們兩個可能就是沒緣分。我贊成給第二（或第三）次機會，但這同時也會是你應該再仔細想想的警訊。

如果你對這些性簡訊愣了幾分鐘（或幾秒鐘），然後你就釋然了，而且仍然喜歡這個人，那就繼續下去吧，這也無所謂。

四大原則：當你收到性簡訊時應該記住的事情（無論內容好壞，但大多數情況下可能是壞的）

同理心

以同理心的方式去看待性簡訊，並非直接拒絕或敵對地回應。試著理解對方的出發點，而不是忽略或拒絕他們所嘗試的事情。我並不是鼓勵你去接受那些討厭的人。女性受到高度社會化的影響，常常要對那些傷害她們的人妥協，但不意味著你必須總是表現得像個渣女一樣。

如果你對此不感興趣，並且從未感興趣過，那麼這很可能已經是天注定的了。但請記住，這是一種人與人之間的情感交流。如果你告訴他們你不喜歡，而他們卻回應了一些令人不悅的話，那麼你可以大聲反駁回去。或許你不會讓他們成為一個更好的人，但他們應該要聽到這樣的回饋。

理解

搞清楚傳性簡訊的動機，並試著予以理解。花點時間去處理你的感受，也考慮到對方可能的感受。這將決定你如何回應。

脈絡

回答以下問題：這個性簡訊的背後的脈絡為何？你在哪裡？對方在哪裡？這是一個初次認識的對話嗎？還是你們已經在聊一陣子了？

性簡訊的背景相當重要。如果你們正在聊色，而他或她說了一些 NG 的話，可能只是不小心下了一個錯誤的判斷。如果你正在辦公桌前，專心工作，突然收到一則你剛開始約會的男人或女人隨意傳來的訊息，上頭寫到關於肛塞的事而讓你感到不舒服，那就完全是另外一回事了。我想所有異性戀和雙性戀女孩都可以證實，在 Tinder 上，我們都曾經收到過一條「嗨，你好嗎？」的消息，接著就收到一張勃起的陰莖照片了。

關係

你與傳這則性簡訊的人是什麼關係？是隨機發生的關係嗎？是你長期的男朋友或女朋友嗎？你對這個人有多喜歡？最後一個問題是最重要的。你有多投入這段關係？是熱情洋溢、非常喜歡、有點冷淡，還是根本不喜歡？

但事情並不僅於如此。整個關於聊色、傳訊息、約會和愛的世界是非常複雜和混亂的，有時候你會從一個你非常喜歡的人那裡得到一則非常好的性簡訊；從一個你不喜歡的人那裡得到一則性感的性訊息；從一個你喜歡的人那裡得到一則不好的性訊息；從一個你不喜歡的人那裡得到一則不好的性訊息，可以有無限的變化。如果你想知道如何回應，只需遵循以下這個神奇的樹狀圖。

當你收到一則**性感**的性簡訊時：你有多喜歡這個人VS這則訊息給你什麼感覺

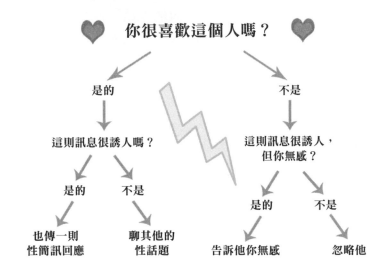

當你收到一則**糟糕**的性簡訊：你有多喜歡這個人VS這則訊息給你什麼感覺

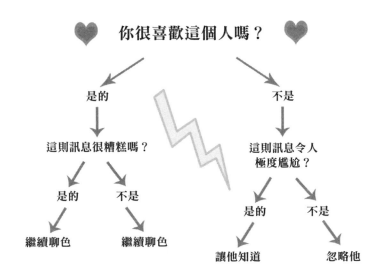

同樣的圖表中，呈現兩種不同的感受。如果一則性感簡訊本身很誘人，這就是你開始出手的好時機了。然後你得把上下文看清楚，上下文是最重要的一環。如果你收到了一則一看就知道會讓你性奮的訊息，但卻來自一個你不喜歡、不想和他／她發生性關係的人，那麼你會感到不知所措、噁心或不自在。

如果你收到一則對你來說很尷尬的訊息，比如「我想舔你的腳，從腳跟舔到腳趾」，但卻是來自一個你真心喜歡的人，這就會改變你對這訊息的感覺。（除非你有戀足癖，這也是完全可以接受的。我們在這裡不會去評判這些事情。）

現在，你不必完全遵循這個圖表，親愛的。沒有什麼是絕對的。你是獨立自主的女性，可以做任何你想做的事情。這些只是為了幫助你在不確定該如何繼續下去的情況下提供一些建議。約會這件事就是這麼麻煩。

一些關於裸照的規則

不要將你的照片存到 Google 雲端硬碟等其他雲端硬碟，或者任何別人可以取得的地方。我們應該生活在一個你不必擔心人們會利用你的裸照來對付你的世界裡；我們應該接受每個人都有裸露的身體和照片。不過，人們可能會試圖利用裸照來敲詐勒索或者惡意報復。我們已經在第 4 章中討論過騷擾的議題了，利用裸照來剝削或傷害他人就是一種騷擾和數位暴力。

當你不確定該怎麼做的時候，請先使用會自動消失的照片服務。我喜歡用 Snapchat 傳送自己的裸露照片。正如辛蒂・蓋洛普（Cindy Gallop）所說的，創始人永遠不會承認，但這就是它被創建的原因：

傳送裸照和性簡訊。人們顯然可以截圖這些照片，當他們這麼做時，你就會收到通知，而你就不應該再傳性簡訊給那個人了，但是他們手上仍然保有這張照片，所以你永遠無法真正避開風險。

這帶出最後一條規則，不要拍攝包含你臉部在內任何可辨識的刺青或身體部位的照片。即使你愛那個人，「知道他們永遠不會把你的照片傳給其他人」，你也必須採取預防措施，畢竟人就是犯賤。永遠不要在拍攝裸露照片時，讓你的臉被拍到。如果你的刺青在身體的右側，那就拍攝身體左側的照片。如果你全身都有刺青，你當然還是可以傳裸照給別人，但請記住你會更容易被辨認出來。再說，還有Photoshop，有人可以將刺青或臉部植入其他陌生人的身體上，並聲稱那是你本人。

網路就是如此美好且可怕的地方，盡可能一切小心。我討厭這一切。

對那些時常聊色的人的想法

你已經擁有傳性簡訊所需的能力了，可以試著嘗試看看。對於我們之中的某些人來說，傳性簡訊是比較容易做到的事，因為我們有時間去思考要說什麼。作為一名作家，我喜歡能有幾分鐘的時間來思考我要寫什麼。我希望描寫的情境恰到好處。但與聊色不同，就像是在做脫口秀一樣：我在文字中很有趣，但如果我站在觀眾面前，我就像當初跟他約會的那位稅務律師一樣無趣（就是真的一點也不好笑）。

聊色的好處：你可以刪減掉一些用詞，只需發出一些從喉嚨深處發出的呻吟聲和一些策略性的回應：「哦，對！就是這樣！」和「噢噢嗯嗯噢噢噢噢嗯」，那你就成功了。

一些不受歡迎的觀點：在進行性行為之前吸食大麻。如果你喜歡抽點大麻，那麼在進行性行為之前抽點大麻能增強你所有的感官，尤其是觸覺。這會將我帶到另一個宇宙，突然間就像在我自己的女性導向Ａ片中閒聊一樣。感覺有點夢幻，並能增加我的自信心。此時的我也會顯得非常的下流，對此卻絲毫不覺得有什麼大不了的。

特別要記住其中一個好處是，你和你的性對象已經互相有好感了，這就是為什麼他們願意袒褉裸裎，也是進行性行為的原因。你可以說一些話（或不說話），而他們仍然相當大的機率願意和你做愛。

即興創作時間到了，
小騷貨——你知道你準備好了

就在你認為本章有趣到不行的時候，這裡有一些練習可以提高你聊色的技巧和口條，歡迎你們大家回到七年級學生的那段時光。我們現在要做一些即興創作。

我們都是性感、誘人的女人，所以應該用我們的語言來展示我們是多麼的了不起。即使你是一個文字大師，有時你也會說「幹」。到底有多少種方式可以叫別人把雞巴插進我的體內？我想不出一個簡單的方式來要求我女友把我綁在床上打我屁股，我剛被這個婊子給榨乾了。

有幾種不同類型的即興創作方法可供您選擇，具體還是得取決於你想要呈現的感覺。今晚你是性感的虐待狂嗎？你是否想讓你的伴侶有控制欲的心情？你想要表現自己順從的一面嗎？你現在只是想來一發嗎？你的話語有很大的控制力和力量，可以隨心所欲地推動性體驗。性與觸覺、味覺和嗅覺一樣重要，請充分利用。

即興創作第一回合：讚美

選項1：
　　我喜歡你（動詞）我（形容詞）的（名詞）。
選項2：
　　你有最棒的（形容詞）（名詞）。
選項3：
　　你很會（動詞）我的（名詞）。

即興創作第二回合：賣關子

選項1：
　　我會（填空）。
選項2：
　　我真的想等一下就（動詞）你的（名詞）。
選項3：
　　如果你表現不好，我會（填空）。

即興創作第三回合：要求

選項1：

　我想要（填空）。

選項2：

　　你可以把你的（名詞）（動詞）在我的（名詞）嗎？

　　你可以把我的（名詞）（動詞）在你的（名詞）嗎？

選項3：

　　我會很壞。你應該（填空）。

即興創作第四回合：命令

選項1：

　　把你的（名詞）放進／放在／放入我的（名詞）裡。

選項2：

　　拿你的（物品），摸我的（形容詞）（名詞）。

選項3：

在我的（形容詞）（名詞）上（動詞）到我（動詞）。

這是另一個有趣的練習：
將手機交給朋友

讓你信任的朋友為你打一則性簡訊，有時你確實需要有人幫你處理一下。為什麼呢？因為你的朋友愛你，想讓你獲得一些樂趣。他們也跟你沒有什麼利益關係，只是為了你的幸福而著想。他們知道該說什麼，不會陷入擔心對方不喜歡自己的情緒和焦慮的漩渦。我們有能力成為自己最大的敵人，因為我們不敢傳想要傳的訊息，或者我們因為要傳我們想傳的訊息而感到驚慌失措，最終自己把自己給擊倒了（這絕非好事）。

將手機交給朋友可以減輕你的壓力，讓他們來處理這個挑戰。請確保他是你真正信任的朋友。如果你跟這位朋友才剛認識不久，請不要和他一起做這件事。如果你的朋友也有跟你一樣的對象想要你幫她傳訊息，這樣會更順利。

再次強調，這個練習不是適合所有人的。這只是一個建議。

看別人傳性簡訊較能給你信心，讓你覺得可以靠自己處理。

相互回饋是很重要的，所以才要掌握好方法

在性簡訊和聊色之中相互回饋是重要的，而且應該定期進行。像你這樣厲害的女人永遠不需要容忍自己不喜歡的事情，你會針對不同的關係給予不同種類和程度的回饋。如果你和某人長期交往，當他們做一些奇怪且不誘人的事情時，你可能會更容易直白當地說：「現在給我停止！」如果你不太了解那個人，他們表現得很奇怪，那麼你可能只要別再和他們見面就好了。

　　重要的是傾聽和溝通。要敞開心扉，給予和接受具體的建議。現在，當涉及到回饋時，說起來比做起來容易。我自始至終都告訴你要有誠實和開放的態度，但我們都知道那行不通。

　　那麼，如何在不變成我的朋友那樣沉默寡言的情況下給予誠實的回饋呢？

　　給予新的伴侶回饋是一項令人緊張的任務。事實上，如果你不想直接說「那真的很煩」，你也不必這樣做。你是自己行動的領袖。如果你想讓你正在約會的人知道他那樣說真的很噁心，可以改回他「我更喜歡 X，而不是群交」，或者「我更想被綁起來打屁股。」藉以改變話題的重點。在文字中轉移焦點並非難事。性簡訊真的難以捉摸，如果你的伴侶沒有公開地獲得讚賞，他或她就不願意再嘗試看看了。如果你詳細說明了你喜歡的樣子是什麼，你的新男朋友或女朋友（或 Tinder 約會或其他形式的約會對象）很有可能就會跟著你的話題走。把他們的聆聽、吸收和學習能力看作是是否值得考慮長期交往的觀察指標（如果這就是你要的）。

　　如果你與某人建立了關係，這項任務通常會變得比較容易。你應該是相信這個人的。如果你們的關係是健康平等的，你可以告訴他或她，他們傳的某些性簡訊其實有點怪。應該沒有人會想傷害自己的自尊心，不論是男性、女性還是其他性向的人。傳性簡訊本身已經是很勇敢的事了。能有魄力以打電話的方式生動地描述你的陰部，或聊到你想把什麼東西塞進陰道裡是極為大膽的舉動。我相當讚賞你的作為，也佩服你的伴侶能接下你丟的這個燙手山芋。

　　如果你不想直接說：「我不太喜歡你今天傳了十三則說想要將拳頭塗上潤滑油，輕輕地伸進我的肛門裡的訊息」，你也可以轉移話題，不要繼續聊這樣的性簡訊。此外，你也沒有必要傳訊息給你所有

的朋友，讓他們知道你的伴侶可能喜歡群交，然後跟他們說你真的很擔心。請冷靜一點。

　　與其繼續聊下去，不如保持沉默，看看情況是否會有所改善。如果不行，就傳完全不同話題的性簡訊。試著把話題從肛門拳交（如果你不喜歡肛門拳交）轉移到坐在你的伴侶臉上、摩擦她的陰蒂或玩弄他的睪丸。如果這個方向會讓你比較自在，那麼只要聊的內容相差不遠肯定都是可以接受的。記住性簡訊的四大原則嗎？第二大原則是理解。你的伴侶不是要讓你感到噁心，他或她甚至十之八九不想真的在你的肛門裡拳打腳踢，傳性簡訊是一種幻想。畢竟，它是一個試水溫的地方。如果你對此沒有任何興趣，你的伴侶會拿到備忘錄的（好像現在已經沒有人在寫備忘錄了，不過這只是在比喻他會明白的）。

　　在這個話題的方向上，請去留意伴侶對你傳的性簡訊有什麼回應。如果當你描述一個情節而沒有得到正面的回應時，那就該換一個話題聊了。你原本的幻想並沒有錯，你的伴侶同樣也沒有錯。性癖好就像耳環的收藏盒一樣有著各式各樣的款式，其中並無對錯之分。你們只是想讓對方開心，讓對方變得更硬／濕。

　　如果你仔細聆聽對方，便可提升性簡訊的使用技巧，並在過程中學到新東西。性簡訊能幫助你建立作為一個身為性感女人的自信心。信不信由你，親愛的，如果你能從自己的性別認同獲得自我價值，就會更容易找到真愛。一旦你成為一個可以有自信地傳性簡訊和聊色的女人，你就能從骨子裡去感受其中。你會開始了解你自己的性能量和性能力，這足以令人興奮不已。

　　現在，你已經掌握了一些可以提升你的性交流技巧，讓關係保持熱烈，無論是長期關係還是短暫的約會關係，下一步是讓狀況變得有些……另類。

第 **10** 章

如何成為一個
變態又性感的婊子

當你是一個喜歡虐戀的女人，探索新的性愛方式是再自然不過的事情了。我也跟你一樣啊，女孩。

另類的性愛本身是許多幻想的重點，但很少有人知道如何提出要求（或實現它）。你如何讓你的性伴侶輕鬆地掐住你的喉嚨或綁在床上，而不把你當作瘋子看待嗎？你會買些手銬，跳著碧昂絲（Beyoncé）的舞蹈，直到你的伴侶明白該怎麼做嗎？或你只是彎著腰喊著：「親愛的，把熱蠟倒在我的屁股上！」嗎？你是合理地結合以上兩種方法嗎？還是有其他什麼方法呢？

如果你想在生活中大放異彩，你應該也要在床上獨占鰲頭，讓我們以一種不會讓我想吐得全身都是的方式來談論所有那些《格雷的五十道陰影》（Fifty Shades）的事情。（抱歉，E‧L‧詹姆絲（E. L. James），你知道你搞砸了我們，但我能跟你分一杯羹嗎？也許可以？不行？可能可以？）這裡包含了從角色扮演、BDSM 到假陰莖肛交（pegging）的所有要點，另類性愛是許多人渴望卻又害怕實現的事情。恕我直言，去你的。

我為這一章接觸了幾乎我所知道的所有了解虐戀的人。我向《為什麼有人會喜歡那樣？！》（Why Are People Into That?!）播客的蒂娜‧霍恩（Tina Horn）、女性導向情趣用品店「Pleasure Chest」的常

駐性學家／壞女人卡洛・奎恩（Carol Queen）、以及擁有博士學位的桑德拉・拉莫格斯（Sandra LaMorgese）等人尋求幫助——還有許多其他人——他們幫助我精心策畫和鎖定你需要知道關於虐戀的重點。

我認為自己蠻變態的，但我不知道如何玩得盡興。例如，我不確定如何安全地綁結，因為我不知道怎麼綁（認真的，我現在還在用兩隻兔子耳朵的技巧綁鞋帶），也不知道如何把陰囊釘在牆上，因為我的手很會抖（真的笑死。這可能是我不該做這件事的理由中最荒謬的一個，但算了吧）★。我們實際上不會深入討論陰囊釘，而且你們這些新手都不應該嘗試。

> ★ 另外，直到桑德拉可以從容且若無其事地提到這件事之前，我都不知道原來還有人會這樣做。當然，我假裝這完全是沒什麼大不了的事，以免她覺得我很落伍。我很明顯地會對此有一些自卑感。

以下是有關另類性愛的所有必要知識——如何開始對話，些許的變態會如何有益你的健康以及如何入門。

走進我的地下室吧。開玩笑的，我沒有地下室。而且並非所有虐戀都是在地下室內進行的。可能甚至大部分的虐戀都不是這麼一回事。

首先：何謂虐戀？

《Raw Attraction》雜誌創辦人史蒂芬・詹姆斯・布福德（Stephen James Buford）在一封電子郵件中告訴我，人們最常對虐戀（Kink）和BDSM有誤解的是認為「這只是奇怪的人才會做的事情，而你必須稍微夠瘋狂才能做到這點。」

「虐戀」可能聽起來像是某些只有在地下團體的邊緣族群中才會

發生的放縱、可怕的事情，但實際上這並不完全正確。根據2005年杜蕾斯（Durex）的一項調查，36％的成年人在性愛遊戲中會使用眼罩、手銬或其他形式的簡單束縛和感官剝奪體驗。這是在《格雷的五十道陰影》問世的六年前所做的調查。根據2015年MarieClaire.com的一項調查，美國成年人中有85％指出嘗試過某種形式的束縛。總之，人們對這個的確感興趣。

那麼，究竟什麼是虐戀，這又該如何定義呢？實際上比你想像的更複雜。

虐戀是非傳統的性行為或多種性癖的組合。只要牴觸你所認為正常的性行為概念，都可以被認定為虐戀。虐戀從溫和、極度下流到「奇怪」的範疇都有。人們常常誤會虐戀必須是痛苦的或在地牢裡進行。艾米莉·摩爾斯（Emily Morse）博士是一位資歷豐富的性學家，也是播客《與艾米莉一起做愛》（Sex with Emily）裡聲音的藏鏡人，她非常完美地表達了這一點：虐戀就是超出你舒適區的一切，不論你的舒適區是什麼，虐戀可以因不同人而有不同的表現方式。對你來說，可能使用手銬就非常令人性奮，而有些人可能覺得按摩會激起性慾。虐戀是一個難以定義的廣義術語，很多人對什麼是虐戀有不同的想法。有些人可能正在進行一些不算虐戀的虐戀，因為他們並不覺得那可以被視為虐戀。基本上，所有在性上不尋常或不屬於「正常」範疇的事物都可以被視為「虐戀」。而所謂的「正常」又是誰說的算呢？這就已經足夠讓人感到困惑了。

在社群中，有普通性行為（不是重口味的那種性行為），還有虐戀。不管你要怎麼定義，這全都是由你自己決定。對此，我有一些感受，就讓我自由發揮吧。

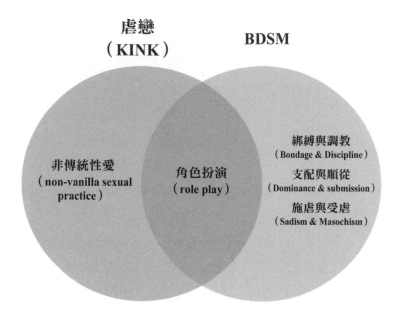

虐戀
（KINK）

BDSM

非傳統性愛
（non-vanilla sexual
practice）

角色扮演
（role play）

綁縛與調教
（Bondage & Discipline）

支配與順從
（Dominance & submission）

施虐與受虐
（Sadism & Masochism）

　　這裡有一些使人感到混亂和困惑的地方，即使是我也會有同樣的感覺。因此，我有一個文示圖（請參閱上圖）嘗試以用圖像來解釋。BDSM是虐戀，但不是所有的虐戀都是BDSM——若你想要交互使用也是可行的（許多人都會這樣做），這將牽涉到讓你感到舒適的環節。角色扮演是一種變態，但不是所有變態的性愛都會有角色扮演。有些角色扮演是BDSM的一部分。看到了嗎？這很令人困惑。如果我必須猜測，我會說這是因為：a）人們根本不談論性，讓我們所有人都試圖瞎猜到底發生了什麼，以及：b）性向具有流動性，性行為也不受限制，因此很難定義。

　　有些人可能會認為打扮成護士並給他們的伴侶灌腸沒什麼大不了的，但我會認為這就是一種另類的性行為，而我也沒有權利對他們的性生活指指點點，那是他們自己的事情。

性治療師和《淫蕩醫生》（KinkDoctor）節目創始人杜爾西內亞·皮塔戈拉（Dulcinea Pitagora）博士表示，在兩個自願的夥伴之間以健康的方式進行的任何性愛都是完全可以接受的。就因為這對某人來說看起來有些奇怪，所以他們可以藉此來對你說三道四嗎？我們人類喜歡任何禁忌或下流的事情，這就是為什麼另類性愛會如此令人著迷的原因。另類性愛已經變得相當普及，越來越多的人喜歡嘗試。當你在性方面嘗試了很多不同的事情後，嘗試一些另類性行為可以讓你的感情關係或性生活增添情趣。

身為一位專橫的女性也身為博士的桑德拉·拉莫格斯（Sandra LaMorgese）贊同另類性愛在角色扮演的方面。另類性愛更多是種幻想，是你想嘗試或想與伴侶或其他人探索的東西。如果你已經在嘗試另類性行為，你可以感受到其涵蓋了許多不同的事物和嘗試。

你可能也會想知道虐戀和戀物癖（fetish）之間的差別是什麼。他們真的有差嗎？還是其實是一樣的？那麼我喜歡腳趾頭伸進我的屁眼的癖好是虐戀還是戀物癖？這並不是什麼值得尷尬的事情，反而是一件容易混亂的事情。虐戀是你想要嘗試或喜歡做的事情 —— 在玩樂時添加情趣的東西，但它不影響你整個人生，而戀物癖也只是你的其中一部分，是永遠不會消失的一部分。

虐戀在你的掌握之中

嘗試虐戀本身是一件你可控的事情，要我講幾遍我都願意。對於綁縛這樣的性愛行為，人們最害怕的就是自己會被強迫接受自己不舒服的事情，最終可能會精神崩潰或者死亡。

無論如何，作為一個性愛自主的女性並不意味著你必須接受所有

奇怪的性愛行為（或根本不接受）。如果這是你想嘗試的事情，那也很棒。這只是一個選擇，並不意味著你必須一直去做這件事。如果這不是你想要的，你的性生活就不必像克里斯欽（Christian）和安娜（Ana）那樣變成支配和服從的情況。你可以偶爾嘗試一些虐戀的行為，你可以一直做下去，或者完全不碰。

取得同意是關鍵所在。如果你想嘗試虐戀，這絕不表示同意變得不重要。桑德拉認為，在虐戀裡，取得同意和在一般性愛中的兩情相願一樣重要。取得同意是虐戀的重要一環，因為當你扮演不同的角色和嘗試新的、可能會有危險的事情時，你一定得取得彼此的同意。BDSM 和虐戀的魔力之一在於你有自願放棄或接受的權力，它讓你能夠極度地活在當下。

虐戀的選擇和同意是其成功的基石。當我二十出頭時，我與一個我認為可以信任的男人勾搭上了。現在回頭看，我顯然並不了解也不信任他。而且他也不知道自己在做什麼，我當時還太年輕，不知道這一點。他一直大聊他想做些奇怪的事情，但他根本沒什麼經驗。我從未試過綁縛，甚至沒嘗試過被輕輕地勒喉。這男人的年紀比我大很多，我想顯得很性感和有見識。你知道的，就是「我很酷，我什麼都沒問題」的樣子。為了維持我的「酷女孩」形象，我決定放手一搏。

大約四分鐘後，我被綁起來戴上口球，手腳被綁在床的每個角落。口球很甜，像顆大塊方糖，也許是為了想讓這個過程更有趣吧？它搞得我的牙齒和嘴巴都很痛，我的臉頰被它拉扯得很不舒服。我被蒙上眼睛，無法告訴他我是否可以接受接下來的事情。我感到幽閉恐懼和害怕，並且恐慌。我開始尖叫，激動不已。他解開了我的綁縛，顯然也對此驚嚇。我們喝了點香檳，看了電視影集《摩登家庭》，然後晚些時候也做了一般的性行為。

這是一則勸世文。我當時非常想給人留下深刻的印象，導致我妥協了我的自在感和安全。這不是你想要的虐戀體驗。我不太確定這個男人在虐戀方面有多少經驗，或者他是否只是隨便買了一大堆昂貴的裝備。無論如何，作為這個情況下的主導方，他有責任確保我感到安全和自在。他在性愛過程中沒有考慮到這一點。我不會讀心術，但我不相信他有考慮過。不要和不懂虐戀的陌生人進行主僕遊戲。你可能會像我一樣陷入令人害怕的情況，主人對奴隸必須負起責任，自始至終都應該如此。

我不希望這悲傷的故事讓你停止嘗試虐戀。相反的，我想讓你走上一條明智、資訊充足的路，不要擁有膽顫心驚的下場。就以通常不會太好的初次嘗試來說，我的經歷還算平和，並未造成長期創傷。但當你不知道自己在做什麼，也不信任你和對方之間的關係時，情況就可能會失控。請記住，你所探索的這些事情，都是為了自己的快樂。你不需要為了符合某種性感的形象硬要搞虐戀，請不要做任何不想做的事情。就算你不喜歡被綁住和嘴巴被塞住，也不會因此變得不性感、不酷或不棒。如果你要嘗試虐戀，那請為了自己而做，而不是為了取悅別人。如果你感到安全，那就可以放飛自我，去嘗試你的伴侶想要體驗的事情。你就是自己的性幻想，明白了嗎，親愛的？

BDSM：一個淫娃的教戰守則

大家都聽過BDSM，但你真的知道它是什麼嗎？其實很多人都不知道，但沒關係。BDSM是綁縛、支配、順從、受虐的縮寫。（它還包括調教、施虐狂和有時S和M被稱為虐待狂和受虐狂。）

當我問臨床性學家兼心理治療師克莉絲蒂．奧佛史特利（Kristie

Overstreet）博士有關BDSM的問題時，她真正總結了人們對於BDSM
理解上的困惑：「BDSM是一種心甘情願的性表達，並不是虐待。如
果你看到涉及刀具或血液的BDSM場景，你可能會對此有強烈的反
應，因為它超出了你的舒適的範圍。然而，場景中的參與者其實都是
自願且事先討論了場景的規則。僅因為你認為它是虐待，並不代表它
就是虐待。」

　　BDSM有很多不同的形式和類型。光從表面上來看，它可能看起
來像是虐待。很多場景大概都有一個被綁住的人，被殘酷地拍打或毆
打，有時甚至可能有流血情況。

　　不同的是，這都是有取得同意和相互理解的。所有參與者都已討
論過他們的界線在哪；他們希望場景如何進行，以及他們所能夠接受
的和無法接受的內容。他們這樣做是為了自己的快樂，而不是因為另
一個人（或多個人）強迫他們參加。並非任何形式的強制行為。

　　我很想深入探討BDSM、羞恥和慾望之間的細節，但我必須先解
釋基本概念。我們不可能在一個章節中含括有關社會對BDSM觀感的
所有內容，所以只能從一些基本概念開始談論。大多數人不想參與這
種性行為（或者至少不願承認）。社會害怕BDSM的存在，因為這會
強化了性自由的力量，它公開宣傳和提倡人類放縱或掌控慾望。這是
一些可怕的事物。因此我們會對此進行了審查；我們也不能談論它。
我們的文化根本不知道如何談論性，更不用說去談論綁縛或者你是一
個順從者、支配者還是雙向者（Switch）的問題了。

角色分類

支配者

　　支配者是擁有控制權的人（別忘了這還要需要取得同意：無論是哪個角色的人，在場的每個人都擁有權力和控制權）。在支配者的領導下，場景在你的手裡就像是一段旅程。這會是種遊戲，也是幻想。支配者會描述這個空間中發生的一切，包括精神和身體上的。「玩弄」是行動本身，支配者可能創造一個場景，其中扮演無助的小貓咪被綁在床上的角色。「玩弄」是實際將對方綁在床上，也包括支配者在場景中所做的一切。支配者為自己和順從者創造場景，雙方都擁有權力，但支配者將他或她的意志以心甘情願的方式施加於順從者身上。支配者的樂趣在於引導順從者獲得全新的快樂和覺知的高度。如果需要打屁股，支配者就會打。如果需要綁縛，支配者就是予以綁縛的人。

補充：主人／女主人；女性主導

　　主人或女主人是被順從者崇拜為某種國王角色的支配者。支配者可能選擇成為支配者，但不一定想被認為是主人或女主人。這取決於你對場景的期望。

　　女性主導是女性支配者。女性主導也可以是女主人或與之截然不同的角色。這個術語更多的是一種將女性歸類到場景中的方式，因為生活中的父權文化很難接受女性擁有高於男性的權力。女性主導利用她的特殊女性特徵來控制和羞辱男性或女性客戶。例如：用高跟鞋踩在一個順性別男人的下體上。

順從者

一個順從者會將控制權交給支配者。順從者可以藉由放棄控制權、完全屈服於他們的主人而得到快感，成為順從者的關鍵是即便如此你還是保有很大程度的控制權。你需要事先設定好自己的界線和偏好，你從場景中可以獲得的愉悅對你和支配者同樣重要。如果場景需要鞭打，順從者就會會被鞭打；如果需要綁縛，從屬者就會被綁起來。

成為順從者獲得力量的來源來自於放棄控制的感覺。史蒂芬・詹姆斯・布福德（Stephen James Buford）分享的以下故事生動地描述了順從者如何獲得這股力量：

> 我是一個異性戀男人，但在一次BDSM場景中，那裡有兩個男人和兩個女人。在場景接近尾聲時，這些男人脫掉我的衣服，蒙上我的眼睛，給我綁了一條繩子，然後在約四十個人面前打我。我從來不喜歡在別人面前裸體，更不喜歡被兩個男人打。這對我來說不是一個性的體驗，而是一個深度屈服的教訓。我什麼都不能做。然而在這之中其實包含了深刻的愛，特別是當整個過程結束時。場景中的四個人來擁抱我至少十分鐘。我學到了，在我的生命中，到達這種屈服和屈從的程度是沒有任何恥辱可言的。

補充：奴隸；寵物；屁孩（Brat）

奴隸是完全處於支配者的施捨之下的順從者。你完全就是一個奴隸。你的支配者／主人／女主人可能讓你舔他或她的腳或清潔他或她的公寓或地牢。同樣，這是一個可互換和流動的術語。

寵物要致力於以任何方式取悅支配者，就像狗對待主人一樣。如

果你是好寵物，就會得到獎勵。如果你表現不好或不服從命令，你會受到懲罰。這是種讓順從者為其性愉悅而被非人性對待的方式。

屁孩是一種藉由不聽從支配者或抵抗他們的控制來讓自己興奮並因此受到懲罰的順從者。對於屁孩來說，興奮點不在於聽從支配者的話或服從他們的控制。每當屁孩表現不良時，他們可能會遭受打屁股、鞭打或其他形式的懲罰。

雙向者（Switch）

一個雙向者遊走在支配和順從角色或上下關係的角色之間。你可能是一個偏向支配或順從的雙向者，也可能恰好處於中間。你在場景中扮演的角色可能取決於你正在與其互動的對象。也許對於一個伴侶，你是一個支配者，但對於另一個伴侶，你會扮演順從的角色。你可能喜歡在一個場景中從支配者轉換成順從者，這些角色扮演的方式真的沒有極限。

BDSM是一種健康的性表達形式。桑德拉・拉莫格斯（Sandra LaMorgese）說表達自己的這一部分是健康的，因為壓抑會摧毀你。如果你把自己的渴望鎖在內心，永遠不釋放出來，你會失去理智的。

你害怕承受疼痛或給予疼痛嗎？老實說，從更廣泛的意義上講，這甚至不是問題的核心。BDSM並非只著墨於疼痛，而是關於權力流動和控制，而非有人會來控制你或傷害你（或者讓你控制某人去傷害他們）；這是關於探索你的性關係中的不同動態。它能透過參與者之間的能量交流和權力交換來發揮影響。

桑德拉告訴我，大多數客戶甚至不喜歡疼痛。在某會議期間，有個客戶心醉地凝視著她的腳看了25分鐘。對他來說，這是種神奇的體驗。BDSM與催眠有些相似之處，它常常讓支配者把順從者帶進

「臣服的狀態」（subspace）★，然後再慢慢地帶回現實。

> ★ 臣服的狀態（subsapce）：在綁縛或是虐戀的性愛活動中，順從者會
> 進入一種出神的境界，稱之為「臣服的狀態」。在這種狀態下，順從
> 者完全擺脫了日常生活的約束，進入一種如同運動員進入「心流體驗
> （zone）」的狀態，是一個不同於現實的能量維度。你會感受到極大
> 的愉悅，就像是完全離開了這個世界；就像純粹的冥想狀態一樣。這
> 是一個全新的真實世界，每個人體驗的方式都不同。

虐戀就像瑜珈或按摩一樣，是一種療癒性的解放。許多人之所以
這麼做，不僅僅是為了性滿足，也是為了精神上的清晰和探索。

並不一定是關於行為本身，而是關於行為帶給你感受到的感覺。
你參與的每一個性行為都應該是自願且具有啟發性的。無論你嘗試什
麼，都不會失控。這種實踐是關於找尋連結。你會因為多巴胺和血清
素而感到興奮和高度敏感。就像跳進冷水池或做一個高強度的踢拳課
一樣，這是一種高潮感。

性治療師皮塔戈拉博士解釋說，虐戀是關於與你的伴侶建立強烈
連結和創造性。這是整個體驗的一部分。即使你是被支配的一方，你
始終掌握著局勢，你仍保有有權力，並始終存在著同意與否的權利，
情況可以隨時被改變或停止。

虐戀作為一種療癒之道

有些人利用虐戀探索過去的創傷。對他們來說，如此一來能以安
全的方式探索過去的陰影，雖然這不是虐戀深受眾人喜愛的原因。大
多虐戀者從中獲得樂趣的原因是喜歡權力的流動和連結。然而，值得
注意的是，虐戀的本質並不是要把某人搞砸；而是關於療癒和學習了
解你的身體。它是要你去體驗你的身體並與之連結。

　　我聽過許多有關女性經歷性虐待（或某種形式的虐待）後加入
BDSM社群的故事。她們藉此能夠面對過去的痛苦，開始療癒自己並
重新與自己的身體連結以體驗快樂。

　　肯娜‧庫克（Kenna Cook）是性教育家和BDSM的愛好者，她講
述以下有關自己透過虐戀實現自我療癒和獲得真正自主權的故事。

　　　　我在一段充滿性剝削和情感破壞的婚姻後，重新找回
　　了自己的性生活。當我開始再次約會時，由於我曾表達自
　　己的性慾有別於傳統異性戀，我為此產生了某種羞恥感，
　　進而害怕進行性行為。我開始探索一些色情的事物，發現
　　自己被那些外觀奇特的人所吸引。他們比我更加異於常
　　人，而他們的性看起來充滿了愉悅。

　　　　我知道我是一個偷窺狂，我想要體驗更多看似充滿力
　　量的性經驗。

　　　　BDSM幫助我透過協商和尋求同意的做法學會信任我的
　　伴侶，我第一次要求讓別人打我時很害怕。「如果我討厭
　　它呢？如果我喜歡它呢？他們會怎麼看待我自己？」在前
　　戲的協商、過程中的確認和事後的照護下，我也能掌控狀
　　況並與伴侶溝通我的經驗。我的聲音並沒有被壓抑，我終
　　於可以真正地活著。

　　我曾讀過一個女孩的故事，她在童年時期遭受了性虐待。她因此
在成年後患上陰道痙攣症，導致陰道收縮且難以進入，性行為會變得
非常痛苦。當她來到虐戀的社群後，她能夠透過控制、痛苦、快感和
支配等方法面對過去的心魔。這是一個在掌控之下的空間，讓她能夠

正視她的心魔並與之對抗。BDSM讓她重新獲得了童年時失去的很多控制權，成為她被賦權的方式。

一位有力的行動主義者菲米妮絲塔‧瓊斯（Feminista Jones）在2017年的「一種抵抗的性愛」（Sex as Resistance）研討會上發表了關於這個話題的強烈論述。她克服過去的創傷，重新找回失去的性愉悅，令我心碎又充滿希望。BDSM不是關於痛苦，也不是關於折磨；它遠遠不僅於此。它可以成為真正的應對機制，有無數的故事呈現了BDSM和角色扮演作為一種處理過去的方式。27歲的雙向者蘿蒂（Lottie）對於權力的給予和接受以及這如何幫助她應對自己的創傷提出了以下想法：

> 作為一個雙向者，我可以在支配和順從的角色之間切換。支配讓我藉由選擇做出不同於當初虐待我的人的行為來處理創傷——這有助於我意識到我可以給予強烈的體驗和強烈的性愛，而不會對任何參與者造成心理創傷或嚴重的身體傷害。完全控制別人的體驗讓我理解這種力量感所帶來的感覺，我可以享受這種力量而沒有罪惡感。另一方面，作為順從者，我喜歡把自己完全交附給我的支配者，可以享受痛苦或粗暴性愛的感覺，而不感到羞恥或害怕。

桑德拉告訴我她的客戶以非常細緻的方式以虐戀來應對。許多參與者在一個安全可控的環境中與她一起重溫創傷，通過角色扮演來治療。對某些人來說重新演繹那些引發傷害的記憶是一種療癒方式，不論是羞辱他們的老闆、同事，還是蠻橫和過分關注的母親，角色扮演都能消除恥辱感。

　　情趣用品店「Pleasure Chest」的常駐性學家卡洛・奎恩（Carol Queen）表示，BDSM的療癒效果來自於角色扮演情境中所體驗到的溝通。這不僅有益於那些有創傷經歷的人，對於那些在生活中缺乏權力或控制的人亦然。溝通是如此的被重視和必要，以致於對於那些可能沒有把溝通置於優先的人來說，這就會變得非常吸引人。你可以進行協商與建立界限，並用適合自己的方式來感到舒適自在。取得同意和溝通是所有性行為的關鍵元素，不論任何類型皆是如此，但BDSM社群的特質提供了無與倫比的邊界。具有創傷背景的人通常感覺沒有自主權或控制權，而這種玩弄方式能將這兩者再次回到他們身邊，這是一個你有權拒絕的療癒空間。甚至在進行的途中，你仍然可以喊停，你有完全控制的能力。BDSM社群著重在討論自己的界線，這被認為是整個過程中至關重要且性感的元素。在其他性行為的情況下，你其實無法每次都能達到這種程度的溝通（這顯然是很糟糕的事情）。在相互同意的基礎上，更容易進行溝通和設置好自己的邊界。BDSM可能在表面上給人感覺暴力，但它可能會是最安全的性行為之一。別誤會我的意思，所有良好的性行為都應該都要有安全感。這個社群對於開放性討論的原則也許可以帶給「傳統」的性行為者更多不同的想法。

　　虐戀不僅僅是一種療癒，其對你的整體健康也有益處。老實說，人們都是古怪的，我們都是怪胎，阻礙我們變得奇怪的是原於被社會排斥的恐懼。2008年發表於《性醫學雜誌》（The Journal of Sexual Medicine）的一項研究發現，從事另類性愛的人並不是社會上那些獨行俠，他們也是一般人，想要在床上盡情享受鞭打、束縛和假陽具。所有人都想做一些其他人認為很奇怪的事情。只是我們不談論它，這讓人們認為他們是有缺陷的怪胎，永遠不會被愛。

　　我問桑德拉什麼是真正的性自主權。她告訴我，要實現這種狀態，你必須了解你自己的本質。不論如何，都要忠於自我。了解自己的身體，找出自己的本質，然後找一個願意接受你的伴侶。

每個人發現自己
喜愛虐戀的方式都是獨特的。

　　也許你看了一部超級性感的A片，裡面一群女人把另一個性感女人綁在聖塞巴斯蒂安十字架（Saint Sebastian's cross）上，你想：「哇，我也想被綁在十字架上。」也許你讀過以BDSM為主題的情色小說，想試試鞭打別人。也許你的伴侶很喜歡虐戀遊戲。不管你是怎麼找到適合自己的虐戀方式（如果你真的有在虐戀上找到適合的方式的話），都是合理且美好的。性探索是很棒的體驗，你可以用各種方式來獲得歡愉。我們都是一群性感火辣的變態，試圖讓自己水乳交融，不論是透過打屁股還是在陰蒂上使用兔子型按摩棒。

　　前專業支配者蒂娜・霍恩（Tina Horn）是《為什麼有人會喜歡那樣？！》（Why Are People Into That?!）的播客節目創作者，她說她喜歡虐戀是因為她的伴侶喜歡。她並不是天生就會穿著假陽具腰帶和束腰馬甲的女王，準備好開始統治世界。她對虐戀的接受，就像對新食物的接受一樣。關鍵是要以好奇的心態來看待任何一種性愛遊戲，而不是厭惡。也許你真的認為它很變態，並且不想涉及其中，這也沒關係，畢竟不是所有人都適合這樣做。但是不要因為害怕未知而限制自己，這樣就不可愛了。

　　給自己一些探索的空間。你可能想試著當一個支配者，但發現這不適合你；你可能以為你想當一個僕人或奴隸，但發現這也不適合

你。你必須願意去探索這些角色並試著適應之。如果你不喜歡某件事，就不要繼續做下去。最終，你必須把焦點放在如何讓自己快樂和滿足。我不是說虐戀會帶給你滿足感；我只是把它當作一種選擇。成為一個自信、自主的女人，就意味著以自我和自主權的感覺去探索每一種性愛。性是生命中最純粹的樂趣之一，而生命太短暫了，不要讓自己用不想要的方式進行性愛，你知道嗎？

如何提出想要虐戀的需求
（以及如何入門）

你可能被上述所有資訊（也許不包括創傷故事，但我不做評論）激起了極大的興趣，並且想要拿起鞭子和眼罩，然後到 BDSM 的世界去瘋狂開趴。

但是，你要如何開啟這樣的話題、安全詞、熱情地彼此合意和設定好界線的工作呢？當你的伴侶今晚下班回來後，你要如何告訴他或她你想要做一些非主流的事情呢？

你可以給他們發一些被綁起來戴著口球的女孩或男孩的照片，但這麼做似乎不是明智之舉，因為這可能會嚇到你的伴侶。如果你以前從未嘗試過的話，你可別在性愛過程中大喊著：「把我綁在床上！」這可能會令人傻眼，甚至有點可怕。或許在某些情況下行得通（我相信已經有人這樣做過了），但安全和同理心始終是最主要的考慮因素。你不想像我一樣，當你的伴侶有一堆束縛用品時，你就只是直接躺在床上不動，那會是很可怕的狀況。我花了幾年的時間才再次接近綁縛用品，你永遠不想成為造成另一個人創傷的人。性是釋放禁忌、放開自我的一種方式，而非帶著持續很長時間的惡夢離開。

你必須把一切都談清楚，我的意思是每一件事情都要被談到。

皮塔戈拉博士說，在進行任何類型的BDSM遊戲之前，溝通是非常重要的。但是，世界知名的性治療師埃絲特・佩雷爾（Esther Perel）在她的書《被束縛的交配》（Mating in Captivity）中說，談話往往是情慾的對立面，渴望需要神秘感才能茁壯成長。然而，重要的是你該如何談論它，如果你用乏味的、僵化的方式談論性，這段談話可能會成為情慾的對立面。你必須以性感、興奮的方式開始談話，把它當作一種前戲。

吉吉阿姨要對你說實話。沒有什麼神奇的方法可以讓談論嘗試新的性愛事情變得不尷尬。你不會每天都說：「嗨，親愛的，今晚你可以用木匙打我屁股，我會叫你爸爸？謝謝你，愛你，再見。」老實說，你必須願意接受談話會變得尷尬。該死的，這其實是一個不自在的談話，情況可能會變得很奇怪。你必須願意承受說錯話並感到尷尬，進而去認知道這種尷尬感。「我想談論一下性愛的話題，但我知道這會很尷尬」，這是一個不錯的開始。

開啟你的虐戀之路沒有所謂對錯，一切都始於你的性趣所在。從你的幻想開始，看看會發生什麼。關注你的內心，並專注在那些讓你興奮的事物。打屁股？淫穢的話語？戴上口球和被束縛？用一根12英吋的紫色假陽具進入你的伴侶？

你必須願意認識自己才能真正去進行這些事情。逛一家情趣用品店，看看A片，看看什麼能讓你興奮。傾聽能讓你陰蒂發麻的感覺，你知道那種感覺，就像是一股強烈的電流和溫暖的收縮感，從那裡開始探索和研究。Tina說要盡可能多閱讀。找到亞馬遜網路商城上所有評價高的真實性愛相關的書籍，然後好好地閱讀它們。

如果你發現自己很難直接說出你想要和伴侶一起探索的事情，可

以從談論幻想和以前的性幻想開始。

觀賞一些 A 片。試著分享一些綁縛有關的 A 片。有很多 A 片都專門以綁縛為主題。

如果你偏好用照片的方式，可以向你的伴侶展示部分情色照片。試著搜尋「綑綁藝術」，這是一種來自日本的繩索綁法。有一些非常精美的照片可以讓你的伴侶感到性奮。看看 Midori 的《日式捆綁的誘人藝術》（The Seductive Art of Japanese Bondage），甚至光看封面的設計都能讓你濕★。

> ★ 就像我說的，我超級不會打繩結，但並不表示綑綁藝術的照片就不性感。你不必嘗試你所看到的一切或經歷每一件讓你高潮的事情。

即使你因為看了一部群交綁縛的 A 片而興奮，也不必立刻就讓自己跳進一個奇怪的情境中。對於單一或雙重（或多重）伴侶來說，從探索自己的慾望到實際行動是一段艱辛的過程。

慢慢來，所有人都需要感到安全和掌控一切。每個人都需要感受到自己的需求和想法被關注和欣賞，慢慢地告訴你的伴侶你的需求，讓他們和你一起踏上這個旅程。

對於女性來說，我們需要在性方面更有信心。因為這通常是我們不被鼓勵做的事情。我們越能開放地談論自己的性生活和渴望，就越能有自信地做自己。我們需要在沒有恥辱和後果的前提下去探索自己的渴望。

探索幻想和另類性愛是為了了解自己。先弄清楚自己的本質，再以完全的控制和自主權去探索另類性愛。慢慢地展露你的渴望，當你感到越來越舒服時，可以透露更多關於你所渴望的內容。

關鍵是打開溝通的途徑。一旦對話開始，你可以引導它走向你想要的方向。不要通通拒之於門外，關閉溝通的機會。

現在，若你不想把一切都告訴你的伴侶，那也是你的決定。你不必把任何事情都坦白，保留一些只存在於自己心中的幻想也可以。如果你想和你的伴侶一起探索，那就慢慢地透露這些幻想吧。

關心和同理心是雙向的。如果你的伴侶想嘗試你不感興趣的事情，一開始你可以先嘗試一些不那麼重口味的事情，慢慢適應。不要就此拒你的伴侶於千里之外。保持心態開放，敞開心扉，接受所有可能性。願意把自己交付給對方能帶你走向真正的賦權。

讓這樣的對話圍繞在你和你的伴侶身上。讓你的伴侶知道，他或她可以告訴你任何事情，你都會在身邊給予支持。如果你的伴侶想在性愛時戴尿布，而你不想嘗試，也別表現出不尊重人的態度。

重口味的性嗜好只有在你與一個你信任的人一起進行時才能真正開心。不要與你在Tinder、超市或健身房裡剛認識不久的陌生人冒險嘗試。同時，在你第一次嘗試性嗜好時不要馬上從事危險的事情。我建議先從簡單的魔鬼氈手銬和用T恤充當眼罩的方式開始。你不需要買一大堆昂貴的裝備。在你購買價值400美元的手工定製緊身馬甲（上面還繡了玫瑰和尖刺）開始進行之前請先釐清你是否喜歡虐戀。你不需要因為自己沒有83種不同的短馬鞭就覺得自己不酷；你也不需要在衣櫥裡備齊「Babeland」情趣用品店裡的所有後庭花系列玩具才能享受虐戀。

初次體驗虐戀玩物的好去處：
建議給第一次玩虐戀的人

作為初學者，你不必打電話給當地的「地牢」（你該怎麼找到地牢呢？在Google上嗎？）你可以在家中享受大量虐戀性愛。如同我

現在所強調的，虐戀需要慢慢來。以下是一些有趣的入門建議。

角色扮演

當你想玩虐戀的時候，角色扮演是最好的選擇。它容易操作且肯定有趣。此外，我相信98%的人都有過性幻想，在幻想中，我們不是我們；我們伴侶也不是我們的伴侶。角色扮演讓你有機會走出你平時的自己，並實現幻想。

嘗試一下主奴關係的角色扮演，這可作為綁縛的前菜。拿一個項圈（甚至是腰帶），就能讓奴隸進順從狀態。當你戴上項圈時，你就是某人的財產，其實就是那麼簡單。

打屁股

你可以嘗試打屁股，或在另一個完全不同的情景中嘗試。打屁股會讓整個身體產生震盪，為平淡無奇的性愛增添些許力度。讓被打的人趴在床上的枕頭堆上，從輕柔開始逐漸加強拍打的力道，並讓被打的人控制你打的力道。如果他或她想要更大力，那就加大力道；如果他或她想要你輕一點或停止，那就如他們的所願。

肛塞遊戲

買一個肛門入門用品，就從尺寸非常小的肛塞開始嘗試，再循序漸進地換到更大的尺寸。使用前務必使用大量的潤滑液，插入前先用手指幫肛門暖身一下。你需要讓肛門的肌肉放鬆。為肛交做好準備可

能需要幾天、幾週，甚至幾個月的時間。不要害羞，請大膽嘗試與伴侶進行肛交遊戲。你和你的伴侶（們）中可能會有一個或兩個會非常喜歡這種活動。如果覺得使用假陰莖肛交太過重口味，桑德拉說她絕對建議嘗試肛塞遊戲，因為這比假陰莖肛交還要再輕柔一些。

假陰莖肛交

假陰莖肛交是指你或你的伴侶戴上有附帶龜頭的穿戴式假陰莖進入別人那美妙的臀部。不要買一隻10英吋的假陰莖，5至6英吋的才是最好的尺寸。當然，這是要先經過上述的肛門訓練之後再來嘗試，慢慢來別急。

假陰莖肛交讓你有機會體驗擁有陰莖的感覺。無論是同性戀、異性戀、雙性戀、泛性戀或其他人，這對許多女性來說都能帶來巨大的性奮感。你的伴侶將會感受到前列腺被刺激到（如果他有前列腺的話），但這並不表示前列腺刺激是他或她唯一能享受被假陽具插入快感的方法。

肛門口周圍充滿神經。有些女性或陰道使用者甚至可以經由肛門刺激內部陰蒂而達到A點高潮。★

★ 這是另一個讓你明白虐戀有多令人困惑的方法。我真不知道該如何幫虐戀的情境排順序。有些人會同意我的順序，有些人則不會。

綑綁

綑綁是最性感的一種探索不同控制程度的方式。您可能喜歡綁住自己的腳，但不喜歡綁住雙手。我個人只喜歡綁住雙手，因為如果我的腳被束縛，我會有幽閉恐懼感。還記得我之前提過恐慌發作的事

嗎？別隨便拿一條線或繩子就想直接執行，除非你是專業的綑綁者或男童子軍★。請選擇使用絲質領帶來打一個鬆散的繩結（它們可以輕易被鬆開或在需要時剪掉）或使用魔鬼氈手銬。當你初次嘗試綑綁時，你最不想看到的就是有人被卡住或手腳被綁到失去血液循環的情況。

★ 讓我們打開天窗說亮話吧──沒有女童子軍會學習怎麼打繩結，因為童子軍都是一些性別歧視的爛東西。

感官遊戲

性愛不僅僅是讓你的陰蒂被舔拭和觸摸。喚起你所有的感官──嗅覺、觸感、味覺、聽覺和視覺，真的能將一切變得更加刺激。感官遊戲是 BDSM 的一部分，但並非所有的感官遊戲都是 BDSM。它既可以是感性和浪漫的，也可以是骯髒和下流的。這取決於你參與的方式以及你想要哪一種感官體驗。

滴蠟

滴蠟既可以是一種疼痛遊戲，也可以獲得更多感官體驗。對於真正經驗豐富的 BDSM 玩家來說，真的會讓皮膚被燙傷的熱蠟可能才是他們所追求的。

對於初學者來說，請不要照做。不要隨便從儲藏室拿一支蠟燭就開始玩，你最終可能會被送到醫院急診。「Babeland」情趣用品店的聯合創始人克萊爾・卡瓦納（Claire Cavanah）向《Glamour》雜誌解釋使用滴蠟的方法。使用按摩精油蠟燭，是專門為此目的而設計的。它將蠟加熱到合適的溫度，因此你不會因此燙傷皮膚。不同的蠟燭燃燒的溫度也不同，但大多數按摩精油蠟燭燃燒的溫度都是安全無害

的。這增加一種有點讓人著迷的殘虐感，而不會太多地著墨在疼痛的感覺上。在伴侶的皮膚上倒上一些蠟是一件很誘人的事情；但搞到對方燒傷可能就不是什麼好事了。完全取決於你想要什麼樣的體驗。

割傷遊戲

不，我不贊同從舊學校用品箱中拿出割箱刀來割你的伴侶（儘管有些人喜歡血液遊戲）。取一把鈍刀、信用卡或指甲刀。把一件 T 恤蒙在你的伴侶眼睛上，然後在他們的皮膚上輕輕滑動。桑德拉說，感官遊戲中的不確定性會令我們感到興奮。

如果你想，你可以拿一堆物品，試試在皮膚上使用不同的東西，體會哪個感覺好。保持一種危險感，但不要太危險。這都能給人一種變態且誘人的感覺。感官刺激可以激發十分性感的感覺。

虐戀對每個人都是可行的，它不會讓你成為一個「壞女孩」或「只能睡而不能嫁的女孩」。你知道的，就是那些在我成長過程中每個電視節目和小說裡所聽到的老生常談。如果你和某個人在一起時，他或她讓你對自己想要跨出傳統性愛的舉動感到自卑，那就別再和這個人在一起了。

一個值得花時間相處（也值得與他做愛）的人會傾聽你的幻想並尊重它們。他或她可能不一定想嘗試你喜歡的每一件事，但他或她應該欣賞你的誠實和信心。如果你不能有一個真正的對話，你為什麼還跟那個人在一起呢？沒有人應該浪費自己的時間。

虐戀是一個安全的空間，可以探索你的界線並找到新的喜好。把它當作學習的經驗，做自己的主人。

現在，即使在世界上有著許多另類和令人難以置信的性愛，你或許仍然想要尋找愛情，而性和愛並非互相排斥的事物。誰知道呢？

第 11 章

愛與性該怎麼互相扶持？

　　好對象難尋，而你絕對不必和那些糟糕的人上床、與他們陷入愛河或跟他們約會。

　　明辨自己的價值，並澈底了解自己不能再縱容那些混蛋。當你能做到這樣時，這對任何女性來說都是一個美好的時刻。一旦你決定好，你絕不會因為任何事妥協，也絕不會對任何沒有比你優秀的人有所妥協，肯定要有相當出色的對象才願意考慮與他建立任何關係，如此你才是真自由。

　　即使你現在不想安定下來，理解和尊重自己在感情或性方面的看法仍舊是著實了不起的狀態。終結讓混蛋滲透你生活的每個領域和身體空間的日子，會是人生中令人著迷的時刻。你終於能找到值得你付出時間的事物。如果你對無聊的事情俗不可耐，那麼這些混蛋很快就會自己淘汰自己。

　　你可能有一些信任危機，你可能已經被騙了幾次，但不要因為你不想再被騙而讓一個出色的對象錯過你。這是你必須看到更宏觀的視野。別善待任何混蛋，但也不要假設每個人都是混蛋。

　　如果你知道如何分辨完全腦殘的傢伙和正常人的差別，你就知道能進入你內心的人只會是非常棒的人。親愛的，你不應該接受任何不夠好的人。愛情有許多好處，性愛同時也充滿了熱情和情感。「帶有愛情的性愛」是絕妙的體驗，這是你人生中必須要經歷的。我知道這

句話不是我創造的，但當我第一次體驗、釐清和定義這個狀態時，我真的覺得我做到了。事實上，這就是女性必須體驗的經驗。不論你的感情狀態是什麼——無論你是單身、已有伴侶、多角關係、開放式關係、尋找約會對象，或者是其他關係——這對於成為情感和性方面的全面發展是很重要的。這就得著眼於讓自己願意向別人敞開心胸。當你能夠敞開心扉，毫無畏懼地讓別人進入你的世界時，你才能找到真正的力量。

我和前男友、現在的丈夫所發生的所有性行為都是為了自我滿足。和前男友發生的性行為有時候自私、有時候親密、有時候創意無限，有時候什麼都含括了。但現在，我和丈夫的性生活更加深入了，而我如果不允許自己接受更深層次的親密關係，那我是不可能擁有如此深層的性生活。

在實際愛上（真正的愛）和在乎某件事之前，我沒有對任何人負有任何義務。我一直覺得性擁有力量，但我過去的性都是透過自己的欲望來壯大自己——一個完全不在乎是否讓他人滿意的淫蕩女孩的性生活。我利用性來征服自己的慾望，這是多麼令人驚嘆的體驗。它教會我釐清自己喜歡什麼，讓我知道如何以不涉及感情的方式來引導慾望。就像許多不懂如何區分性和羞恥、性和情感、情感和愉悅的女性一樣，上述這種獲得性權力的方法是我渴望且需要的。

在我將冷酷、黑暗的心敞開給另一個人之後，我便對性有了全新的理解。「帶有愛情的性愛」帶來了快樂的力量和深刻的情感連結，這是我從沒想過可能發生的事情。或者說，理論上我知道可能會發生，但我卻仍對此感到害怕。當你在性自主和尋找愛情的邊緣搖擺時，沒有什麼比放下防備更可怕的了。在此需要強調的是，即使關係結束後，我仍然有這種感覺。無論如何，我都會珍惜我所學到的教

訓。你知道的，就是變得成熟之類的事情。停止愛上某個人並不能讓你過去那些關於愛情、性愛和熱情的經驗消失。如果沒有過去的愛情經驗，我不知道自己是否能夠像現在這樣讓我的丈夫進入我的心靈。

「愛情性愛」（Love sex）讓我發現性完全是一種自我探索。這關乎於我與自己的連結。它並沒有人們以為的那種情感上的意義。當然，如同一些偉大愛情故事會有的發展：女孩遇見男孩，男孩每六個月見一次女孩，男孩留了鬍子，女孩迷戀男孩的個性。男孩和女孩幸福地生活了三年，直到彼此的連結消失，最終結束關係。

即使結局聽起來令人沮喪，也不要忘記這些非常重要的教訓。別忘了，我最後還是找到了真愛。真正的、持久的愛情，我結婚了。如果你願意放手讓生活去塑造你，這會是多麼令人驚奇的事情啊。

在我跟前男友在一起之前（包括在之後），我們有過多次性關係。我指的是性行為，不是做愛。我們在嘗試過每一種姿勢，只要市面上買得到的情趣玩具我們都有，也在每個地方都幹過。直到交往了一年左右，我們第一次有了所謂的「做愛」。

當我聽到「做愛」或「愛愛」之類的詞語時，我以為它們都可以用來形容我當時的性行為。我沒有意識到它們之間的差別。我的媽媽稱性行為為「做愛」，我當時只是認為她跟我一樣喜歡雙頭龍和BDSM。如果你願意的話，你可以用任何其他名字來取代。

但是當我首次步入真正的愛情中時，我總算明白了什麼是做愛。我明白了做愛或是愛上跟你做愛的人完全和那些隨機上床或炮友是不一樣的。這不是好或壞的區別，就只是本質上的不同。

在過去，我跟很多男生（還有幾個女生）上過床，但我從來沒有跟他們做過愛，因為那聽起來既糟糕又嚇人。

我知道緩慢且熱情的性愛只活在好萊塢電影中，而我以為那只有

在電影裡才看得到的。我以為很難在充滿甜蜜柔情的情況下，還能激烈地摩擦自己的陰蒂。這沒有道理，誰會想要一直憋著不高潮而不給自己一個痛快呢？

記得有一次，我和媽媽一起看80年代的電影。我想裡面那個角色應該是葛倫‧克蘿絲（Glenn Close）（也許是莎莉‧賽隆（Charlize Theron）？）其中一個場景是她和愛人在做愛，或者我解讀的是在做愛（就像電影中的情節）整個過程非常緩慢，而且只有使用傳教士姿勢進行，大約6.9秒後，葛倫（或莎莉）喊著她高潮了。之後，她哭了起來，她的男友（或者是某個什麼人）躺在那裡感到非常滿意。

我記得當時就算才11歲，也還是覺得這蠢到不行。那些緩慢、奇怪的溫柔感是絕對不可能讓女生的身體高潮的，你不可能只靠把陰莖插入陰道就能高潮，你需要更多磨蹭的動作場景。這樣一來，你怎麼可能在需要磨蹭的狀況之下還能維持如此緩慢的節奏？

而且這對我來說一點用也沒有吧？

我並沒有與任何睡過或約會過的男生有墜入愛河的經驗。當然我也曾多次相信我是沉浸在愛情之中的，但現在我知道真正的愛情是什麼感覺，以及所謂愛情的真諦。我了解我的感受充其量只是一種迷戀，最壞的情況是緩解即將到來的孤獨。這只是孤獨感受的慰藉，是一種填補空虛的方式。

在遇到前男友之前，我以為對不同人的迷戀以及他們為我的生命帶來的事物就是愛情，我以為被疼愛就是愛情了。我喜歡當一個獎賞，一個讓人迷戀成癮的東西。這真是一種瘋狂的心態。

直到我遇到一個既為我著迷又給我諸多挑戰的人，我才意識到什麼是健康的關係。我找到了一個與我真正合拍的人，他會勇敢地叫我別再胡鬧，並且持續談論我們未來的小孩，因為他對於未來裡有我感

到非常興奮。而我從未因此而反感過！

如果我的前男友中有任何一個試圖和我緩慢且熱情地做愛，我可能會恐慌到不行，最後只能被送上擔架。沒有辦法，我不會允許自己自在地去做那樣的事情。

在過去任何一個伴侶身上，我從來不敢讓他們主導性愛，並讓那麼激烈的情感介入一個我想要完全掌握的行為中。由於有了真正的信任，這段關係中的一切都會變得不一樣。

我願意冒險嘗試，是因為我感到安全。我是說，來吧。甚至我們現在已經不再在一起了，但我仍然能夠感激這段關係和隨之帶給我的性覺醒，因為它是一次史詩般的成長體驗。即使有人以後對你不好，如果這段關係是美好的，即使好的關係結束你仍然可以記住其中美好的時光。我現在的丈夫能夠認同並感謝我從上一段關係中所學到的一切，我也是如此。當然，有一段時間我也會有些疑慮，但我現在是一個比以前更強大、更屬害的女人。為此，我必須真正感謝我的前任。如果我從來沒有學習關於愛和性，我就不會嫁給我夢中的男人。

我喜歡（現在仍然喜歡）性的野性本能的特質。我一直認為，性最基本的呻吟聲和利己的快感才是核心。我不知道的是，愛情性愛也可以存在這些元素（我很高興我知道這件事）。你永遠不必放棄任何東西，這是一個多麼令人激動的概念！

所以，帶有愛情的性愛正是我正在追求的方向。我還記得那是在2016年的秋天。我們正要在我那位於布魯克林（又髒又貴到靠背）的公寓裡做愛。

我說：「我們來爽爽吧！」然後我就把手游移到他的褲襠，**蠢蠢欲動要開幹了**。

我們爬上我鋪著紫色床單的床，在親吻之間互相剝掉對方的衣

服。親吻你真正喜歡的人就像前戲一樣。我能感覺到他的吻從我的嘴唇一直延伸到我的外陰。

當你真正愛一個人時，一切都會變得奇特又美好。我甚至想要舔他腋下的汗水，這真的很有吸引力。

我們沒有關燈。我喜歡在性愛時保持燈亮，這讓我更加地投入。他將我放在床上，爬上來，撫摸我的陰蒂直到濕潤不已。他的觸感有別於我過去的經驗，更慢、更有節奏。儘管讓我有些緊張，但我還是接受了，畢竟這是一次獲得性愛的機會。

當我們開始進行陰道插入時，我變得非常困惑。他的動作很慢，緩慢而且充滿誘惑地滑進滑出。我可以感受到他的每一吋肌膚。我對這完全無法自拔，但也讓我感到不舒服。我抓住他緊實的臀部，試圖讓他加快節奏。

「冷靜點！」他說。

我跨出了自己的舒適圈，並為此感到緊張。我迫切地想要一些肉體上的野性、兔型按摩棒般的激烈性愛，這才是我習慣且舒服的方式。儘管我本能地想起身跑掉，但我屈服了。我按照他想要的方式，緩慢而穩定地做完一切。我深吸了幾口氣，閉上眼睛，專注地感受身體的每一種感覺。當我被這個親密時刻包圍時，我的感官突然提高了。我能感受到身體中每一個神經末梢都在燃燒，這是一種單純的愛撫。當愉悅在我體內積累時，我感到很平靜，而且沒有抗拒。乳頭的刺激和緩慢的推進結合在一起，產生了完全出乎意料的效果：我第一次因陰道插入而達到了G點高潮。

在整個過程中，我們甚至沒有改變基本的傳教士式姿勢（附帶一提：這並不適用於每個人）。我的腿顫抖著，大腿內側因緊縮而感到疼痛。我整個身體都在顫抖，我討厭使用「顫抖」這個詞，因為這讓

我想吐，但它是真實的。我整個人顫抖得不知所措。

這種充滿愛的性愛讓我感到無比地狂喜。它使我產生媲美莫莉（molly）／搖頭丸所帶來的感覺。

我曾經和不同的人做過許多次愛，但這次的經驗澈底顛覆了我對性愛的理解，有許多有別以往的地方。

這就是字面上的「做愛」，是我人生中經歷過最親密、最把自己放心交給對方的性行為。我的心以一種我以前從未體驗過的方式投入其中。

用一句話來比喻就是：他擊中了我的心。我以往習慣的所有獸性慾望和火熱的內在渴望仍然存在，但卻像緩釋劑一樣被舒緩了，充滿熱情和美麗的溫柔對待，讓我感動得淚流滿面。

是的，我哭了。我真的哭了。

作為一個對於好的性生活具有主導權的人，我卻因為男友跟我做愛而哭泣。相信我，在分手後，你會格外珍惜和想念那種感覺，直到你再次遇到同樣的感覺。特別提示：我真的遇到了，而且一切都變得更好了。

我一直以為性是關於被人插或插別人的事情。透過兩人之間的力量交換來尋求高潮，這是我們所有人都渴望和享受的本質、本能的行為。

我錯了。

當我告訴我的女性朋友和姊妹們（她們中的所有人都已經或正在經歷著正經且充滿愛的關係）發生了什麼時，她們都笑了。

「顯然，那才是最棒的性愛。」我的妹妹發了一堆倒立的笑臉表情符號，她真的超沒禮貌。

我原以為每個人都會像我一樣對這個發現感到震驚，彷彿就像我

發現了一個神聖的寶藏，需要分享給全世界知道。

顯然地，令我沮喪和尷尬的是，我是唯一沒有過在戀愛關係中有過激情性愛的人。

我成了笑話了，女士們。而我最終還是得到它了。你也可以。

愛情性愛在性探索中的重要性

愛情性愛真的是太讚了。這絕對是每個人都需要的，甚至對於像我們這樣淫亂、下流的女人亦然。

我想要說的重點是，這不是一種應該被恐懼、厭惡或積極避免的性行為。

我想在這裡非常清楚地表達。當然不是說這樣的性愛勝過其他所有不同的性行為，我自己也曾經有過不是其他種類的的性行為（也就是非常重口味的那種），自從那次性體驗之後，我真切感受到了它的不可思議之處。你對性的接受度應要保持開放，可以擁有我們談論過的所有另類的BDSM性愛，也可以擁有這種在愛情裡的性愛。也或許你的BDSM性愛可能就帶有愛情了，誰知道呢？

只要你安全地進行，我完全鼓勵你按照自己的喜好並透過任何形式和任何「洞」去享受陰莖／陰道的快感。只是記得全程要使用保險套，也別老是利用性行為來提高自尊心或填補自我厭惡的悲慘空虛感。

我們需要利用性行為來了解自己和知道什麼可以讓我們感到愉悅，並且都要在你的控制中。在愛情裡的性愛不會因本身具有柔情的基礎而成為一種弱不禁風的性行為。所有形式的性行為都很棒，沒有對錯之分。一切都取決於是否能讓你感到舒服。

對我來說，帶有愛情的性愛是一個尚待征服甚至想像的領域。

這種性愛體驗也會延伸成對性愛可能性的探索，這次探索對我來說是對於未知世界的偉大嘗試。

在我的個人經驗中，我發現有自信的放蕩女性害怕激情和感情。我們都曾經歷過這種情況，試圖在性行為中避免任何情感連接，與避免產生任何真實的連結。理論上，你的大腦甚至無法分辨伴侶和隨意性行為之間的區別。一次性高潮會釋放催產素（愛的賀爾蒙），並產生一種虛假的親密感。

如果你避免真實的情感連結，那這樣的性行為仍然是隨便的，你最終仍控制了局面。社會已經教育我們將慾望與情感相提並論，而生物學更是用「愛的賀爾蒙」的說法讓我們更加困惑。

這些經驗並不是黑白分明的。性可以是情感的、無情的、半情感的等等。帶有愛情的性愛是關於在對的場合、和對的人敞開自己的情感。它始於信任，一旦你擁有信任，你就可以形成愛。一旦你擁有愛，你就可以毫無恐懼地甘願向對方敞開你的內心世界。

在愛情裡的性愛是讓你和對的人一起穿越激情界線的過程。即使你最後不能和那個人天長地久。有時候在你生命中的某個時刻，那個對的人就是適合那個時候的自己。如果你選擇一個好人並敞開你的心，那麼可能性就是無限的。與對的人在一起不會妨礙你的性生活。它不會讓你變得不夠放蕩。我保證。它不會使性變得不夠下流、不夠另類或不夠有趣。

它只是創造了一個安全的空間，這個安全的空間使性愛的過程中可以允許自己示弱或被主導。你不需要每次和某個人發生性關係都是如此，但這確實有助於你真正理解這是可行的。

A片是如何影響我們的性生活

我們對性的看法都受到我們所接觸的媒體影響，而沒有任何一種比A片更具滲透力。每一次，話題總能被帶回到A片，不是嗎？我20歲時以為我已掌握所有關於性的一切。我曾說過：「我喜歡被用力地幹！要很用力！」這並不足為奇。我看了很多重口味的A片，但沒有任何關於這方面的理解。我以為我想要像AV女優那樣去體驗性愛：作為一個被支配的人，被幹到早上。在影片中看起來的確很棒，實際做的感覺也很好，所以這對我而言是安全的空間。而且是真的有用。

當涉及到孩子和教育時，A片卻是危險的，因為它影響了社會對性的理解。當我們作為孩子接觸到重口味的性刺激影像時，肯定會受其影響。不是每個人都完全能自我覺醒，不會受到大眾媒體的影響，尤其是A片，包括我自己在內。

事實證明，我真的很喜歡緩慢的、親密的性愛。直到我做了一些不會只著墨在性交上的性愛，我才完全理解看A片對我的性慾產生了什麼樣的影響。A片本身並沒有錯，A片是娛樂，但A片並不該會是年輕人性教育的基礎。但也正如人們所說，我們擋不住A片的影響力。因此，A片成了我們了解性的途徑。因為沒有人想要教我們什麼是性。最後，《輪奸護校女學生XIII》成了我們的聖經。

成年後體驗不同類型的性行為是我們擺脫被A片灌輸性觀念的方法。直到我體驗到親密的性愛，我才真正明白下流、淫蕩的性愛並非享受性愛的唯一方式。並不是說我不喜歡偶而有些A片一樣的性愛，而是當時我以為那是唯一存在的性愛方式。當你看到的性愛只剩3P和拳交場景，那你怎麼可能知道還有其他形式的性愛呢？

請不要誤會我對A片的觀點。我真的很喜歡A片。事實上，大部

分的主流Ａ片都有某種形式上的問題。這個產業充滿了性別歧視，許多場景明目張膽地利用「性感」的概念強迫女性進行性行為，即使她們不想要，因為這些主流Ａ片都是為男性製作的。一旦有更多女性Ａ片製作人，我們將會看到一波對於女性快感和對女性性需求的理解上的革命。我還是會看Ａ片並享受其中，這並沒有任何問題。只要你了解到這是一種幻想，而且你或你的伴侶不會讓Ａ片主導你的性生活，那麼你就能自己決定要怎麼看Ａ片。你已經是成年人了，做你想做的事吧。

顯然，問題確實會出現。在某些情況下，Ａ片可能會讓你或你的伴侶相敬如「冰」。我有一個朋友告訴我，她和女友已經很少再有性生活，因為她被Ａ片過度刺激了。只有在播放她喜歡的影片時，她才能達到高潮。她們現實中的性生活已被置於次要。

雖然這些「不好的」情況不是很常見，但我們必須停止將自己置於支持Ａ片／反對Ａ片的兩個極端的某一邊，並認識到Ａ片具有其優點和缺陷。儘管Ａ片很有趣且高度刺激，但它也可能帶來麻煩，並對你和周圍的人造成負面影響。如果這種情況開始發生在你身上，你應該及時察覺並積極抵抗這個狀況。

如果你採取預防措施並健康地看待Ａ片，你真的沒有什麼可擔心的。只要你以合理的方式看待它並考慮你伴侶的需求和感受，這就沒問題了。

「這和愛情性愛有什麼關係呢，吉吉？你講太多Ａ片的事了。」當我們看到性被描繪成這些性感和下流的模樣，而這實際上也是我們所知道的一切。個人的幻想和我們認為是色情的東西被這些大量出現在我們眼前的形象所影響著，我們必須將現實與那堆影響我們如何看待性的色情幻想結合起來。我喜歡Ａ片，但必須認識到如果放縱無節

制地浸淫在A片之中就會產生負面影響。明白嗎？

唯一解決色情問題的方法是施予教育。我們必須給予人們良好的性教育，並告訴他們擁有良好、自願的性行為的真諦，我們不需要擺脫A片；但A片不能是我們唯一看得到的東西。

不是所有的性行為都必須是淫穢的；不是所有的性行為都必須以群交和射精結束。這些都是當我們了解什麼是快感、什麼是性帶來的情感，以及如何在伴侶之間建立信任感之後，就會明白的事情。我們對性的態度有問題，是因為我們不知道有其他更好的方式。我們認為如果它不是一個超級大聲、多重性高潮、尖叫、體液四射的盛宴，就不是出色的性行為。

性能以多種方式體驗和享受，這些方式既能夠帶來性愉悅，又能夠保持健康甚至熱情地表現自我。這意味著我們要有意識地不要一昧著眼在Pornhub的最多觀看次數影片清單，而是實際嘗試體驗性的各種形式，包括帶有愛情的性愛。

愛情性愛：身心的連結

我們必須記住，沒有所謂錯誤的性愛，我們首先就得先知道這一點。性愛有著五花八門的形式和作法。它可以是熱情、下流和危險性感，也可以是緩慢的、甜蜜的和充滿激情的。它可以同時被冠上所有形容詞，也可以毫無描述。它可以是陰道性交、口交、一起自慰或單獨自慰。你必須體驗（或至少欣賞）所有形式的性愛，才能完全理解其中的重要性。我和我丈夫的愛情性愛模樣相當猥褻，但它仍然是一種愛情性愛，因為其中的意念仍然存在，叫我一聲淫蕩的妓女之後的接吻和擁抱也是整個體驗的一部分，我很喜歡。

　　愛情性愛可能不是你所經歷過最淫穢的性愛，但它會讓你更了解自己。它可以帶你理解自己情感和思維的廣度和深度。由於許多人都是透過 A 片和電影的鏡頭來學習性愛，因此透過愛情性愛可以開啟我們全新的思維方式，它是自然的，但因為我們缺乏這方面的體驗，所以才會對它感覺不尋常。

　　愛情性愛迫使你專注於行為本身及其在特定情境中所代表的意義。在許多其他的性行為情境中，你有能力讓自己「放空」。當你專注於性交行為時，你不必考慮對方的感受。但是，當你進行愛情性愛時，你無法逃避你的思想、心靈和身體。你必須仔細察看自己的每一個部位，感受自己的每一個部位。這使你變得更強壯，同時也讓你更願意敞開內心。

　　讓自己敞開內心需要勇氣。你向另一個人敞開自己，暴露自己的靈魂。這是原始且開放的狀態，但你不是真的軟弱，你對你的伴侶的信任已經超越了你所建立的所有牆壁。

　　我們花了很多時間保護我們的心，但讓自己去開放接受痛苦或失去，需要真正性格上的強大，並且當某一天真的失去對方時也要從中有所學習。

　　你能以任何方式盡情享受性愛，但要對一切持開放態度，即使只是理智上。否則，你怎麼知道自己真正想要什麼？我整個性成熟期都認為性等於自我的解放，然而我卻不知道它竟能讓我體驗到如此深刻的境界。

　　性是一種身體上的體驗，但它卻不僅於此。性可以是身體、情感和靈性的結合，是一種與你的伴侶完全連結的機會。即使關係本身不會永遠持續，能夠與某人有這種體驗是一件很棒的事情。（我們稍後會更深入地討論心碎的複雜性。）

當你愛上某個人並與他／她做愛時，會讓你以一種全新的方式看待自己、看待世界和看待愉悅的可能性。在愛與性的結合中，開啟了你的心靈，讓你更深刻地體驗到性愛的意義。

愛情與愛情之中的性愛並不會將我們這些「淫蕩的女人」排除在外。透過了解自己的價值，並毫不妥協地接受這些價值，你不會失去尋找愛情的機會。反而恰恰相反，我們的性探索和自由使我們能夠在愛與性的領域中體驗到更深層次的東西，透過學習自己所想要的和自己的性權力來使自己變得更強大，你已經打開了通往性與愛一切可能的大門了。

當你是一位自豪、自信的女性時，會很容易害怕放棄你的性自由，但如果愛情是你想要的，那麼墜入愛河的經驗絕不會讓你卻步。擁抱你作為女性的真正力量意味著放下社會對你的期待，並且不在乎別人對你快樂的看法。

重點在於消除「女人喜歡性愛並想隨心所欲地上床」的負面解讀。你沒有因為自卑或沒有原則而跟很多人發生性關係。也不是因為保守而選擇不要發生性關係，你進行性行為是因為你只需要對自己負責。

以你感覺正確的方式進行性解放是你獲得力量的方法。

只有當你真正認識和接受自己時，才能在生活中大顯身手。當你接受自己應得的愛情（即使那愛情就只是你對自己的愛），你才能真正擁有這種力量。

第三部分

讓我為你省去麻煩：
找到你應得的愛

第12章
曾經有個渣男

　　在我們深入探討尋找真愛的細節之前，我們必須聊聊在準備好接受真愛之前會經歷到的事情。找到一段美妙的關係意味著要經歷很多困難的情況，有時它們會像是一個你剛開始約會的男人毫無預兆地射了，而你對他也沒有太大的好感。

　　沒有什麼比出軌更能體現恐怖關係的情感火山爆炸。所以我們來聊一聊出軌，讓我們來看看我自己的例子——一個被出軌的出軌者。真是個有趣的世界。

　　我19歲時就當過小三，接著我對每個伴侶都出軌過。出軌存在於自我厭惡、關係中的不滿意（性和／或情感上）和不安全感的地方。許多年輕女性都會發現自我厭惡是她們自身生命旅程中的常伴，我也不惶多讓。我出軌是因為我對關係的不知所措，害怕第一次被傷害之後自己也會被傷害，所以我傷害了別人。

　　讓我帶你們回憶一下，時間回到一切開始的地方，回到我墜入愛河卻又是個病態出軌者的那段時光——這段經歷成為我變成一個出軌者之路的起點。我保證那些自我厭惡的感覺是真的。我知道這些狗屁倒灶的事情，因為我親身經歷過。

　　我的大學室友泰莎（Tessa）是個苗條、每根手指都戴著戒指的人，她在我大一時介紹了艾薩克（Isaac）給我認識。她對我們這段愛情是如此地興奮，且幾乎是狂熱，而她通常對任何事都不會感到興奮

（她是洛杉磯人，這不是她的錯）。她熱情地告訴我們，我們很相似：健談、情感豐富、有點瘋狂。

　　艾薩克有著黑色頭髮、一枚耳環和各種紋身。他在身上紋了兩隻公雞和一盞隨意放置的路燈——兩隻雞和一盞路燈。他不是傳統意義上的帥氣，但他擁有超凡的個人魅力。當他開口說話時，人們會被吸引。他會讓你覺得自己很重要，彷彿你是世界上唯一的人似的。

　　我們兩個幾乎立刻就產生了動物間相互吸引的化學反應。從他說話的那一刻起，他的眼睛就沒有離開過我。他的笑聲讓我起了雞皮疙瘩，連我的陰蒂也開始顫動著。艾薩克的魅力就像是一種傳染病，整個房間裡的人都被感染，然後再傳染給其他人。很快，每個人都迷上了他，包括我在內。

　　那晚我不知道我們說了多少話，但我感覺我們的身體需要接觸，赤裸相擁。

　　當我們那群人在家喝完準備要去外面玩時，艾薩克和我一起搭上一部計程車，但我們改變了原本的目的地，直奔家裡，在我那張特別長的單人床上脫光了彼此的衣服。那晚我第一次和別人一起達到高潮，那些催產素就像毒品一樣。我成了一個上癮者，我需要我的下一次性愛。

　　我們是真的非常相配。兩個享樂主義者，喜歡金賓威士忌（Jim Beam）和做出不理智的決定。在我們第一次做愛之後的那個早上，我們同時在 Facebook 上發布了自己的狀態，「【輸入名字】真是會把事情搞大的始作俑者。」這是 Wi-Fi 開啟命運的瞬間。

　　我們很快就變得很親密，在床上度過宿醉的日子，喝著便宜的威士忌和索求無度的性愛度過每個夜晚。他不僅是第一個讓我用插入式性交達到高潮的人，也是第一個幫我口交的人。我真的上癮了。

在酒吧和俱樂部，我們整夜都在一起纏綿。我感覺自己贏得了大獎似的，我在艾薩克的臂彎裡，吸收了他的能量，我也成為了包廂裡最有趣的人。我們相處的基礎是性，但艾薩克很快變成不只是我做愛的對象，也是我世界的中心。我們無話不談，除了一件事之外——他在家鄉的女友。

沒有比當小三更痛苦的了，你只是被愛了一半，你不夠好，因為你永遠不是「那個人」。你永遠不是優先考慮的對象。最終，你忘記了被當做值得被愛的人是什麼感覺。它的重要事情清單裡總會被無謂的瑣事所占據。

我不是無辜的受害者，在和艾薩克上床之前已經我知道他有固定的女友，但我們都不認為這是一個避免勾搭的理由。我們當時只有19歲，在那個年齡裡你還不具有遠見，而且幾乎總是在買醉了（可以參考第3章關於我們斷片時所做的愚蠢酒鬼行徑）。我知道我應該在乎這件事，但我當時只是還不夠在乎。

直到我愛上他（我很快就愛上他，而且是瘋狂地愛上）之後才真正體會到這段出軌的戀情所帶來的沉重感。當時沒有人跟我說：「幹得好，吉吉，我相信這故事會有美好結局的。」

當然，不可避免的事情發生了，我成為了每個繞著他轉的普通女孩，認為自己與眾不同並且特別，內心深處知道我們最終會修成正果。但我並非與眾不同，我沉迷於他的魅力之中，甚至讓他說服我幫他寫大部分的大學論文（加上無償提供的指導老師技能）。我假裝他的女朋友不存在，拒絕談論她的事，禁止泰莎和其他朋友提到這個話題。我一直處於瘋狂的狀態，捲入了爭奪他的遊戲之中，同時對抗著那股極大的反覆無常感。

這是一種自我保護和自我憎恨的調合：第三者女孩心理致命的化

妝品。

　　儘管我表現得像個可憐的白痴，但我並不是一無所知。我知道事情不對勁，我意識到這是一場糟糕的表演。我們的關係似乎在同一時間變得更深刻，又變得更不堪一擊。我變得渴望獲得他的愛，這對我們的相處帶來更多不安全感。

　　如果我展現給他看我是多麼令人驚嘆、有趣和美麗，他最終就會醒來意識到我是他的真命天女嗎？當然，事實從來不會是如此的。他不會為某一方而放手，他全部都要。

　　如果你是一個夠糟糕的人，沒有徵得對方同意就同時交往兩個女人，為什麼你會突然想和其中一個分手，而不是在學校有一個女朋友，在家鄉仍有另一個呢？這是簡單的邏輯。

　　這一切都在四月初的某個早晨達到了整個故事的高潮。泰莎告訴我，艾薩克的女朋友來城裡了，我們大家會一起吃午餐。

　　顯然艾薩克沒有告訴我她的到訪。我感到非常糟糕，我的心臟彷彿是一顆易破碎的氣球，整天躺在床上，動彈不得。我甚至沒有哭泣，只是在極度痛苦地躺在那裡。

　　在分手後的幾個星期裡，艾薩克和我還是偶爾會發生關係，但整個狀況都已經極為惡化了。這顆氣球已經破裂了。現實的殘酷已經不容逃避了。

　　某天晚上在一家夜店裡，我們服用了過量的古柯鹼，互相大吵了一番，但沒有壯麗的結局或激昂的高潮。唯一的後果是我患上了一種嚴重的焦慮症，直到今天仍在治療當中。

　　新鮮感已經消失，變得疲憊不堪。但艾薩克不想停手，也不想承諾會跟我在一起（我也沒有勇氣問他），等待已經讓我筋疲力盡。和他在一起曾讓我心裡充滿蝴蝶般的活躍，現在只讓我感到可悲。

　　我和他訊息越來越少，直到完全沒有來往。我開始和其他男人上床，然後又是另一個；艾薩克也開始和其他女人上床，但他依然繼續和他的女朋友約會。

　　當我開始在網上的每篇文章中提及這件事時（包括2013年我的部落格——我真的是有夠尷尬），對自己的感覺反而更糟。我知道我應該對我的事情負全責，但之於我而言，那個女朋友從來不是真實的。她只是一個留著小精靈短髮（pixie cut）的卡通人物。儘管我現在對此有不同的看法，因為我自己也犯了足夠多的出軌行為，我有能力從雙方的角度看待這一切。

　　以下是我對作為小三的體悟：成為小三就意味著你會被塑造成一個惡毒的妓女，這個妓女想要讓已婚或有伴侶的「好」女人過上不堪的生活。不在這種惡名昭彰的標籤中的人則是：選擇背叛「好女人」的那個人。儘管有這樣的聲譽，但身為小三的女孩很少是帶有惡意的。她不是因為她是一個可怕的、毀家滅婚的瘋子才和另一個女人的男友、丈夫、女友、妻子或伴侶發生關係的。她也一樣深陷其中，後果對她來說已經不再重要了。她不想成為小三，她想成為唯一的女人。唯一的問題是，她和許多女人一樣，選擇去愛一個混蛋。

　　回顧我和艾薩克之間的關係，我現在可以清楚地看到它錯得有多離譜。它感覺像是愛情，但卻不是。愛情會讓你振奮，讓你感覺完整、快樂、自信和受到疼愛。它不會像細菌一樣侵蝕你的身心。

　　同樣地，當你是出軌者時，也會有一種奇怪的失落感。它可能是一種超然的體驗。幾年後，我和一位DJ交往，他的手臂上紋有鼠來寶（deadmau5）的圖案，脖子後面紋有英國國旗★。

　　★ 顯然，我喜歡那些蠢到他媽的去刺青的人。我的品味真是無可挑剔！

　　他在很多方面都是一個真正好的人，但在其他方面卻是一個十足的混蛋——你知道的，就像99%的人類一樣。我從未對我和他的關係感到安全，我總是在拼命地試圖讓他愛我。他對我很好，然後做了一些低調但基本上會破壞我們關係的事情，所以我永遠無法預測或理解我們的關係狀況。談到我的王八蛋排行榜前40名時，我想到了這段關係的一個驚人例子。

　　他問我是否可以幫他搬進他的新公寓，他的媽媽和妹妹會在那裡。我從未見過他們，所以感到既興奮又緊張。這讓我感覺自己像一個模範女友，能夠向他的母親和妹妹展示我願意放下工作幫助男友搬進新公寓的決心。

　　當我到達時，我的男友正在搬家貨車那裡。我與他的母親和妹妹獨處。經過約五分鐘的禮貌交談，我突然明白了一件事——他們從未聽說過我這個人，完全不知道我是誰，也從未聽過我的名字。我的男友讓我請假來到他的公寓幫助他搬家，但他甚至沒有告訴他的家人我是他的女友。他們甚至不知道他有一個女友。我們已經交往了七個月。我讓我的一個朋友打電話給我，假裝有家庭緊急情況，然後在他帶著搬家貨車回來之前離開了。

　　我們發生了爭吵，最後我為期望他與他的家人分享他的私人生活這一點道歉，好像這個道歉再合理不過了。我告訴他我為發生的這些事情感到抱歉。他想方設法就想讓我感覺這完全是我的錯。

　　我在這段感情中對他出軌，和不同的陌生人發生關係。我們會吵架，他會讓我覺得自己很糟糕，然後我會因此出軌。他會為了他的朋友們而把我丟在一旁。我也開始對他冷戰，並喝酒喝到斷片，然後我又會再出軌。

　　有一晚，他告訴我他想和他的一個朋友出去玩，他的朋友也是他

的前女友，我沒有被邀請。我覺得我沒有權利抱怨或說不。所以我用自己的方式懲罰他，在羅傑斯公園（Rogers Park）的一個朋友公寓舉辦了一個派對，我和一個帥氣的消防員接吻，出於內疚和壓抑的憤怒，我對著他哭了。同一天晚上，我和一個朋友在客廳發生了關係，而我妹似乎在沙發上看到了整個過程。她基本上會一輩子記得這可怕的畫面，我們現在會開玩笑說我是一個垃圾女人。如果不是我長的正，我根本什麼都不是。

我不是說我對我的DJ男友出軌完全得歸咎於他，我的不快樂、詆毀自我和不斷的自我質疑才是真正影響我行為抉擇的關鍵。我非常不快樂，我癡迷著他，但卻又害怕孤單。出軌是我的錯，而他的錯是成為一個糟糕的男友。他沒有逼我做什麼，但他確實沒有讓我感到快樂或安全。

這種行為模式延續到我之後的許多段感情中。我自己的責任感不足，加上毀滅性的自我厭惡、越來越嚴重的酗酒問題和挑選浪漫伴侶可怕的眼光，使我成為了一個史詩級的出軌者。我以前會巧妙地編造了一大堆藉口來解釋我的行為。

無論何時出現了感情不忠的狀況，那都代表你缺乏對自己的愛。這兩者是息息相關的，就像龍舌蘭和蘇打水一樣，是完美的搭配，也是致命的組合。無論你是出軌者、幫凶，還是留在與出軌者的感情關係中，都會有強烈而深刻的絕望感。讓我們快速澄清一下，我在這裡講的是那些20、30歲的女性。畢竟我的經驗不足以去釐清或評論和已婚夫婦有長久不倫關係的狀況，這件事情我會交給像埃絲特·佩雷爾（Esther Perel）和塔米·尼爾森（Tammy Nelson）這樣的專家來處理。但是，對於我們這些愚蠢的千禧世代和Z世代來說，這就是一場關於自我憎恨的噩夢。

　　男人也可能有這種絕望，但女人是身分特殊的出軌者。你可以怪罪社會；怪罪我們受到性別觀念的影響；怪罪任何你想怪罪的東西，但這並不能掩蓋現實的殘酷。如果你出軌了，你在某種程度上是在彌補不夠愛自己和自我價值的缺乏。你正在破壞這段關係，而原因可能很複雜，使你無法侃侃而談。出軌就像愛情的伊波拉病毒。它會從內部侵蝕你，並具有高度傳染性，能殺死任何接觸它的人。

我們為什麼要出軌，以及這又代表什麼？

　　我知道的是。

　　你無法對真正愛的人背叛，這是不可能的。

　　並不表示你不在乎他們。對於女性來說，這並不表示你不希望你的伴侶快樂。當關係失調，而你試圖予以維持時，你可能不知道該怎麼辦才好，只能出軌。當你的掌控權變少時，就會想要拿回更多。當你的幸福感很低時，你會在微不足道且隨意的出軌瞬間去尋找它。你可以愛他們，但不是以健康的方式。這不是關於愛得「夠不夠」，而是關於以正確的方式去愛他們，你並沒有做到。如果你以他們應得的方式去愛你的伴侶，你就不會選擇出軌。如果他們以你應得的方式愛你，他們就不會背叛你。其中仍可能有更多複雜的因素。然而，如果你們擁有快樂、健康的平等關係，你就不會想要出軌。為什麼要出軌呢？出軌是一種失衡和對整體不滿的症狀。

　　愛情和尊重同樣重要，不能只靠激情和浪漫。如果你對你的伴侶沒有足夠的尊重而去出軌，你就不應該繼續留在這段感情中。想想看出軌需要什麼？你必須與即將出軌的人調情，跟他們到一個私密的空間，脫掉彼此的衣服，（希望）戴上保險套（內外都戴），然後把你

的陰莖插進某人的身體中或讓某人的陰莖插進你的身體（這裡是以異性戀為前提，但這當然適用於所有性向的伴侶）或以一種性的方式接觸某人。

這不像是「哎呀，我的陰部不小心碰到了你的嘴巴。」或者「哦天啊！我的陰莖不小心跑進她的陰道裡了，我錯了！」或者「我不知道我怎麼摸了一個不是我妻子的女人。」

「對不起！這只是不小心！」這種藉口根本不是藉口，不要跟我說這是一個錯誤。打破手機屏幕是錯誤；咖啡師用全脂牛奶代替脂含量2%的牛奶打奶泡是錯誤；穿著亮藍色內褲配細灰色連衣裙是錯誤；雞肉煮太老也是錯誤；但是和別人上床可不是錯誤。別用那種狗屁藉口來騙人了。

我要呼籲每一個人（包括我自己）都不要對出軌這件事再有任何荒唐的藉口，同時呼籲每一個接受荒唐藉口的混蛋都給我醒一醒。我知道，因為我曾經出軌過也被出軌過，也曾經當過別人的小三。我曾經想要掌控一切，也曾經掌控過。當我感到無助的時候，我選擇和陌生人上床，而不是和我的另一半好好談一談。我和前男友在吵架的時候，他會去某間破舊的按摩院找援交女幫他口交。

很多人沒有意識到要到出軌這一步仍需要其他一些不同的因素所致，從我的故事中應該很清楚可以看出這一點，出軌本身對於你出軌的對象而言並不是一個惡意的行為。我不能斷言男人也是如此，但我認識的女人都是這樣。我確信對於很多男人來說，出軌也不是有意要傷害對方，但從我讀者和客戶的經驗中可以看出，出軌是關於想要掌控權，這種掌控權因性別不同而有所差異。對許多人來說，是一種自我感覺良好的方式，但並不是每個人都相同。這會讓男人感覺自己很棒，感覺在關係中擁有權力。通常也表明女人是可以被拋棄和輕易被

操控。當然，這背後也有惡意的意味在。

　　對於許多女性來說，這是一種自我感覺良好的行為，但最終會帶來深刻的內疚感。它甚至不是為了獲得自我感覺良好而存在，更多的是為了竭盡所能地獲得一點點愛。這很可悲？是的，確實如此。但這並不能阻止我們，我們仍然會一而再，再而三地出軌。

　　令人難以置信且沮喪的是，性別的規範扭曲我們對出軌的想法和感受，無論是在一般情況下還是在自己的生活中。男性在這世界中擁有比女性更多的權力，且能夠行使這種權力，並向女性展示她們所謂的價值和地位，這也是我們所理解的社會現狀之一，我們生而為之，死而為之。若你錯過了本書的第一部分，請回過頭去閱讀。

　　是的，不要對我翻白眼，我又在談論「父權主義」了。在一個社會中，女性被訓練成感到內疚、迎合他人情感並成為情感照顧者，所以出軌更多的是為了抓住我們對生活的小小掌控權——然後陷入內疚，對於大多數女性來說是這樣的。當我自己出軌時，我很少感到內疚，我認為是在向這個體制反抗。我知道有些女性對於出軌也持這種冷酷無情的態度。這並不表示我們都是傷心欲絕的受害者，只是在任何關係中，我們採取了男性化的角色，並對此感到無愧，進而成了一個混蛋。看看這樣扭曲的情況？在任何關係的權力結構中成為一個「男人」的角色，反而讓我覺得自己成為「更好」的人了？這到底在搞什麼鬼？

　　和我之前（以及我之後）的許多段感情一樣，我出軌是對於我在感情關係中受到惡劣對待的行為而進行沉默的對抗。我將此當作自己的秘密「去你的」。即使在那時，那也都是我自己的問題。我在感情關係是如此缺乏安全感，以致於不知道如何表達自己的不快樂。我沒有足夠在乎自己的心去結束這段感情。在我逃避之前，我沒有做任何

試圖改善情況的舉動。

正如你們看到的那樣，人們不會在快樂、穩定的關係中出軌。出軌不是問題；它是更深層次、致命的感情問題。當人們的安全感嚴重不足時，他們就會出軌。人們在感到被困住而感覺窒息時就會出軌，即使那種困境是他們自己設計的。人們在不信任他們的伴侶會對感情專一時出軌。你毀滅整段感情，這樣對方就不必麻煩了。你破壞一切，把你的心從殘骸中分離出來，以避免受到傷害。

出軌可以暫時舒緩你在一段糟糕關係中所感受到的痛苦。對於我們許多女生來說，當無法從家裡獲得自我的價值時，我們就會想辦法去追求那種感覺。這是一個針對這個嚴重問題的快速修復，就像喝伏特加可以緩解焦慮；你在當下感覺更好，但當羞恥感降臨時，你只會感覺更糟。

在我移居紐約市的前幾年裡，和一位年過30，有虐待傾向的男人約會。我當時21歲，像大多數21歲的人一樣，我是個混蛋。他會用第三人稱稱呼自己為「乾爹（Daddy）」，經常批評我的學業、實習、保姆工作和便宜的Zara折扣品。他很有錢，而我沒有錢。我出軌是因為我需要感到對自己的生活有一種控制感，這是我在他身邊無法擁有的。我想，如果我在夜店裡喝足了加水的伏特加後出軌，他就不可能是這段感情中的壞人，因為我也變成了壞人。我自欺欺人地認為他對我的虐待不是虐待，因為我也是一個糟糕的伴侶。我們倆都有缺陷，對吧？

無論你是男人、女人還是其他性別，出軌都跟性沒有關係；它與掌控權有關係。即使有性高潮，它也沒有享樂可言。在一個完全搞砸的情況下，性高潮只是短暫的愉悅。就像吸毒一樣，它在當下感覺很好，但卻會有一種極其糟糕的落差。出軌是不能被容忍的行為。

　　無數的性治療師和其他非常受人尊敬和卓越的權威告訴我，他們見過出軌拯救婚姻的例子。出軌是「必須發生的事情，才能讓一對夫妻破鏡重圓」，他們告訴我出軌本身是有能力打擊一對夫妻並開始治療他們之間的關係。

　　哈哈哈哈哈哈哈哈哈哈哈哈哈哈哈哈哈哈哈哈

　　啊哈哈哈哈哈

　　啊哈哈

　　哈

　　不。

　　你可以把這個概念寫在一張紙上，然後謹慎地把它塞到你的屁股裡。如果出軌「必須發生」才能讓你修復糟糕的關係，你應該先他媽的評估哪些事情得優先執行。一段關係需要靠背叛你的伴侶才能讓你看清楚一切，這也太糟糕了吧？想都別想了。

　　如果你對某人出軌，那麼你必須結束這段關係，因為從中真的沒有任何回頭的可能。出軌就是在說，「我不愛你。我不尊重你。你的幸福不重要。」

　　也許你認為你可以原諒一切然後繼續往前走；天知道許多專家告訴我這是可行的，但我認為當你出軌時，你破壞了一些東西，而這些東西是無法被修復的。那些記憶永遠存在於你們之間，你將永遠知道對方有能力做出這樣的事。你將完全意識到這個人有可能和其他人發生關係，永遠。

　　坦白地說，你值得更好的；你需要相信自己值得更好的。我們需要停止嘗試去修復不值得修復的關係，取而代之地準備好自己保有足夠的自尊心，從有毒、荒唐的關係中走出來，並繼續生活。如果有專業的諮商師告訴你，與對你出軌的人修復關係比與不會出軌的人建立

健康的關係更好，那就不要再把錢花在他身上了。如果你退出一段感情關係，你就沒有理由需要再接受諮商了。諮商師的薪水也就沒了。我不是說這是一個陰謀論，但如果有道理的話……。

　　為什麼要修復那些破碎的東西？你真正應該得到的關係不是建立在互相不信任的基礎之上的。你不必為了對你出軌的人而妥協。

曾經出軌不代表永遠出軌

　　對於那些曾經出軌過或與前任或其他人發生過關係的人，你們應該知道，那些「俗話說」是完全不真實的。就像說出軌是可以被原諒的一樣，也是一個謊言。從我這一個深刻體悟過的人身上可知，你不會因為曾經出軌就永遠都出軌者。我非常痛恨欺騙這種行為，但這並不意味著這種行為是不可挽回的。一段感情可能會因此崩潰，但作為一個人，你不會因此而被判了死刑。

　　出軌可能也算是一種強迫症，但如果你已經出軌到病態的狀況，那你根本不應該再談感情了，而且你也不應該和一個曾經出軌過但無法保證在這段新關係中不再出軌的人在一起。★如果你相信自己有強迫性的出軌行為，那麼這會是你需要和治療師一起解決的問題，不是任何約會或交往可以解決的問題。如果你想要一個健康且安全的關係，你必須修復自己。這是你要變得不出軌所需要做的。你必須愛自己，並願意從別人那裡接受幸福和愛。你需要解決自己的問題，這樣你才不會繼續搞砸自己的生活，而這絕對是有能力做到的。

　　　★ 確實有人會為了他們真正的意圖去尋找其他對象，且會編造出非常愚蠢的藉口！

　　如果你的狀況穩定、踏實且對自己感到自在，就能在一段關係中

好好經營而不分心。若能擁有一段健康的關係，而且你也愛自己，你就不會有出軌的需要。若你相信自己值得擁有一個幸福的生活，就不會毀掉自己的生活，這比我們想像中簡單得多。而當一段關係開始變得不健康，你必須有尊嚴地離開。

當你找到一個足夠吸引你並且願意承諾的人，而自己也足夠強大，可以對你所愛的人做正確的事情時，就會停止出軌。當你覺得你可以坦率地說出：「我對……不滿意，我們能處理一下嗎？」而不用擔心被你的伴侶責備時，你就會停止出軌。基本上，你必須和你關心和尊重的人，一個能夠滿足你並對你的生活產生正面影響的人交往。反正就是一個你信任的人，一個能夠滿足你性需求的人，如果不能，也要願意嘗試各種不同的性和新事物，或是一個願意探索性，而非獨占或其他形式關係的人。只要能讓你們更加快樂就行了。

愛自己必須在幸福昇華和滋長之前就做到，不要出去尋找某個人來幫助你修復自己。沒有人會幫助你修復自己，只有你自己才能做到。我知道流行的心態是：接受我就是我，不喜歡就滾！雖然我完全支持你做真正的自己，成為你自己的女王，但那些不誠實的行為並不可愛。如果你很渣，那你就需要檢討自己。在接下來的章節中，我們將更深入地討論這個問題。我在這裡是來幫助你擁有更好的性和更好的生活，我不在乎你要縱容你的感受，你也不應該在乎。我們在這裡是為了成長，所以讓我們成長吧。

當出軌不再是出爾反爾

當我在Facebook Messenger上聯繫艾薩克，請求他的許可，讓我使用他的真名寫進這本書時，他告訴我他已經不再狂熱地偷吃了，而

是在任何關係或約會情況下都坦率地表明自己的行為和偏好。

「我不再偷吃了。在和人發生關係之前，我會告訴他們我有六個女友。」

我告訴他：「嘿，只要你不說謊，符合道德的非單一伴侶關係是完全可以接受的。」真他媽的棒！

正如我們之前詳細討論過的，一段關係應該是建立在信任和尊重的基礎上。如果這些東西存在於你的關係中，無論具體是什麼形式，都是非常棒的。信任是至關重要的，如果你對你的伴侶撒謊，說自己沒有和其他人發生關係或約會，那就是出軌了，而且是撒謊。出軌並不是什麼新鮮事，親愛的。如果你和某個人的關係是溝通開放的、多元關係等，那就不算出軌。如果你們已經討論了這些可能性，而且關係中的每個人都對此感到舒適和興奮，那就沒問題了，每一段關係都是不同的。單一伴侶關係並不適用於每個人；它只是最常見的一種關係類型，但這也可能又是另一個謊言。獨占是你可以選擇的一種關係；這並不意味著它必須是我們都渴望進入的默認關係。對我來說，這聽起來像是洗腦人心的海狸·克利弗爾（Beaver Cleaver）廢話。

如果這就是你想要的，那麼開放式關係並沒有任何問題。如果你想要這樣的關係，就不要讓地球上的任何人告訴你這有什麼不對。作為成熟的女性，我們已經超越了這種充滿批判和單一性觀念的糟糕狀況。我們已經準備好進入新的階段，謝謝。我與另一位兩性作家蘇菲·聖·湯瑪斯（Sophie Saint Thomas）坐下來談論她極具管理能力和迷人到不行的非單一伴侶制（non-monogamy）的生活方式。她告訴我，非單配偶制對她的前任來說很難以接受，因為他想要傳統的單一伴侶關係。但這並不是她能夠給的，因為非單配偶制是她這個人的一部分。她很清楚地表達了她在關係中所需的，並給了他機會在這些

條件下與她在一起，他們之間沒有任何欺騙。只要你誠實地表達你自己，以及你想從關係中得到什麼，而且你以符合道德的方式處理，那麼打破傳統模式，找到符合你需求的關係都是沒有問題的。傳統不等同於好，會有人對你不想和同一個伴侶在一起直到死亡而感到不滿嗎？可能有吧。人們不知道如何處理不符合他們習慣的事情，不符合主流媒體和粉飾太平的行事風格。但管他們去死，他們可以跟上你的腳步，或者在你和兩個性感情人一起騎著你的魔法獨角獸上奔馳時，對你望塵莫及。

　　然而，要小心的是，若只是為了取悅你的伴侶而選擇這種安排，或者你是位新手或正在考慮開放式或多元關係，這就需要仔細考慮了。在開放式或多元關係中，當一方希望開放而另一方為了維持關係而首肯時，可能會出現很大的問題。這並不健康，而且完全沒有意義。如果你「允許」某人與其他人發生關係，只是因為他們不會在讓你自在的情況下和你在一起，那就不要這樣做。在一段關係中，每個人都有權感到快樂和充實。此外，多元或開放關係並不意味著不會有出軌的可能性。如果你和某人發生關係（或互相打情罵俏），而沒有得到你的伴侶同意，或者對你正在交往或發生關係的對象撒謊等等，你猜怎麼著？那仍然是出軌！埃絲特・佩雷爾（Esther Perel）在她的書《關係的狀態》（The State of Affairs）中說，出軌不僅會在開放式關係中發生，而且相當普遍。因此，不要以為你可以因為你是開放式關係而逍遙法外，仍然需要顧慮到界線和尊重。

　　如果開放式關係是你想要的，那太棒了，我非常支持。不同的人會有不同模樣和功能的關係。現在是時候停止假裝有一種適合我們所有人「風格」了。這就像說我的青檸綠色的七英吋假陰莖會成為整個人類的性幻想一樣，這根本是無稽之談。誰有權批判你和告訴你什麼

才能讓你快樂？只要所有在這段關係裡的人對這段關係的安排感到自在和快樂，你就應該要做你自己。他們都可以滾一邊去，還有那些「哇。但是如果你和其他人發生關係，你怎麼能算是真正愛上某個人？」的老古板蠢話。他們可以把這些話塞到他們自己的屁股裡——不是那種舒服的肛塞方式。

　　我曾經和我的前男友一起短暫地開了一個關於性和感情關係的播客（回想起來，這個主意我並沒有覺得比較好），我們訪問了我的已婚朋友漢（Han）和梅特（Matt）。他們的婚姻是穩定的、多元關係的，充滿著溝通和信任，真的是很理想的狀態，在彼此的婚姻關係之外都有其他的關係。上一次見到他們時，梅特剛去佛羅里達州探望他交往兩年的女友，回來時還看到他的腳被塗上指甲油。最近，漢和一對長期交往男女朋友分手了。他們交往的人們都已經結婚了，他們所有的浪漫事蹟在社交媒體上都是公開的。

　　漢和梅特都在各種應用軟體和網站上積極約會，並向潛在的新伴侶坦承自己的多元關係狀態。他們協調彼此的行程，以便在其中一人要帶一個約會對象回家時，另一人可以外出與朋友相處。這就是讓他們獲得快樂的方式。當我問他們如何在維持婚姻和事業的同時應對如此多的戀情時，梅特有些困惑地看著我說：「我一直把這段關係放在最重要的位置。」

　　他們把對方放在第一位並珍惜著對方。有些多元關係的情侶不相信這種階級制度，也就是彼此都認定有一個主要的伴侶。沒有任何其他關係可以優於這段關係。漢和梅特是一對已婚並與其他人建立關係的夫妻。他們告訴我，嫉妒肯定會出現問題，而且與任何關係一樣，這就會使關係變得困難。他們能夠克服任何困難，因為對彼此的尊重和愛足以讓他們坦誠開放，這段關係的界線是經過不斷的協商和溝通

的。他們互相關心，互相交談。他們是最好的朋友，比我認識的許多一夫一妻關係的夫妻做得更好。

有無數種建立關係的方式，沒有所謂比較好或最好的。想想自己想要的，然後就去做。確保關係中的每個人都同意且感到快樂和興奮。溝通，溝通，再溝通。只要你溝通了，就不會出軌。我們只有在感到自己沒有被傾聽或覺得沒有資格被傾聽時才會想出軌。

當我結束上一段關係時，我對一夫一妻制的堅定觀點產生了質疑。我不確定這是否適合我現在的生活方式。最終，我意識到一夫一妻制才是我的菜。當我遇到我的丈夫時，我知道我只想和他在一起。但是，我們真的知道事情是否永遠會是這樣嗎？也許我們會想要帶第三個人一起生活，或者進行3P、4P或者群交。誰知道呢？我們在不同階段的生命中想要不同的東西。雖然不一定會發生，但世事難料。沒有任何一種關係在本質上比其他類型的關係更好或更壞。每一種關係和性向一樣都是流動的，應取決於不同因素而有所改變和轉化的空間。

這裡的關鍵是誠實、信任和溝通，沒有背叛可言。出軌就是背叛；出軌就是說謊。

如果在你們的主要關係的協定中仍有其他關係，不論情感上或身體上，而且你們事先已經討論過了，那就不是出軌。擁有一個健康、穩定的關係表示你們願意坐下來好好談。

從根本上來說，出軌與否在於對你交往對象的尊重。如果你沒有足夠的尊重，也請不要對他們出軌，應該直接離開這段關係。

性治療師杜爾西內亞・皮塔戈拉（Dulcinea Pitagora）博士說得非常好：「出軌和開放式關係之間的區別在於是否取得所有當事人的同意。」

重要的是事先談論並找出你覺得自在的範圍。即使適合你的開放態度不包括談論這段關係之外仍有其他關係，而如果你選擇「不問，不說」的方式，你還是已經事先同意了這段關係的狀態。如果你選擇不去聽關於這些額外感情關係的事情，因為這會讓你感覺很差和／或嫉妒，那麼如果你覺得這樣對自己來說是可以接受的，那就沒問題了。就像我的朋友瑪爾高莎（Malgosia）對我說的那樣：「如果你選擇不當一個悲慘的人，那麼美好的事情將會發生。」

要怎麼讓單一伴侶和非單一伴侶
關係同時存在

事實上，很多人希望能夠接受非單一伴侶關係，只是他們做不到。我並不是在告訴你單一伴侶關係已死，每個人都應該跟大家上床。如果你想要單一伴侶關係，那當然沒問題的。如果你想要做任何對你有利的事情，那也是可以的。當你處於一段不適合你的關係時，你就不會再感到輕鬆自在了。

無論是什麼樣的關係，都需要彼此完整的溝通。這就是底線。

皮塔戈拉博士認為，這需要一種願意冒險的心態，要敢於說出可能會一直在你和你的伴侶腦海中揮之不去的話。你必須願意讓事情變得尷尬。你需要對伴侶有足夠的信任和自信，才能夠進行這些對話。如果你想表達你的願望或好奇心，但卻擔心你「無法收回」，那事情就有點不妥了。如果他們因為你提議挑戰專一的關係而氣得不行，那就顯示出你們溝通上的失衡。你需要保有建設性的對話，而不是讓事情變得互相對立。你需要能容忍這種不常有的對話所帶來的不自在，並願意聆聽彼此。

　　你需要確保你從關係中獲得了自己需要的東西。需要問自己，你是否擁有自己想要的一切，以及你是否對其他人的參與或不參與而感到自在。

　　如果有嫉妒、憤怒和背叛的感覺，這甚至可能與和別人發生身體性行為本身無關。嫉妒是自然的人類情感。如果能夠認識到其根源，會發現它們可能不是你想像的那樣。大多數時候，它與關係本身內部發生的事情有關。

　　憤怒的感覺與彼此缺乏溝通和尊重有關。沒有溝通，你就無法使事情順利進展。

　　不要因為社會標準而把自己陷進這個糟糕的既定框架裡。更重要的是，當你們一起成長時，對於你們的關係和關係內部運作的理解會隨之改變。你也需要對於理解這些事情上有更多彈性。皮塔戈拉博士說，有些人來找她想要建立某種關係，但卻不確定那應該是什麼樣子的關係。關係的相處模式有許多不同的類型。人們必須願意從頭開始，找出適合自己的方式。每種關係都是獨特的、個體化的東西，必須由當事人共同建立和制定。只要你們是有共識且有彈性的前提下，你們可以隨心所欲地制定你們的關係：多元關係、單一伴侶制、類單一伴侶制、開放式、封閉式關係。無論如何，你們的關係都將是與眾不同的，因為你和你的伴侶是建立這段關係的唯一主角。

　　請記住，出軌和在嘗試新的關係模式時的不自在感是兩碼子的事。出軌是終止關係的行為。你不能對某人有出軌行為，然後還想重來一次。你不能對別人出軌，然後說你想要一個開放的關係。破碎的關係就是不完整的，無論從哪個角度看都是如此。開放的關係就是敞開心胸的，這是美好的。

如何走出被劈腿的陰影

從出軌中走出來需要兩個人的努力——出軌者和被出軌者。以下會告訴你如何走出陰影，以及找到值得你付出時間的愛情。

第一步：原諒自己

對於一個出軌者來說，要從這種行為中修復並走出來可能需要很長的時間，我仍然對自己過去的行為感到十足的罪惡感。我開始寫關於感情關係的文章是因為希望透過向網路坦白我所犯下的所有可怕事情（說實話還包括一些自吹自擂的淫亂冒險）。所有我犯下的錯誤，在我偽裝自信和表現不在乎的同時，也長期地侵蝕著我的靈魂。

你必須每天提醒自己，一切都會好起來的。有時我仍然感覺自己像一個騙子，永遠不會達到完全沒有問題的程度。有些日子會過得比較好，這並非一個規律的狀態。總有一天你會感覺自己是一個完整的人，而有些日子你則會覺得自己像一個腐爛的廢物。

你可能永遠無法回到出軌發生之前的那個自己，就像我不再覺得自己還是以前的那個女孩。從現在起五年後，我可能會跟現在呈現截然不同的樣子。每一天都是一個學習的過程，有些日子會過得比其他日子更好。

在處於黑暗的狀態中會需要很多自我激勵才能走出來。當事情涉及到出軌時，重點並不是要自我克制或控制你所擁有的負面衝動，而是要釐清什麼對你來說才是重要的，以及誰對你來說是重要的。釐清你自己之中的優先順序，會讓你不想犯下愚蠢的過錯。這就會使毀掉自己生活的欲望變得不那麼強烈了。

　　對於被出軌的人來說，重要的是要意識到你不應該為別人的行為負責，而是要接受發生這種事情的現實。當然，你們的關係中可能存在某些問題促使你的伴侶出軌，所以現在是時候轉向更好的事情。看看你在這個情況中的處境，並盡可能去改善它。我們總是可以變得更好，而且也不是每個伴侶都會對你出軌。

　　從出軌中恢復意味著要知道自己的價值，為自己設想更多一些，並找到一份能夠支持你的愛情，一份讓你感到完整的愛情。

第二步：做一些開心的事

　　你知道如何在出軌快速地搞砸自己嗎？沉浸在這件事情裡。與其在自憐、責備和內疚中度過自己的憂鬱派對，不如試著投入在有意義的事情上。

　　流連在派對裡可能在當下會感覺很棒，但如果情況失控，最終會讓你自毀前程。變成一個更好的自己，這等於是送給過去和任何曾傷害過你的人最好的一句話：「去你的」。

　　重新裝潢你的房間。從亞馬遜網站上買些家具，我強烈推薦一個衣帽架，對我來說真的很有效。看看那些你本來想掛卻從未掛的照片。開始裝飾你的房間，為你人生的新階段重新創造一個感覺舒適且溫馨的空間。你要向前邁進，讓你的生活變得更好。你不會想花好幾年的時間去糾結在這段關係真是浪費時間，而你什麼都沒得到。藉由成為一個更強大的自己，把被出軌的教訓用到未來的生活裡。

　　自己動手DIY做一些事情當然不是唯一自我改善的方式。對某些人來說，這根本不管用。如果你沒有能力使用螺絲刀，那就投入工作或投入一個你有熱情的事情上，你需要保持忙碌。治療的關鍵在於是

保持忙碌，這需要很多「假裝忙碌直到成功為止」的過程。

然而，「忙碌」不代表會停止你的情感或感受，也不意味著你正在等待心痛的消退，以致於把不良的感覺壓下去而視若無睹，這樣並不健康。所謂的「忙碌」代表你得擴展你的生活，並透過任何適合你的方式去變得更好。選擇那些能讓你在長時間都能感覺更好、更強壯的事情。我曾經出軌過，也曾被出軌過。我決定投入在紐約的生活中，拼命地建立我的人脈，直到我把自己的寫作事業發展成為一個不再需要嚴格檢查語法的WordPress的部落格。

有時你真的尚未克服這個問題，而需要做些什麼來應對時，請用能夠獲得慰藉的活動來代替每晚灌掉兩瓶酒的作息，做一些讓你對自己感覺良好的事情。

第三步：重新認識愛情

愛情不是猜測遊戲，更不是一種拿來玩耍的遊戲，因為你不確定自己離失敗有多遠。愛情不會讓你感到迷失或一直擔心，真正的愛情是你可以不顧一切地投入其中的。

懂得愛自己的人不會出軌；懂得愛自己的人不會被出軌且止步不前。你可能認為自己盛氣凌人，做什麼都不會有任何後果。但事實並非如此。你的行為就像一個偽裝自己有權力的行為，這種行為就是單純的渣而不會讓你成為強勢的女權領袖。

唯一能停止出軌的方式是發現並培養自我價值。你可以在沒有伴侶的情況下讓自己變得厲害起來，我曾經從一家初創公司的編輯助理一步步搏命地爬到數位媒體領域。我經常在晚上加班，為網站貢獻各種類型的文章，從愛情、飲酒到健身等。我專注於我的職業生涯，你

知道嗎？最終，我的上級注意到了我。在我還沒有意識到之前，我已經到了固定每週寫文章的狀態。我相信我可以做到，然後我實現了它，我成為了我想成為的人。在我遇到值得我付出的人之前，我拒絕談感情。我知道我是一個優秀的作家、一個有趣和有魅力的人，也是一個忠誠的朋友。我不再只是因為我想要被需要而和任何人約會。我需要的是我自己。

不被出軌的唯一方法是停止和混蛋約會。你很幸運，因為我在下一章中還有很多關於這方面的話要說。

第四步：讓你自己再愛一次

分手後，我第一個問題是：「我還能找得到下一段愛情嗎？還會有人愛我嗎？」雖然這些真的會讓你很煩惱，但答案是肯定的。當然會，因為你很棒。當你被出軌後容易變得極其憤怒。你會認為自己要怎麼再相信任何人呢？

但你不能這樣對自己。你必須願意讓自己再愛一次。要對愛情保持開放的態度。雖然愛情也有能力為你帶來傷害。雖然這是不變的定律，但這並不表示你得關閉自己的心。

休息一段時間，獨處一下是好事，但總有一天你仍然必須重新走出去，再次墜入愛河。再愛一次是忘記過去所有鳥事的好方法。

當然，現在我們已經非常積極地讓愛情再次進入我們的生命，接著讓我們談談如何讓愛情離開，即使在你還沒有準備好的狀況之下。

第 **13** 章
分手是種陰謀

你正在成為的那個女人會讓你失去一些人、關係、空間和物質。但仍請你不顧一切地接受她。

——無名氏

我簡直無法相信在健身房外的他就站在我面前，告訴我他不確定自己是否能夠滿足我所需要的。我感覺像是抽離了自己的身體似的，彷彿處於一個清醒的夢境，在夢境中的細節與現實生活是如此相似，讓你無法判斷這是否真的是一個夢。那種感覺很不真實，我曾在想像中的黑暗角落裡擔心過類似的事情，常常以自我責罰的方式演繹著這些末日場景長達數月之久。我告訴自己，這種事情發生的可能性可能為零，我基本上就像那個雙眼布滿血絲的卡通兔子躺在床上的那個梗圖一樣，上面寫著「我睡不了，我腦裡都是那些幾乎不會發生的災難場景。」但這一切都在我面前真實地發生了。

我們在2017年的某個週三早晨，站在紐約市東村（East Village）骯髒的人行道上，面對著健身房。我的男友告訴我，他覺得自己是個負擔，過去四天裡他恐慌已發作兩次，原因是我的挑釁性寫作風格和主題所引起的網路騷擾和負評連帶影響我們生活的隱私。

他在這幾個月內變得過度擔心我們的安全，他擔心人們會對我們進行暴力攻擊，包括現實生活和網路上的攻擊。他經常想像我們的個資會被盜取或公開發布，進而危及我們的安全。每當網路酸民出現

時，他就會崩潰。他是唯一一個我需要確保他一切安好的人，相反地，他讓情況變得更糟。他把這個問題變成了他自己的問題，而針對我的那些肉搜也對他產生嚴重的影響。

在一個溫暖的九月早晨，我們面對面地站著，他告訴我這不是我的問題，而是他的問題。他說我們晚上會談論這一切。他不確定他是否想繼續在一起，還是分手。接著他就離開了，只留下我站在那裡邊哭邊顫抖著。

僅僅在幾天之前，我們還開玩笑地說世界上沒有比我們更幸福的兩個人了。在我們三年的相處中，我們經常這樣開玩笑。我自以為是，且充滿自信。我為那些還沒有找到愛情的單身朋友感到難過。當他們找到真正的愛情並被像女王一樣珍視時，他們就會明白這種感覺了。每個女孩都應該得到這種強烈、被支持且美好的愛情。

然而，我所認為的我的生命中的摯愛離開了我，就在我寫這本書的初稿時，在我決定寫這一章的前一天離開了我。我在大部分時間裡都在哭泣並用我浴袍的袖子擤鼻涕，即便我的心碎成了一百萬片，我還是完成了這個故事。

三個月前，他向我父親提婚。他不知道我父親已經告訴了我，我們站在健身房外時，他先開口結束我們共同建立的生活，幾個小時後我告訴他我知道他已經求婚的事。

他向我父親提親，也正在計畫求婚。現在，我們的愛情正在迅速地消失中。當他離開去開完一個上午十點半的會議後，我透過簡訊懇求他：「對我來說，一切都沒有改變。請不要放棄你生命中偉大的愛情。如果你想明天娶我，我明天就會嫁給你。請不要放棄這份愛。拜託你。」

然後，在紐約運動俱樂部的橢圓機（elliptical trainer）上，我含

著淚水說出了：「我們應該成為一棵樹。」這是我們曾經說過的一句話，當我們在98歲那年去世時，會被埋在地下，長成一棵樹。

我是認真的，我會在那天嫁給他，會穿著健身褲到市政府結婚，那天下午他回到公寓只是因為我懇求他來和我談談。他為我做了一杯冰沙，上床抱住了我。

然後他告訴我他要離開我。

第二天早上8點，我搭機飛回芝加哥了，這一去將永遠改變我的生命。

多年來，我們瘋狂著迷著彼此，一切都是如此理所當然。我們的愛情被妥善地保護著，我不再需要有任何擔心，這種感覺真的很好。我感到完全的自在與安全感，我跟朋友和陌生人開玩笑說：「我的男友哪都不會去，他會在這裡待一輩子的。」這讓我在寫作時更加大膽，我知道我可以說任何想說的話。這不像以前我得擔心被 Tinder 的約會對象肉搜到我。

邏輯上，我知道分手是一個巴掌拍不響的事，但在分手後的當下，我自虐地檢視每一個錯誤的步驟和失誤。我用顯微鏡審視我們的關係，細看每一個錯誤的舉動；他犯下的每一個錯誤步驟，我給的錯誤反應；我犯下的每一個錯誤步驟，他給的錯誤反應。

我要再次強調，我知道即使我做了任何改變也無法讓這段愛情持續下去，但我想如果我足夠渴望，也許我可以找到那個讓我們從熱戀到關係崩潰、破碎不堪的轉折點。

在我們共同生活的七個月前，於 2017 年 2 月，有個關於情感關係的播客節目《Time Out New York》中的某個特輯中想要介紹我們，那並不是一個特別受歡迎的播客節目。我的朋友在雜誌社工作，推薦我們去談論關於紐約人的性生活故事。幾週後，我的男友在他工作的新

創公司裡獲得了一些不必要的關注。也不是什麼大不了的事情,只是他的CEO,也是他多年的朋友開了一些玩笑。

他因此所受到的關注,讓他想要完全脫離被大眾注視的眼光。

這篇報導發布一週後,我被裁員了,但我的自由撰稿生涯幾乎隨之起飛。本來可能會是場災難,卻變成職業生涯中最好的事情之一。

我從為五十萬讀者,轉而變成數百萬的讀者,大量的曝光帶來了網路上的惡意評論和騷擾。我已經被騷擾多年,但現在情況變得比我以前經歷的還要糟糕。我男友無法承受這種壓力,我無法讓他明白他現在才要匿名已經來不及了。他說他後悔同意被寫進文章、做成播客節目,他也後悔那封寫給我關於我們感情的線上情書:《和兩性作家約會是什麼體驗》。

他的話刺痛了我,這讓我覺得他對我從事的工作感到丟臉,他的意見對我來說是唯一重要的。我不在乎其他人,我只希望我的伴侶為我感到驕傲。

我可以坦率地說,我對他做了唯一的事情就是愛他。我想要支持他。我看著他離開公司創業;離開創業又去追求一份全職工作,甚至想要離開紐約。這很令人不安,但我知道作為女友和支持他的人,當他需要我時,我必須在他身旁。

他對網絡酸民的怯懦和焦慮對我造成了巨大的情感負擔。

我當時遇到最糟糕的騷擾發生在《Teen Vogue》裡我寫的一篇關於肛交的文章(現在已是臭名昭著的)之後,這篇文章的發布導致一些著名、瘋狂、帶有種族主義的YouTuber做出焚燒雜誌的行為,我也收到許多死亡威脅。我在網路上和家中都沒有感受到被支持的感覺,我的男友對於不樂見的曝光和遭受暴力的可能性感到恐慌,並且完全無法支撐我的感受。我知道他並不是故意讓我失望的,他只是沒

有能力成為我需要他成為的人。

　　我們試圖解決問題，盡力讓這段關係對雙方都有好處。我毫不掩飾自己的感受，他知道他的行為讓我感到失望和沮喪。

　　我為他辯解，也為自己辯解。我說服自己相信我們能夠度過難關，每當有什麼事情發生而影響我們的關係時（比如我在社群媒體上發布了酸民的言語攻擊郵件，或者是在 Instagram 上提到他說的一些可愛的話），我就會努力讓事情變得更好，以消弭他的憤怒。這種情況很糟糕，因為感覺我做什麼都不對。我這樣做（比如公開酸民的評論以提高大眾的意識，或者發布關於我們感情的貼文，因為這是真實發生的事情）似乎反而讓我「引來騷擾」。我天真地說服我們最後會再回到起點，重新開始相愛；這次一切都會回到從前，我們可以重建破碎的關係。我想他被自己的無力感給壓垮了，我相信他想變得更強大，他想面對這些問題，但是他無法做到這一點，而是因此感到害怕，也損害了他的自尊心。

　　當然，儘管他從未這麼說過，但這並非都歸咎於那些網路酸民留言。事實上，他已經不愛我了。他無法理解他所歸咎的焦慮其實是想要結束這段關係。他總是說對的話，告訴我他有多麼愛我；但同時，他其實已經不再有這樣的感覺了。如果是我，我也會焦慮，我也會恐慌發作。

　　我曾以為我們的愛可以克服一切。但我的愛不夠了。我想這才是最令人傷心的。對我來說，什麼都沒有改變，與我以前的愛是一樣的。我想給他生孩子，揉揉他們肥嘟嘟的小腿。我想在他80歲的時候牽著他的手，扶著他走路。

　　那種疼痛切進了我的肺，那是我一生中從未感受過的感覺。那麼深愛一個人，如此完全地信任他們，以你靈魂的每一吋去珍惜他們，

然後卻失去那份愛，就像失去一個手腳一樣。跟死沒兩樣。

　　這個令人揪心的故事想要告訴我們的是：一段感情關係的現實和愛情無常的本質。現在，我已經經歷了各式各樣的分手，我知道如何指導你度過這個過程。我會在這裡支持你。

親愛的，讓我們來談談愛情吧

　　披頭四告訴我們，愛情是你所需要的全部，但那是不切實際的說法，是我們被灌輸的謊言。愛不一定就是你所需要的全部，愛只是其中一種極為複雜的事情。

　　這是一個令人沮喪的現實。當愛情存在於你的生活中時，它感覺像是你的世界的核心，失去這個看似穩定的存在是非常可怕的。當愛情在你眼前破裂時，你似乎不可能將這件事只視為你漫長、美麗、但又可怕、令人心碎、感情豐沛和美好的人生的其中一部分。當一切都在改變時，感覺就像一切都結束了。你如此渴望控制一切，當你無法控制時，就足以讓你陷入完全崩潰的狀態。

　　在一段關係中，當每一天它變得越來越惡劣時，你會花費很大的工夫去相信只要你夠愛你的伴侶並無條件地給予所有的愛，就可以解決一切；不知何故，你克服了每一項挑戰，這樣的愛必須得一直要被填滿。你會繼續全心投入其中，直到你再也無法給予更多的愛為止。

　　即使在這之後，這段愛情仍然無法被滿足。我開始寫這本書也是想要告訴女生們，你們可以擁有像我這樣健康、充滿活力且值得擁有的愛情。但令我極度失望的是，在不久之後即使我的愛情被奪走了，我仍對於生命真諦有了頓悟。更深層的是，這是正常的現象，因為這段愛情注定會走到這一步。

這個教訓令人心碎，但也會成為我們人生旅程的一部分。我在這整本書中寫的每一件事情都和心碎有關。儘管性自主是你獲得自由的關鍵，但心碎也在這個框架中占據一席之地。

事實上，親愛的，愛情不一定持久，無論你多想讓它天長地久。

我知道每個人說「這是最好的安排」和「你逃過一劫了」的話只會讓情況變得更糟，儘管他們說這些話只是出於好意。你肯定很想揍說這些話的人（先別這麼做！）。

想知道最糟糕的是什麼嗎？他們說的在最終都會成真的，但唯有在你自己也相信的時候。你知道愛戴兒（Adele）說她會找到一個和她前男友一模一樣的人。是因為這種類型的男生很好找嗎？答案是你不會找到像你前男友一樣的人，你不會想要一個很隨處可見的對象。

讓我告訴你為什麼你會過得更好，以及你得以女人當自強的方式來度過這段時間。因為我們所有人都經歷過這些鳥事。

讓我們像一個狠角色般地克服分手、失望和心碎，就像我們克服其他事情一樣。

允許自己有尷尬的餘地

各位啊，老實說這次的分手真的讓我難堪到不行。

不要假裝你不會發很多尷尬的訊息給你的前任。這是許多人都會犯的致命錯誤。我們告訴自己，我們不會傳訊息，不會打電話，我們會堅強。結果，我們失敗了。每個人在脆弱的夜晚（無論是清醒的還是喝了太多酒精後）都會給前任傳上八十次簡訊和打電話。

這將帶領我們進入恥辱的惡性循環，就像我們在喝醉酒後做的那些蠢事一樣。傳訊息給前任就是你在酒醉時幹的蠢事。

你必須原諒自己。不要設下不切實際的標準，而是讓自己在強烈的情緒壓力下失去自我控制，請允許自己傳訊息給前任。

聽我說，你經歷了一些嚴重的事情。我也曾經有過一段持續多年的戀情。但不要因為你的伴侶最後變成了不斷讓自己失望的人，就得讓自己對愛和專一的態度消失。你不可能輕易地放下，然後突然變得快樂且美好。對不起，不管你有多堅強，你終究是人類。你會在激烈的情感壓力下，搖擺在強烈悲傷、極端絕望的愛和憤怒之間。

給你自己設定一個時限來傳訊息、打電話、寄電子郵件、網路肉搜以及其他類似的行為。給自己六到十週的時間，在這段時間裡你可以做任何你想做的事。你想給你的前任傳訊息，告訴他們你因為一些事情而想起了他們，以及你有多痛苦，即使你知道這會讓他們得以支配你的情感，而你還是想做？那就去做吧，讓自己放手去做吧。★

> ★ 除非他們明確地告訴你不要聯繫他們。如果是這種情況，就不要這麼做。如果你做了，你可能會發現自己面臨限制保護令的威脅，這可不是什麼好玩的事情，女孩。這不值得這麼美好的你去做！我是認真的，千萬不要這麼做。

把所有的情感都表達出來。把一切都說出來，說出你必須得說的一切。將它排出你身心之外，清除血液中的不良情緒。在一段感情結束之後（尤其是一段我們沒想過或不想要結束的感情），你會有很多未了結的事情和情感。

在前男友讓我心碎並把我丟在沒有他的日子和公寓之後的幾個禮拜裡，我寄給他的一些尷尬到死的訊息†：

> † 而且，不開玩笑，像這樣的訊息可能還有七萬五千多則。在瀏覽我的訊息十五秒後，我找到了這些。

2017年9月15日，下午4：14

當那個你通常會跟他分享任何事情的人離開你的生命時，那真的是一件很糟糕的事。

2017年9月16日，上午10：09

我現在只要意識到你再也不會親我、抱我或者只是躺在我身旁笑，我就還是會哭。

2017年9月16日，上午10：49

我曾以為在我生命中的每一天，都不想像這樣愛上一個人，因為我認為總有一天，那個人會突然不再愛我，而我將毫無預警地失去這樣的生活。我曾以為我不想再被這樣的事情無情地襲擊了。但是你讓我相信這不是真的，你讓我相信愛真的對我來說是真的存在的，而一切都會沒事，因為你愛我。然而，現在卻證明我當初想的是對的。

讓自己從這些傷痛中解脫吧。你不必在乎他們是否知道他們傷了你的心。顯然他們就是傷害了你。如果你不說你想說的話，你將長時間感到鬱悶不已。你會想知道如果你直接說「那件事」，是否一切都會不同。最終，這都不重要了，這也當然不會使你變得軟弱。

在分手後的六週後，也就是10月18日，那是我27歲生日前一天，我從手機上封鎖了我的前任，這是我和他最後的聯繫方式。他已經被封鎖在社交媒體上，他的電子郵件也被歸類為垃圾郵件，他的GChat也被封鎖了。這是最後一條線，最後一根救命繩，也代表結束了。我從那時起就再也沒有和他說話了。

在六到十週的時間之後，你必須停止這些行為。我指的不僅僅是：「好的，那些都過去了。」你知道你這樣說了，你下週還是會再傳一封三百字的訊息，告訴他們你有多傷心，你會永遠愛他們。

我的意思是，你必須停止了。你必須刪除他們的電話號碼，在每個社群媒體上封鎖他們，把他們的電子郵件歸類為垃圾郵件。你給自己一段寬限期，並讓自己去完整地寬恕這一切，然後將那個人從你的生命中消失。可以嗎？

如果你可以離開那個城市，那就動身吧

我知道對於很多人來說，在分手後馬上離開並不可能。對我來說，幸運的是，我有身為自由接案者的特權，第二天就可以遠走高飛去探望我的家人。我從未在我們公寓的租約上留下我的名字。我原以為這只是懶惰，但也許我知道這一切都只是暫時的。

如果你和家人關係不親密，那麼就去和你最好的朋友待在一起。遠離你的前任是唯一有助於治療心碎的方法，你只需要時間和距離。如果你能在你和原有的生活之間加上距離，這會成為一種心靈上的解脫。在我飛往芝加哥之前的那個晚上，我請前任去住旅館。我開著燈睡覺，周圍都是我們的東西，所有這些都是象徵著我那曾經珍愛而如今已破碎的生活。

我驚恐地從睡夢中驚醒，以為這只是一場惡夢。我伸手去摸我的伴侶，但他不在身邊，一切都如此真實。當我回到媽媽的懷抱中彷彿有種置身天堂的感覺，這讓我減輕了許多負擔。我泡了一個熱水澡，並穿著浴袍哭泣著，而這樣的我仍被那些無條件愛著我的人所圍繞著——那種愛我從來不需要懷疑。

如果你可以離開這個地方，你就一定要這麼做。你總能找到一種方式可以離開那個地方。不要和你的前任住在一起。不要這麼做。即使你必須睡在朋友的沙發上，同時尋找著新公寓，你也不能待在那裡。這對你的心理健康來說是有害的。逃走，遠離那裡，走吧！

那些你一直想改變自己的地方
就是你的下一步

分手後的三天，我理了一個超好看的短髮。是我一直以來早該留的髮型。我過去總是把頭髮留到腰邊，就像美人魚一樣。我的前任不想讓我剪短髮，他非常反對這個想法。

我走進一家我從未去過的理髮店。我遇到了查爾斯，他是一個天才造型師，他救了我。他把我的長髮剪掉了，幫我修了個漂亮的瀏海。他讓我從過去的生活中浴火重生，成為一個性感、慾火焚身的女神，準備好迎接我新的人生篇章。

做些令人大吃一驚的事情。剪個新髮型、做個臉部保養、享受按摩、穿個肚臍環、紋個刺青★、跳傘、學射擊、買張去巴黎的機票。

> ★ 做任何會造成永久性改變的事情時，要謹慎以待。比如說，也許不要在你的腰部紋上「單身並準備好交往」（single and ready to mingle）的紋身。我指的是比較像是在你肩膀上紋上你已經想紋想了兩年的鴿子刺青。

或者做些你一直害怕，但偷偷想要實現的冒險。我不是指去吸毒或自我毀滅，而是能讓你走出舒適圈的事情，做些你確信自己會喜歡但前任會討厭的事情。別管前任怎麼想，他們都可以吃屎去了。

對自己承諾：永遠不要為了某一個人做任何事情；永遠不再為了

某個人而自我束縛。我已經不再為了讓別人快樂而改變自己，你也應該一樣。你他媽的太了不起了，任何想改變你的人都可以用一根又黑又刺的巨大假陽具噎死自己（而且絕不是那種舒服的噎住）。

列一個完美的播放清單

製作兩份不同的音樂播放清單，一份是充滿勇氣和力量的音樂，另一份則是關於心碎和看開一切的悲傷歌曲。凱莎（Kesha）的〈彩虹（Rainbow）〉和泰根與莎拉（Tegan and Sara）的所有歌曲幫助我度過了分手的時光。另外小紅莓樂團（Cranberries）的〈玲瓏（Linger）〉總會在最黑暗的時刻引領我走向光明。願你在天上安息，桃樂絲（Dolores）。

音樂可以幫助你去意識到有人也跟你一樣在經歷著心碎的感覺。這提醒你，你不是孤單的。感情事會總會讓人有強烈且不知所措的感覺。有人分享你的感受，能幫助你減輕孤單感。

暫時避開讓你想起前任的歌曲、樂隊或歌手，但不要讓你的前任破壞你的歌單。創立一個播放清單，裡頭包括一些你最喜愛的歌曲，以及讓你想起前任的歌曲。慢慢地把這些歌曲重新放進你的生活中。這可能需要一些時間，有點像是逐漸讓自己從痛苦中走出來，回到平靜的狀態。時間可以是解決這些事情的好方法。人類的思想和千變萬化的情緒是非常有彈性的，並且它們都能夠應對心碎的失落。你的身體不希望你受苦。你可能需要不時播放悲傷的歌單，躺在床上哭泣也沒關係。

只要有機會就好好痛哭一場

有些日子會很美好，有些日子則很糟糕。悲傷是過程。那些關於「五個悲傷階段」（The Five Stages of Grief）的理論都是胡扯。

有些日子你會感覺很好，就像蕾蕾（指流行歌手蕾哈娜）一樣。有些日子你會感覺很差；有些日子你可能幾乎不會想起你的前任；而有些日子你會被回憶和悲傷所困擾。

不要壓抑自己的感情，哭吧。你不是鋼鐵做的。哪怕是每一次哭泣的機會，都要讓情緒讓你哽咽並熱淚盈眶。深入體會它，讓它擊敗你吧。哭吧，哭到你再也沒有淚水可流；然後，再哭一遍。

哭泣是人類所具備的深度療癒，不要因為哭泣而感到難過或心煩。即使分手後已經過了幾週、幾個月或幾年，你依然可以哭。哭泣不是軟弱或壓抑情感，害怕顯露自己的脆弱，反而才是軟弱。

承認自己過得不好是好事。在許多方面，這比假裝一切都很好更勇敢。在2013年，我離開了一個對我非常不好的男人，也就是那個我經常出軌的虐待男。即使是我自己做出結束一切的決定，而且我也已經不再愛他了，但我仍然過得不太好。最近，我找到了當時在手機中記下的一條筆記。

　　今天是特別糟糕的一天。我知道我的鬧鐘會在七點響起，但我六點二十分就醒來了，起初感覺非常疲憊，然後無情降臨的焦慮感使我像過去兩天一樣因為失去他而感到孤獨。這種感覺從未像今天如此強烈，自從我把他的鑰匙交給警衛以來已經過了兩天。我不知道是因為睡眠不足，還是昨晚喝了三杯啤酒（我甚至不喜歡喝啤酒）所致。也

許是深深的悔恨吧。我不知道，但今天我感覺很差。我知道在分手三天後心情不好是正常的，但我就是不開心。那些問題又浮現在我的腦海中。我做錯了嗎？我讓一個真正美好的男人離開我的生命了嗎？我還會找到新對象嗎？我第一次知道我的心居然可以如此地痛。我知道事出必有因，因為我不再愛他了，這意味著分手是必然的。我逼他打電話給我，而他也是。我一直聽到他斷斷續續的聲音在我腦海中迴繞著，我聽到了過去從沒聽過的哭泣聲。一想起那通電話，我就會感到毛骨悚然、胃部不適。我過得不好，但我還沒有到可以說「我不好，但我會好起來」的地步。現在，我只是不好，也不確定自己將來是否會好轉。不論我和多少人談話，不論我的兄弟和好友多少次告訴我我做了正確的決定，告訴我時間會讓一切好轉，我就是過得不好。我坐在公寓裡，手機上的鬧鐘告訴我差不多是時候離開了，清晨的陽光透過窗戶，預示著新的一天，這個片刻對我來說是如此熟悉——當我的思緒疲憊、心痛欲裂時——我真的過得不好。★

★ 我顯然喜歡誇張，但這也沒關係。

回首往事，我幾乎記不起那些感受了，我不記得自己當時有多傷心。我的心靈癒合了，並且讓痛苦釋然了。這種情況發生是為了讓我們的心敞開迎接新的愛情。當時我過得並不好，但現在我好了。當我與最近這任前男友剛分手時，我也還是過得不好，但現在我好了。女性擁有高度發展的情商，那些最具刻板印象的女性特質是最強大的。我們可以從自己的錯誤中學習，感受自己的情緒，擁有巨大的愛和同

理心。將恣意哭泣和深切感受作為你最珍貴的優勢之一。成長、學習、哭泣、癒合、愛。為了讓自己變成更美好的女性，你會需要一個空間來為你的失去弔唁悲傷，這樣她才能發現自己正在通往偉大的正確道路。你正在試圖突破以成為那個美好的自己。去突破吧！用溫柔呵護自己，讓那個美好的自己展現她巨大的力量。

刪除過去的點點滴滴

當我23歲時，我在我的第一個部落格《雪茄和珠寶（Cigars and Jewelry）》上寫了一篇文章，是關於你必須消滅舊戀情所留下的點點滴滴，直到現在仍然是有道理的。

凱莉・布雷蕭（Carrie Bradshaw）曾經說過（在和大人物（Mr. Big）分手後），你必須丟掉那些他看起來性感而你看起來快樂的照片。她是對的。

同樣地，給自己一個時限。給自己六個月甚至一年的時間留著相框裡的照片、以及那些拍貼機的照片、Facebook和Instagram上的親吻合照。避免在分手的前兩週內衝動地把所有照片丟掉。這也許在當下能夠宣洩你的情緒，但最終會讓你感到孤獨和荒涼，你會想念那些照片和回憶。

相反地，給自己一些時間看著它們哭泣，允許自己去追憶和傷心。想念時就看看那些照片，但除此之外的時間請把它們收好。你可以在需要時回頭去看看它們，但不應該讓它們一直在你的視線範圍內，不斷地提醒你已經失去的生活。

當你用一小段以淚洗面的日子去換得更多的平靜和接受現實的心態（這需要時間，每個人的情況都不同）後，你就可以銷毀那些東

西。擺脫那些讓你想起前任的禮物；丟掉他或她的舊 T 恤，那件有他們味道的 T 恤，我說的就是曾經會讓你感到舒服自在的那一件。把它扔進垃圾桶。如果你想，甚至可以搞一個營火晚會。

擺脫你過去生活所留下的有形物品。像我選擇進行一個巫術淨化儀式，我和我的兄弟姐妹們用水灌滿一個盆，點燃了艾草和火。我們的手放在每個儀式物品上，說：「藉著火，我淨化自己；藉著大地，我淨化自己。」這雖然有點俗氣，但確實感覺很棒。他們真的很支持著我。我們都應該在生命中獲得到這種支持。

兩週後，我花了兩個小時刪除了電腦裡的數百張照片，這些照片記錄了三年的幸福，一張接一張地刪除。我看起來很快樂，很滿足，很相愛。感覺真的痛苦極了，但是這件事必須做。

即使你仍會有想到過去的瞬間，但由於你已經弭平了那些痕跡，這些感覺就開始變成遠古的回憶。宇宙創造時間的存在具有一定的力量，即使是最痛徹心扉的心碎，也能被撫平。痛苦是沒有記憶的。

不要挽回你的前任

不要把你的人生中所經歷的感情都視為浪漫愛情故事。在你哀悼愛情逝去的那段時間裡，你可以這樣做。可以盡情沉淪於失去的愛情之中，甚至可以責怪自己，隨便怎麼做都可以。你需要完全沉浸在這股洶湧的痛苦中。但是要提醒自己別忘了那些狗屁不通的事情。這個人是個沒擔當的小娘們，不能成為配得上你的男人或女人。

你不能迫使某人想要和你在一起，更不能強迫某人愛你，當然也不應該這麼做，這是最基本的要求。愛應該是自然而然的形成，而不是你需要努力去感受或接受的東西。

請思考一件事：就算我的男友回到我身邊，告訴我一切都是一場錯誤，他將會努力成為我想要的人，他不想分手，我真的還能再信任他嗎？

這和出軌一樣都是一種傷害你的行為，它們在本質上都是殘破不堪。我一直都知道他對我有這樣的能力。我一直都知道他是如此軟弱，導致網路上的惡意評論（甚至不是在講他的惡意評論）會成為他恐慌的源頭。我總是等待著他離開我，總是戰戰兢兢地面對這些事情，等待某個推文或電子郵件將他推向感情的危機。不，對他的傷害已經造成了，但對你來說亦然。即使他們回來想修復關係；即使你想原諒他或她，並試圖讓關係持續下去，這都是大忌！你千萬不要這麼做！

即使這會讓你在絕望、撕心裂肺的痛苦中崩潰不已，你也必須走開，走開，就這樣走開。

當這些事情發生之後，這段關係早已回天乏術了。請不要忽視你眼前的現實。

如果你的伴侶向你展示了他或她真面目，那就相信他們。如果他們向你展示了他們的能力，你就會比過去更了解他們。讓這次的教訓成為你變得更堅強的關鍵。他們配不上你。他們就是懦夫。

請認知到你的前任已經變了，而你也是

在一段感情中，你需要在生活層面上、期望、目標、以及在其中一方遇到困難或取得巨大成就時能夠相互支持等方面取得共識。這種相互契合是感情關係牽連糾葛的其中一部分，其中包括你曾經被告知什麼才是你唯一需要的愛。

　　你必須接受人是會改變的。有時候你會和你的伴侶會一起改變；你幫助他們成長，相對的他們也幫助你成長。當遇到對的人時，你們一起成長，直到你們變老、皺紋累累，甚至越來越脆弱。

　　有些時候，個人成長並不會讓你們步上相同的方向。反而可能會讓你們的感情疏遠，形成你們之間的鴻溝。如果你們兩個都不努力修補這個鴻溝，它就沒有被修補的機會。或是僅有一方想要修補關係，也是杯水車薪而已。即使你們兩個都努力讓它變好，都不一定能保證每次都會成功。在無數個小事之中，其中一個巨大的小事情爆發之後就足以讓你們分手，並且讓你的心如刀割。

　　我的前男友曾經非常熱衷於參與我的工作。他成為了很多文章的主題。我曾經寫了一篇關於手指可作為按摩棒使用的文章，他毫不猶豫地成為了願意配合的對象。我買了一個男友枕頭，和它交往了幾個星期，他也很支持我並給了我一些精選的錄音片段。

　　但後來他變了。

　　起初，他不想讓自己的名字出現在任何文章中，接著他希望把播客從 iTunes 上刪除，最後他不希望我再談到任何關於我們感情關係的事情。他變了，相對的他人生的優先順序也變了。他開始固執地想擁有私人生活★。無論我解釋了多少次，告訴他木已成舟了，網路是永遠不可能被刪除的，他依究無視這一點。

　　　　★ 在健身房用浴袍擤鼻涕的事情發生的幾天前，我們因這本書中提到他的故事而大吵了一架。正如你可能已經注意到的，我沒有使用他的名字，但在他的想法中這並不重要。他還是不接受這種做法。

　　我與他之間的距離越來越遠。我的職業生涯持續向上攀升，我得到了一份出版合約，還有一些小型的電視節目計畫，邀請我和其他同行的女性合作。我正忙於事業上的發展，而他則更加沉溺在自己的內

心世界中。

　　他希望擁有一間位於郊區的房子和一份簡單的工作，過著平凡的生活（他是這樣說的），而我則想要探索自己能發揮多少影響力，想要創作能夠引起關注性議題的對話，改變人們的態度。他認為我的抱負與他所期望的未來不相符。只要我變得「有名」，他的隱私就會受到威脅。

　　因此，加速了我之後也變得不在努力維持我們之間的感情。

　　我的願景和他產生分歧。我想成為他的妻子，生他的孩子，我想擁有一切。他無法將我日益增長的知名度和我們的關係分開來看。對他來說，這太困難了。我想要彌補我們之間越來越大的差距；他卻不想。

　　於是，我們分手了，我的心也碎了。

　　如果你改變了，成長了，開始成為最好的自己並前進，請留意你的伴侶。幫助他們和你一起成長。接受他們，並保有同理心。但也要現實一點。如果他們不願意和你一起成長和改變，你不能抓住他們的腳，強行帶他們走。每個人在生活中都會以自己的方式成長和改變，但如果你的人不與你同步，並朝著自己的方向成長，你必須要能意識到這一點，並放手讓他們走。

　　人是可以改變的，但必須願意改變。他們可以成長，但他們必須願意成長。如果你遵循我所提出的這些方法，但你的伴侶或潛在的伴侶對此不感興趣或不坦率給予支持，那就不要和那個人在一起。你需要一個伴侶，而不是帶著一個拖油瓶和你一起前進。

　　人類很難接受自己是無法用自己的意思去改變別人的。我們想要改變人，但我們做不到。我們想要我們愛的人愛我們和他們自己，但如果他們不想，他們就做不到。

在生活中，我們必須放下那些無益我們靈魂的事物。如果你的伴侶不再與你一起成長，你的靈魂需要愛和照顧，所以你必須刪除他並放手。所有那些跟你說你會過得更好的人是對的。只是我不想在如此痛苦的情況下這麼說，但這是真的。

付諸行動

不要急躁地跟其他人發生性關係，但當你身心都準備好時，就去找些樂子吧。與那些能讓你享受性愛的人建立起舒適、輕鬆和信任的關係。讓自己好好療癒，花點時間享受自己的按摩棒，然後找一個上道的人上床。

對一些女生來說，當性關係變成顧慮的因素之一時，就很容易會產生情感上的依附，因此如果你覺得自己無法性愛分離而不受影響，那就算了吧。

如果你可以應付，那就與你以前已經認識的人（非前任）約炮，確保他們是上道、擅長性愛的人。其次也可以在 Tinder 或其他交友軟體上找人。我更喜歡第一個選擇，因為你已經足夠了解那個人，可以確定他們是不是一個垃圾。你不會想和垃圾上床。

即使你只是和某人發生性關係，但並不尋求一段愛情，也不表示誰都可以和你發生關係。他或她還是必須要尊重你，你應該像一個人一樣被好好對待，不應該降低該有的標準。如果那個人沒有回覆你的訊息，那就找別人發生關係，要找這樣的對象並不難。

在這種情況下的尊重並不等同於要幫你付餐費或帶你外出約會（記住，我們是在講關於性的事情），但是這個人應該要回你的訊息。不要在凌晨 2 點時打電話來說想跟你上床，那樣非常粗魯無禮。

如果這個人讓你感到不舒服或有負面情緒，就不要再和他們發生性關係了；不要浪費時間在不值得的人身上。有時你會感到孤獨和脆弱，覺得只要能給你認同的感覺，誰都能夠安慰到你。但這是錯誤的，這只會讓你感到骯髒和噁心（不是一種好的感覺！）在3分鐘前他們還進入你的體內，現在卻告訴你：「你知道你的褲子在哪裡吧？慢走不送」，這樣你還會感覺很好嗎？不會的。當你傷心時，你正在處理巨大的情感創傷。你需要做的是能治癒傷口而非再次撕裂它們的事情。

如果你要跟某個人上床，一定要把界限講清楚。告訴對方你所期望的，並小心不要越界了。或許你會要求一起過夜，或你只想要短暫的性愛，或者早上花個一小時見個面。不管是什麼，都不能越界。如果對方的行為活像個混蛋，就不要再跟他們上床了。

一個新的性伴侶吸引你的原因是，你需要擺脫上一段關係帶來的噁心感。你的前任已經拿走了你太多了。不要讓他或她侵占了你的身體和快樂。那樣太過分了。

你的前任不是你生命的摯愛

往前看意味著每一天都要提醒自己，這段感情已經結束了，因為它是無法修復的；這段感情結束了，因為你們不適合在一起。你們無法給彼此所需要的，讓你們的愛越來越好。

當我得自己泡咖啡，自己照顧好自己就必須面對很多困難。但這比每天擔心是否還會有另一場糟糕的爭吵還要好，比如我的男友無法忍受一個甚至不是針對他的惡意推文，這會讓我傷心得止不住淚。

無論如何，我寧願自己一個人，也不願承擔其他人的問題。你值得更好，你應該得到更多，你是你生命中的摯愛。

你是唯一重要的人，沒有什麼值得為了去妥協真實的自己。

我的前任感覺就像我生命中的摯愛，但他並不是。他只不過是我生命中一部分的愛，他是我當時所需要的人。六個月後，我遇見了我的丈夫。結果證明，我的前任是我需要的墊腳石，讓我成就今天的自己，找到了真正的愛情。

你前任也是一樣的，你前任不是你失去的偉大愛情。他或她是你需要成為自己心之所向的媒介，他或她幫助你成長為今天這個強大的自己，現在你還需要其他更多的幫助。

痛苦會讓你覺得好像會就此離開人世，但你不會的。親愛的，我向你保證，你不會死。你會解脫並看到自己能夠承受這巨大的情感和痛苦。

前任幫助你認識到自己愛人的能力，讓你在強大的內心裡敞開自己並願意讓別人走入你內心。這讓你更堅強地接受新的、更偉大的愛情進入你的生命。這是多麼令人嘆為觀止的事情啊，我的愛。

他或她幫助你定義了你對未來伴侶的好惡。你對胡言亂語的容忍度已歸零，你對愛情的了解則會更加深入。最終，你會回頭看，看到這一切根本不是浪費時間，而是命中注定的。你反而會感謝你的前任，這個你非常愛且依賴他們的人，因為他們搞砸了你們的關係。他們讓你成為了一個更好的自己。

現在是你邁向未來下一個精彩階段的時候了，你已經準備好享受你接下來的美好人生了。

第14章
獨處的重要性

嘿，女孩。我可以和你談一下嗎？我們兩個性感的女人之間能有一次對話嗎？

我有個問題。我希望你認真考慮一下，好嗎？

你在這個約會遊戲中到底想幹嘛？你真正想尋找什麼？

愛情很棒，但讓我們實際點——約會交往真的是一場混亂，你會浪費時間在面對這些感情。它比在科羅拉多步道上曬一整天的太陽還要能快速地耗盡你的生命，也比你的按摩棒更能讓你疲憊。

你想要找到愛情，但卻不知道該怎麼做。你過去每一段戀情最終都是和一些腦裡只剩九個腦細胞，且喜歡古柯鹼和人間蒸發的王八蛋在一起，即使是長期的戀愛關係最終也變得問題重重和乏味。更別提你約會了幾週或幾個月的人最終讓你浪費多少時間。這是怎麼回事？我們是不是生活在詛咒的世界？告訴我你懂我在說什麼。

想知道為什麼你總是搞砸這些事情嗎？知易行難，實際執行起來遠比你想像的還難。你知道的，又是一場混亂了。

你找不到愛情是因為你根本不知道如何與自己獨處。沒有戀愛對象、男友或女友，甚至沒有一個人在那等著你調情，你就不知道如何生活了。你不喜歡孤獨，因為你害怕。你害怕看著鏡子裡的自己。如果你能冷靜下來，停止這種半吊子的「真命天子」尋愛嘗試，並且不要再給那些看起來就不妙的人有機可趁，那接著你就得看著鏡子面對

現實——你不愛自己。

　　而你知道嗎，親愛的？除非你愛自己，否則你永遠找不到愛情。你想擁有豐盈的生活，搭配一位絕妙的伴侶和狂野、驚人的性生活嗎？整理好自己。放下白蘭地酒，放下 iPhone。不要！不要傳訊息給他。把手機交給我，你這個笨蛋。

　　好了，讓我們開始工作吧。

一場致命遊戲：無縫接軌的交往關係

　　我的一位大學朋友每兩個月就會換一個新男友，這話可沒有在誇張。她會跟一個混蛋交往，等到找到下一個，就會甩掉現任男友，轉而與另一個男人開始新的關係。

　　或者當她剛結束一段關係時，她會對外宣稱自己「單身且準備好交往了」，立刻回到 Tinder 上，一個星期後就有新男友了。她從來不會單身太久。她會告訴我她不會「為離開一段糟糕的關係而道歉」，她「希望人們可以對她重新找到幸福而感到高興」。

　　她說有些人會嫉妒她總是能夠很快找到新的伴侶。對某些女性來說或許如此。但是，若你很不挑，那麼感情確實會來得更容易。我希望我能說她輕易更換伴侶是因為她超級優秀、性感和有趣（她確實擁有這些優點），但事實並非如此。這是因為如果一個男人想約她，她就會答應。因此，她把所有男人都歸為「王八蛋」（asshole）。她曾經和一位加油站服務員交往，他是白人但卻編著辮子，並滿嘴歧視性話語。我希望我是在開玩笑，但不幸的是，這不是玩笑。

　　她的問題在於，無論她身處什麼樣的關係中，她總是感覺糟糕，所以她就會去尋找其他新歡。她會上交友軟體，和任何想要談戀愛的

人約會（不論他們是誰、做什麼或長什麼樣子）。只要對方想要女朋友，她就會打蛇隨棍上。她的標準如下：你想要女朋友嗎？想？那我們就交往吧。

「無縫接軌的交往關係」是種半吊子、胡說八道的尋愛方式。如果你每幾個月就會有新男友、女友或伴侶，那並非好事，而是意味著你的品味很糟糕。這意味著你在尋找能夠讓你的生命完整的人，但你需要先讓你自己是完整的。你在尋找彌補缺口的部分，但這是你永遠也找不到的，因為這個缺口是無法被另一個人填補起來的。

我擁有一個名譽博士學位，但我也是個天大的笨蛋。我曾經經歷過單身和無縫接軌的約會關係。直到我單身將近兩年，才明白自己應該如何被對待（咳咳，就像霸道的女王那樣）。我曾交往過一些傢伙，也搞砸過一個好女孩，還有一些渣男——苦受那些渣男帶給我的折磨。然後，我和我認為我會和他結婚的男人在一起了三年，最終還是又回到單身。但是，出乎意料地，我整個人感覺很完整。之後，我花了更多的時間獨處，接著我的丈夫出現了。當時我仍然是完整的。我有所成長，而且整個人是完整的。

每一次的過程教會了我尋找真愛所需的一切。

當你經常尋找新歡時，你是不會學到任何東西的。因為你忙著逃避你的內心，而無法在關係中學習過去的錯誤。

甚至如果你不能忍受長時間地自立自強，那你如何期望建立一個穩定和平等的伴侶關係呢？

「我就是不能一直單身」的秘密

當一個人說她無法一直單身時，還真的很難分辨出她是在說蠢

話，事實上，如果 a）你已經在自我成長上付出了很多努力，生活穩定且充滿信心；或 b）如果你沒有為自己做任何努力，卻不斷跟每個你遇到的人約會，那麼保持單身確實很難。

後者會帶來一堆如屎一般的感情關係。

這位擁有一堆渣男男友的朋友是哪一種呢？對，她屬於 b 選項。不要自欺欺人地認為你是 a 選項，除非你有任何理由。你不能因為你自己決定是 a 選項就能如願以償。看看你的生活和選擇，除非你至少過了幾年 100％單身的經歷，否則你不會是狠角色。我不是時間管理大師，但我認為這至少也需要兩年，最好是三到四年。

如果你從未這樣做過，那你也是 b 選項。你不會光憑你「似乎無法保持單身」，而輕易地從一段感情跳到另一段感情裡。你這樣做，是因為你不知道如何過單身的生活。你繼續尋找愛情，是因為你不想面對孤獨的現實，這會讓你怕得要死。

倘若你在甩掉某個人的幾個星期內就進入了一段新的關係，那麼你很可能只是抱著釣魚的心態在尋找愛情，並未認真挑選你所遇到的人。你沒有試著過上單身的生活，你沒有做好任何正向的自省，只是直接與下一個出現的人進入關係。很明顯，你的擇偶標準還沒有達到應有的水平。女孩，這是一個你需要盡快打破的行為模式。

我知道你可能真的條件非常出色，以致於人們一直想跟你交往，但這不是理由。你不需要和每一個想談戀愛的人約會。不應該需要那種被認可的感覺。我們認為如果有人對我們有興趣，我們就應該說「好」，並對於獲得那樣的關注感激不盡。學會說「不」，等待一些真正值得你花時間的事情。

我知道我不能為人生設定先例，但如果我能用我的水晶和蠟燭施展魔法，我會讓每個人在分手後必須單身三個月。我會把這規定變成

人生的一部分。

為什麼獨處是如此地重要

我們從未被教導過獨處是好事，而是被告知我們所做的一切都是為了一個終極目標：婚姻。這又是一種灌輸在女性的性別和價值的商品模式，孤獨不應該是我們想要的。

如果我們沒有伴，我們的媽媽、爸爸、叔叔、祖父母就會為此感到難過。我們坐在家裡的餐桌上，被我們討厭卻又必須愛的人包圍著問到：

為什麼你單身？
你在談戀愛了嗎？
你上一個男友發生了什麼事？
你不想有孩子嗎？
你已經有一段時間沒有和任何人交往了，你還好嗎？

當你身邊的人不斷灌輸一個觀念：如果你沒有伴侶，就不配擁有美好的人生，那麼你就很難可以擁抱自己的出色之處，享受單身女性的精彩人生。你可以理智地告訴自己，他們是笨蛋，不知道自己在說什麼，但是你內心深處還是會懷疑自己的價值。

要是他們是對的呢？
我是不是很可悲？
我的事業夠好了嗎？

如果我沒有伴侶，我還有什麼可取之處呢？

現在沒有人跟我約會，我是不是就真的一無是處了？

　　上面說的沒有一句是真的，獨處的時間對於之後的感情關係能否成功至關重要。許多人無法面對正常的單身狀態，他們把這視為一種失敗，而不是一種解放。他們被孤獨所困擾，儘管他們生活中的其他方面都很好，卻被灌輸了這種感覺。

　　多年來，我從一段糟糕的關係跳到另一段糟糕的關係裡，或者沉迷於自憐和酒精（通常兩者都有！耶！），我用是否死會來衡量自己的價值。除非我能找到愛情，否則我不覺得自己是完整的。這不會帶給你成就感，只會讓你疲憊不堪。我和對我不好的人交往，因為我認為我不配得到其他東西，我不知道還有其他選擇。

　　過了一段時間，我已經無法再忍受了。我想要更多，不想妥協。我決定切斷與人約會交往這件事。這一年，我完全保持單身。我刪除了交友軟體，只保有短暫的一夜情，然後開始進行自我探索之旅。

　　我遇到了很多來自世界各地有趣的人，我在公寓舉辦了幾次狂野的派對，準備讓鄰居氣得想殺我。我沒有參加任何糟糕的第一次約會，沒有尋求任何關係，只是為我的未來生活做準備。我開始了我的第一份工作，最終成為一名專業作家。我減少了喝酒的次數（不是很多，但稍微減少了一點）。我開始寫更多的日記，比在國中時寫的還多，對我的 13 歲時期的劇情仔細地回想記錄。我開始喜歡單身生活，真的很喜歡。開始讓自己成為我想成為的人，以便找到一個能滋養我靈魂的愛情。我列了一份（是的，是真的）過去犯過的所有錯誤清單，直面自己是個爛情人的問題。我寫了一些部落格文章，講述自己是偷情的第三者，講述情感和身體上的虐待。我接受了自己的傷痛

和過去，不再感到為自己的缺陷感到羞恥，反而接受了每一個不完美，這些不完美使我成為美好而奇特的怪胎。你知道嗎？我愛上了自己。我深深愛上了自己，甚至擔心找到伴侶會毀掉我曾經擁有的這段最棒的關係，也就是自愛。

　　自愛是找到真愛的基礎，是建立健康關係的基石。我們被灌輸這些胡言亂語的童話故事，以為自己是等待被某個白馬王子拯救的女孩。我們需要別人來完整我們，等待愛情來成就自己，這是荒謬的。你必須成為自己的救世主，拯救自己。

　　你需要花些時間找出自己真正想要的，而不是你認為應該要的。這需要時間和耐心，需要透過嘗試和失敗來實現，需要找出你想建立的生活方式。要遠離戀愛遊戲是非常困難的，戀愛是每個人都想談論的話題。但是沒有人告訴你：人們會嫉妒你等待合適的人到來。比起和不適合你的人在一起，獨自一人要好得多了。在當下可能不會有這種感覺，但這確實是找到真正的幸福的唯一方式。

保持單身並開始大放異彩（多看多認識）

　　我們必須改變單身這一觀念，與接受單身帶給我們的一切。儘管肯定有男性因為「單身」而受到朋友和親人的指責，這種性別不平等也是無法否認的存在。許多研究已經指出男性和女性一樣想要愛情（請原諒我這裡的性別分類），但這並仍避不了「老處女」和「單身漢」的二分法。對大多數男性來說，單身不是一種悲慘的狀態。單身的男人是單身漢；他很酷，很有趣。但單身的女人卻是個老處女；她不可愛且有缺陷。她做錯了什麼了？想像一下，如果我們停止這些對於物化女性和單身的羞辱，只是單純接受這個多元的、我們認為糟糕

透頂的大人生活呢？我的意思是，愛情很棒，但你有試過愛自己嗎？那才是真正的美好。如果過去的單身期間讓你找到自己在性生活上的好惡，以及你想過的人生，那會怎樣呢？

　　好好想一想吧，小騷貨。如果沒有性經驗，就無法了解自己的身體。如果你在床上表現得很奔放，那可能是因為多年來你已經試過很多你不喜歡的負面性體驗。你早就淘汰了那些你不想接觸的性姿勢、情趣玩具和性交部位。我發現，有了按摩棒肯定能讓生活變得更好（不論單身或死會）。肛門抽插不是我的菜（一直都是如此），但我仍然願意給前列腺按摩一個機會。我學到了，情侶在傳教士體位時使用按摩棒會有更好的效果，而我寧願被打屁股也不喜歡被勒頸。我不會為了現在的幸福而放棄過去的性奔放的日子，我對那些日子充滿了美好的回憶。我期待未來的日子，並熱切期盼著那些日子的到來。

　　過去我曾經和很多糟糕的人上床，即便是這樣，我仍然不會後悔，雖然有些經驗讓我感到噁心和奇怪。我知道自己喜歡什麼，也不怕開口要求。當你帶著豐富的性經驗進入一段獨一無二的關係時，你知道如何讓事情保持有趣。你知道什麼是好或不好，還有哪些是需要改進的。你不會像一條死魚一樣躺在床上，不敢伸手去揉陰蒂自慰，生怕這會傷害對方的自尊心。

　　當我們深陷浪漫關係時，會感到困惑，並且變得盲目。我們看錯眼前的事物，在心和情感投入其中時，突然間我們就變得當局者迷了。我們必須看到不好的地方才知道從哪裡改進；必須得到良好的對待和性經驗，才知道這是有可能發生的。只有在置身於關係之外，才能認識到所有糟糕的事情。愛情是盲目的，因為愛情是一個混蛋。開玩笑的，但其實也不是完全都是開玩笑。

　　我們必須從糟糕的性經驗中學到東西，以幫助我們識別出不好的

愛情。當你擁有足夠的性經驗，無論是好還是壞，你就會對什麼是你願意忍受和不願忍受的點非常挑剔，你的伴侶也會因此獲益匪淺。如果我不知道有些人喜歡用手指按摩陰囊，那麼我的前男友們怎麼會知道這是他們喜歡的事情呢？

如果你沒有幫你女友口交過，她怎麼知道她喜歡陰蒂周圍被刺激，而不是直接刺激呢？放蕩是一件非常棒的事情。放蕩的女孩是更好的女友，是更好的人。擁抱美麗、性感的自己。直接去操那些討厭你的人（不是字面上的意思），去他們的，若沒有人討厭你，就代表你做錯了些什麼。

正如蘇斯（Seuss）博士所說的：「你必須變得奇怪才能成為第一。」利用性感女神的狀態去愛自己，不要再和那些超級混蛋約會了。和混蛋約會的時光在你生命中已經結束了，此行程已被取消。

你必須是完整的自己

如果你不再靠別人來讓你自己感到完整，就能找到值得你投入的人。他會是優秀有自信、坦率面對自己的人，你能讓其趨之若鶩，知道自己很棒，這是很性感的。

伴侶永遠不可能成為讓你完整的人，你必須獨立成為一個充實、充滿活力、全面發展的人。伴侶只是錦上添花的效果，相當於按摩棒附有三種不同強度的震動。如果你需要一個浪漫的伴侶才覺得自己是完整的，不要自欺欺人，這只是一種補償抵銷罷了。

我的前一位長期伴侶花費四個月的時間才把我給定下來。我們認識幾年了，但一直沒有發展成認真的交往關係。我們生活在不同的地方，但一直保持聯繫。直到有一晚，他來到我公寓的派對上，並且已

經決定要我成為他的女朋友。當然，我當下不知道這一點，否則我會非常不安。

他留了鬍子，看起來很帥。我們開始經常發生關係，他想要一段感情，但我並不想。我越不想要感情，他越生氣。我並不是「故意這麼難搞」，我喜歡單身，不需要一段感情，我享受生活中的每分鐘。

我喜歡我的朋友，喜歡我的工作，喜歡我的自由。他必須證明自己值得我花時間在他身上。他堅持不懈，並且不放棄。他知道自己想要什麼，並且願意努力。最終，我意識到他是我可以共度餘生的人，他能豐富我已經很美好的生活。我不需要他，但我想要他。我可以沒有他，但我不想。

當關係結束時，我仍然很好。沒關係。愛自己實際上是找到浪漫愛情最簡單的方式，因為你不需要做任何事情。如果你愛自己，並知道自己在找什麼，合適的人就會出現。他們就是會出現。如果你關心自己，等待並不難。你正在與自己約會，和散發著美麗光輝的自己在一起，那你永遠不會無聊。當我丈夫出現時，我花了很長時間才接受重新定居下來，因為我愛我的生活和自由。但他堅持下去了，他堅定不移，最終我嫁給了他。愛自己，浪漫愛情就會隨之而來。

如何過著單身生活

1. 投資你的友誼。

首先，投資那些不讓你感到糟糕的關係。

重視你的友誼。

你的友誼應該永遠不會被放在戀愛對象之後，沒有什麼比一個連續更換交往對象或者找到男朋友後就從世界上消失的女人更糟糕

的了。那不是愛情，那是婊子。

　　當我說「投資你的朋友」時，我指的不是一群你可以在空窗期打發時間的假人，千萬不要這樣做。當你變得更年長時，你會意識到這些人都很糟糕，你會很討厭他們。即便如此也不用擔心，你不必留住他們，你只需要愛自己，把這些沒用的脂肪切掉，找到適合你的人。不是每個人都願意支持你。

　　不要讓自己跟那些流連派對的酒肉朋友來往，而是要選擇幾個真心好友，並和他們緊密聯繫。你知道我在說哪種朋友吧？那些和你一樣在意自己的人；那些讓你感到自豪並為你的成就感到驚嘆的朋友；那些即使你自己都不相信自己，他們仍相信你的朋友。選擇那些在你失落時鼓舞你的朋友，他們不會讓你和一些可悲的笨蛋交往，因為他們期望你得到更好的人生。

　　將原本用來尋找愛情的精力，轉而用在愛你不求回報的人身上。試著關心那些無論何時都希望你過得更好的人，那些在你最困難的時候仍然堅定支持你的人。

　　不要再關心其他人對你的期望，開始對自己有所期待。你的精力有限，不要浪費在那些白痴身上。

2. 學會獨處（愛上自己身處的空間）。

　　是的，說起來容易做起來難，但只要多做便能熟能生巧。

　　對於不利於你的事情，可以大聲地表達不屑一顧。學會愛上自己身處的空間，以及你為自己做出的選擇。當你只需要取悅自己時，一切都會變得更容易。最好的自己就會自動找上門。以下方法可以幫助你擺脫不利於你的想法，讓你成為一個厲害的人：

①穿任何你想穿的衣服，買讓你自覺性感的東西。

②帶本好書獨自出去吃飯。那些好書的作者是很好的約會對象。此外，你會學會如何在擁擠的地方只剩自己的思想陪伴而感覺舒適自在。

③到未曾去過的社區散步。幻想著你未來的公寓或房子。

④去美甲。你必須放下手機，不能靠 Instagram 來分心。你必須面對獨處所帶來的焦慮。

⑤讓你的房間成為你自己的空間。用舒緩的鹽燈和燈籠裝飾它。創造一個只屬於你自己、保有你風格的空間。

⑥參加一個新的健身課程。不要只靠朋友來支持自己。享受運動帶來的汗水。

⑦找線上冥想課程，以冥想作為每天的開始。你只需要五分鐘，相信我，它會讓你開始一天的好心情。甚至在你的第一杯咖啡前就這麼做了，由此可知這能為我們帶來多大的影響。

⑧占據整張床，不要等待著別人「來溫暖你」。你覺得冷嗎？拿另一條毯子來蓋。一條羽絨毯或甚至一條粉色的羽絨毯。買一張巨大的記憶棉床墊，睡得像一隻閃亮的海星一樣舒服。

　　訓練自己喜歡獨處。這需要練習，但你可以做到。要知道你只需要自己就可以快樂，這是一種極致的心靈寧靜。

3. 形塑你想要的生活。做你開心的事情

　　如果你要形塑自己想要的生活——職業、公寓、儲蓄帳戶，那麼你就會找到一個你值得擁有的關係。你不需要與夢想天菜建立關係，因為你就是天菜。你的生活應該是一艘穩定的船，在自己的美

好海洋上航行。**看看你希望在五年後會是什麼樣子。**我知道五年計畫聽起來像是某些白人女孩的廢話，但它有助於設定務實的目標，讓生活不依賴其他人。

①如果你的信用不佳，可以申請一張需要先付押金的信用卡。基本上，你給銀行一小筆錢（大約300美元），然後他們會給你300美元的信用額度。這樣彼此都比較有保障。每個月付清信用卡帳單，以建立信用。最終，你可以換成一張真正的信用卡！

②每個月將100美元存入儲蓄帳戶。

③不要每晚都買盒裝通心粉當晚餐，學習如何做營養豐富的餐點。你不需要花很多錢，投資一個燉煮鍋，你可以一次煮出一整週的食物。

④每隔一個月為你的公寓增添新的東西。可以是一些小物件、從跳蚤市場買個復古的台燈、從 Urban Outfitters 買個酷炫的海報，或者請你的爸爸寄給你最愛的被子。我自己就找到一組千禧粉茶具，並用它來作為整個公寓的主題色。

⑤停止在職場上妥協。如果你不喜歡現在的工作，就開始去應徵你想要的工作。如果你發現自己資格條件不符，就開始建立人脈關係。必要時，回到學校精進。如果你想加薪，就要求加薪。不要再對那些有風險的選擇感到害怕，這些選擇將幫助你到達你想要去的地方。幾年後，當你在你想要的工作中大放異彩時，這些都已不再重要。

4. 對自己的好表現感到驕傲

你就是一個風靡全場的狠角色。承認自己的美好，成為這樣的人。這就是你的樣子。拒絕那些討厭的、不人道的問題，例如「你

為什麼單身？」
　　試試用以下的回應來面對那些可怕的、煩人的問題：

你要不要先關心一下我的工作？
你要不要先擔心你自己的問題？
我的標準太高了，沒有人想要娶我或嫁給我！
因為共和黨在國會占大多數啊，這不用我再多說了吧。
那你為什麼不是單身呢？
我討厭每個人，這個理由還行嗎？
我是完美的，所以當另一個完美的人出現時，請告訴
我。但有些事情告訴我這樣的人幾乎不可能會有的。

　　女孩們，讓他們閉上臭嘴。好好地愛自己吧，你這個美麗、性感、聰明、有成就的小騷貨！如果你發現有人不想和你在一起是因為你太有自信了，給他們一袋滿滿的假屌去旁邊口交去。
　　親愛的，每一天都要提醒自己，你是這個世界的光芒。你是一個值得被愛和尊重的人，你超級棒的。
　　你他媽的就是個明星。我不是隨便說說，你這個性感的傢伙。當世界不斷跟你說你不好時，你會很難相信自己是多麼美好。如果你有信心，你就會被負面地貼上「太強勢」、「有侵略性」或「婊子」的標籤。如果你說實話，人們就不知道該怎麼應對。別理這些人，那些人都是混蛋。
　　你就真的很棒啊，好好地展現出來，活出自己的風采。現在，去燒一些鼠尾草給你所有的前任，向前邁進，過上你超性感的生活。

第**15**章
找到你眞正想要的另一半

作為你所有約會對象的前提條件：他或她必須對你專一。不客氣地說，不要遊戲、不要搞消失、不要欲擒故縱，就只是專一而已。如果你約會的對象對你不是全心投入、一股腦地只為你著迷，那約會還有什麼意義？

任何低於這標準的都是妥協，這不是讓步，而是把自己的標準放低。我不知道你怎麼看的，但我受夠了這種對於關係的期待。我實在受夠那種低標準了。我真的很看不慣人們常認為期望更多就是要求太多，完全不是如此。

你是一個不斷變化、不斷成長的人，但親愛的，重要的是，完美是無可挑剔的。是時候站起來要求、期待並實現你想要的關係了。如果你喜歡單身生活，對約會沒有興趣，就不要約會。如果你想做自己的事，就去做吧。如果你想要一段關係，請確保它是真正健康的關係。你要愛自己、愛自己、愛自己——請做好這件事。

得到你想要的關係有如遵循一道神奇的食譜。我可以向你保證，這道美味的燉菜中沒有任何一個成分是「胡說八道」或「找藉口」。

第一步：別愛上渣男渣女

如果有人對你有意思，不會有模糊不清的地方，更不會有任何灰

色地帶。

當一切都對了，就不會有任何懷疑和搞砸的餘地，不要再委屈自己和那些沒有超級喜歡你的混蛋在一起。這不值得你浪費時間；不值得你一絲一毫的關注。

如果他或她在玩遊戲，那就他媽的遠走高飛吧。你是否坐在那裡想著為什麼有人會傳給你一個在游泳池裡的 Snapchat 貼文，但從來不曾邀請你一起出去玩？你是否對沒有得到口交的回報感到困惑，儘管你經常幫對方口交？你知道嗎？那個人對你不感興趣。當然，有些人可能真的對於給予（甚至接受）口交沒有興趣，但如果你還是想個小丑一樣只為取悅對方而幫他……你還會繼續跟那個人在一起嗎？嗯，最好不要。

你是否曾經和那些說他們還沒有準備好給承諾的人約會過呢？

他們只想「慢慢來，看看會發展到哪裡」嗎？是的，那個人對你沒有興趣。不值得浪費你寶貴的時間。不值得跟他們來一炮。

我們真的太害怕犯錯了，好像如果我們遵循「不信廢話」的政策，就會錯過一些很棒的人。我們認為如果我們等待一個爛人變得成熟，他們就會回到我們身邊。不是的。我們的生命不必存在所謂的「那個逃走的人」，只存在那個應該在你生命中的人，像個成年人一樣證明他的價值。

當我們因為身為女性時常被告知不配擁有自尊，進而變得沒有自尊時，我們就會安於平庸的渣男。我們被訓練去相信對方，並要求對方回覆訊息、約會、稱呼我們為女友、或總是把我們置於第一優先，這些應有對待都是過分的要求。我們不想變得太難搞或苛求，我們一直被灌輸當要求最基本的尊重時，就是要求太多。事實上，我們的期望值過低，且令人作嘔、尷尬、可悲。難怪有這麼多渣男。

　　要求尊重並獲得如全世界最珍貴的寶石一樣的對待，並不是要求太多，這就是我們的需求。

　　當你要求被像人一樣對待時，你不是苛求，而是在表達你的需求。如果你正在交往的人甚至無法回覆你的訊息，對你漠不關心，或是消失個幾天不聯絡，然後突然在凌晨3點聯繫你，使用超級有梗的「你在嗎？」——那個人就是個混蛋。而且你知道嗎？每一天你和那個人在一起，都是在自虐。每一次你沒有離開這種糟糕的對待，就是在表達你不配擁有更好的。

　　在我20多歲的時候，身為一個單身女性，我在Tinder上找男人吃晚餐約會，還會經常去夜店（這兩件事雖然沒有直接關聯，但多少還是有點關係的，你懂嗎？），我曾經約會過很多混蛋。我在之前的故事中已經深刻地揭露了我的靈魂。我的約會生活一直都勾搭上一堆混蛋和魯蛇，他們還會自以為是上帝賜予人類的恩賜。我也交往過一個馬子狗男友：那些只會順從我的每一個吩咐的男人。總之，我在混蛋光譜的兩端都有體驗過。

　　在一段關係中只能有一個混蛋，但理想狀況是誰都不應該是混蛋。

　　當我的前任——一個明顯不是渣男的人——出現時，我已經準備好接受他以及他在接下來的幾年內所帶給我的所有東西了。我被耍過，也耍過很多人，並從中成長，因而決定不再忍受那些鳥事。有自信的女性是不會與混蛋約會的。

　　愛自己的女人也會愛那些也愛自己的人。我們想要那些為我們著迷，把我們當女王一樣對待我們的伴侶，而且不需要容忍任何屈辱。這是有自信和沒有自信的女生之間的最大的差異——要求對方要尊重自己，而且不能容忍任何不尊重的行為。

你必須長大成熟，決定追求一段真正的關係，與一個待你如黃金般珍視、也能成為你摯友的人在一起，你必須相信你值得擁有這一切，這才會發生。對自己有高標準的要求，才能遇到優秀的伴侶。自愛才能帶來愛情啊，親愛的。

寶貝、小甜心、愛人。

如果你想要一段正緣，就要對此開口說出自己的需求。不要被動等待別人對你好，而是要主動去釐清所有的來龍去脈。如果你正考慮和某人在一起，但對方不喜歡你提出這些條件，那就沒什麼好說了。要你想要，不要妥協。

最後，不要為過去的錯誤而自責。從錯誤中學習，用這些經驗來激勵你自己成長。不要讓過去拖累你，把它們當做拼圖，拼出完整你自己。我的女王啊，你的每一次錯誤都是一塊塊美麗的拼圖。那真的很酷。

第二步：選一個好對象（就選這麼一次）

擺脫那些混蛋，挑一個好對象。我不是說那些會在第一次約會時說：「我是一個非常好的人」的白痴稅務律師。不，這句話就是一種警示。任何自稱為「好人」的人都不會是真的好人。

給我在你的一生中好好挑一個好對象。對於好對象的定義是蠻主觀的。因此請把你喜歡和不喜歡的條件列成清單是有幫助的。從你約會、喜歡或愛過的所有人中開始列出清單。將好的和壞的特徵，好的和壞的關係加以分類。你需要自我意識才能避免被渣男的謊言所淹沒。保持警覺。

供你參考：做一個好對象其實不難，只需要像一個正常的人一

樣待人處事就行了。帶你的另一半去吃飯，摸摸他們的頭髮，回覆他們的訊息。這就是尊重和關鍵，另外還要有同理心。其實就是尊重地對待他人並試著讓對方感受到你的將心比心，這就是交往約會中的人性。誰懂呢？

　　這個對象要是一個善良的人，這不表示挑選無聊的人。善良並非指的是那些沒有自己生活的人，或是那些畏畏縮縮的人。而是意味著選擇一個真正對你好的人，關心你的人。

　　善良並不意味著與一個任人擺布的人約會，你需要的是一個自信、腳踏實地、真正把事情辦好的人。當你做傻事時，他們有足夠自信可以把你拉回正軌。他們了解你、愛你，但不害怕你。

　　你想要一個非他莫屬的人。那就讓自己準備好接受一個對你好，讓你對自己感覺良好的人。就讓自己準備好接受一個能讓一切變得簡單的人，你必須真的去追求這樣的人。你不能只是嘴巴上說你不再容忍混蛋了，你必須重新調整自己對吸引力的看法。如果你愛自己，自然而然會有好的發展。請你敞開心扉地接納。

　　當心那些紅色警示，其中包括：不回覆訊息，稱前任為「瘋子」；仍然和前任保持好朋友關係★；總是拿著手機不放；常爽約；對工作沒有上進心；啃老族；不喜歡肢體接觸；不把你介紹給他或她的朋友；一毛不拔又斤斤計較；當你要求和他或她能有一個有品質的相處時間卻有許多抱怨；稱霍頓・考爾菲德（Holden Caulfeld）是一個可信賴的角色（沒有在開玩笑地說）；認為比特幣很酷（一樣不是在開玩笑）……等等。如果在任何約會或性關係中出現這些嚴重的紅色警示，請別再給這個人第二次機會讓他們繼續當個低俗的變態。他們不是適合你的對象。當你深刻地知道有些事情不對勁時，不要給他們機會。他們沒有權利占用你的時間。沒有人有權占用你的時間。如

果你感覺不好或不對勁或你們之間沒有火花，在你們約會後和你最好的朋友喝一杯，刪除那個陌生人的號碼。你沒有義務再多做什麼。毫無疑問。

> ★ 這個問題還沒有定論，但這很可疑。如果他們是一個有禮貌的熟人好友，那是可以接受的。我們的朋友圈應該是交織在一起的，這是很常見的。這樣做或許比憎恨還來得好，對吧？

　　別裝蒜了，因為我們都知道你曾和很多混蛋約會過。如果你是一個性感、性自主的女人，你的心靈深處可能經歷過很多艱辛的時刻。你已經處理過夠多的渣男了（我就是在說你，Tinder！），這讓你知道自己對哪種人不感興趣。一旦你受夠了那些錯的人的傷害，你就不再想跟渣男渣女約會，最終你會擇己所好。

　　不再找那些只想約炮的渣男，除非你也只是想約炮，畢竟女生也會有需求。不再找那些幼稚且愛搞消失的人，動不動像是鬼魅一樣消失不見。為了想知道是否被愛而感到不安，並不性感。最終，那些花心的廢話不再讓你開心得花枝亂顫，反而讓你覺得無聊。你想要從一個人身上得到更多，並且不再害怕說出自己的要求。孤單比被呼之即來，揮之即去的感覺要好。你想要的對象必須把你當成女王、最好的朋友、值得尊重的重要人物。當你決定想和一個對你好的人交往時，最奇妙的事情發生了——你找到了對你好的人。這感覺像是某種神秘密碼，但其實不是，這本來就該這樣。

　　作為一個獨立而強大的女人，生活中充滿了美麗。你已經遇過（並且也上過）所有錯的人，因此知道自己未來想要什麼。在經歷多年的胡鬧之後，你開始想知道成為別人的第一順位是什麼感覺，這是你的起點。你決定要成為某個人生命中的第一順位，然後不再有所妥協，不再接受任何低於這個最低要求的狀態。這種對自己在關係中位

置的深思熟慮，會讓你更著重於保護自己，並對某種更深層次的關係產生渴望。

　　和那些固執、咄咄逼人的、虛偽的魅力、受歡迎的「風雲人物（alpha）」、運動員類型的渣男或渣女約會是對一位好女人的致命一擊，是你邁向成功的氪星石（kryptonite）。如果有人敢對你炫耀這些，你就把他們掃出門外。你有更重要的事情要處理；你需要一個能讓你變得更好、更強壯的人，而不是一個讓你陷入猶豫不決的灰色地帶的人。

　　夠了，不要再接受那些情緒化、一股腦熱的笨蛋了。你需要選擇一個讓你腳踏實地的人，當他或她想與你一起出去時，他或她就會這麼對你。他們喜歡你所以一直回覆你訊息，這件事已經不會讓你覺得奇怪了。這個人會很高興把你介紹給他或她的媽媽，並告訴他或她的朋友們關於你的事情。他們會對未來有規劃並且如期遵行，他們會有自己的事情要做，並希望找到一個願意與其分享生活的人。這個人就應該是想要和你在一起，把你照顧得面面俱到，每天讓你有安全感和放心。只有當心不在對的地方，並且一切變得模糊不清時，才會存在著困惑。當一切都變得輕而易舉、成熟且正常時，就不再有疑慮了。就像史蒂薇・尼克斯（Stevie Nicks）說過：「玩咖只有在玩樂時才說愛你」，史蒂薇很懂。

　　你永遠不應該擔心他們是否愛你，因為他們會確保你知道這件事。當有人向你展示他們的真實面貌時，請相信他們。當有人在乎你時，這不是玩玩的。他們是真的在乎你。

　　對許多人來說，要花費很長的時間才能找到這種關係。你可以說你想找到一個好對象，但除非你真正相信自己配得上這樣的愛，否則你永遠不會找到。

第三步：成為你想跟他約會的那種人

你想找一個出色的對象嗎？那你就需要成為你想約會的那種人。

如果你對自己的生活感到滿意，就不需要改變自己。如果你喜歡單身、喝酒和狂歡，那也很好。只要你的行為沒有影響到你所愛的人或照顧自己的能力，你就有權按照自己的方式生活。

與你身邊的人聯繫，聆聽那些期盼你成為最好自己的人。花時間在自我反思上，問問自己：我快樂嗎？這是我想要的生活嗎？

如果是就做你自己並往前走。答案可能不一定都是肯定的，但只要是肯定的，你就真的表現很好了，親愛的。

但請考慮這一點：如果你不想和一個跟你很像的人約會，那麼現在可能是重新評估你的第一順位的時候了。

當我還是流連派對的奔放女孩時，我認為人們應該都會想跟我約會。我想要一個穩定、性感、聰明、甜蜜的男人或女人成為我的優秀伴侶。然而當我期待自己的另一半是一個能把事情做好的人，但當時的自己卻反而做不到這一點。

一個有趣而正常的人不會和當時的我約會，我當時就是一個大爛人。我現在當然不會和一個跟我以前一樣邋遢和自我中心的人約會。那麼，有什麼理由足以讓他們想和我約會呢？

如果你找到了一個與你很合拍的人，你最好變成他或她想約會的對象，而他或她也應該會做同樣的事情。一邊不斷地抱怨自己單身，一邊繼續當個酗酒的芭比娃娃，是解決不了任何問題的。

一切都需要付出努力，你不能突然坐起來就信口開河：「現在的我是最好的自己，向未來出發吧。嘟嘟嘟。」這不是事實。愛自己不代表要接受你所有糟糕、粗魯和不良的行為；愛自己意味著成長和學

習。不要把追求愛自己和自信的過程當作這是當一個混蛋的特權，從你自己（也是你的摯愛）身上，追求更多的美好良善。

愛自己代表你需要持續地精進自己。愛你現在的混亂，愛那個即將長大變成成熟女人的自己。愛你自己，並且在未來的每一步都要用心呵護。

你可以先從小事做起。煮健康的飯菜；去健身房提高你的快樂激素的分泌，只在週末喝酒。另外你也該從事一些副業。即使你覺得太累，也應該在全職工作之外找到一份差活來做，你可以做到的。不要只是坐在那裡，做些事情來精進自己。

還記得你在喝醉的時候做的所有蠢事嗎？如果你從那些錯誤中學到了教訓，並將這些教訓帶到你的生活中，那麼你就已經走在了正確的道路上。

如果你要改變，那也要是因為你想改變。如果你像火車失事一樣混亂，那就停止這種行為，因為你應該要設法讓自己一週內至少記得五天裡做過的事情。整理好自己的狀態，因為你已經有了目標，並且想要付諸於行。

如果你要在生活中做出改變，這必須源自你自發性的動機。這個決定必須是源自於你想讓生活更快樂、更平衡的渴望。如果你的選擇讓你感到痛苦，你必須考慮如何停止讓自己感到痛苦。

如果你想找到愛情，你必須成為一個準備好接受愛情的人。如果你想讓自己在生命中到達一個準備好接受一段穩定、健康的關係的狀態，那你必須先開始探索你的內心。

每一天都要願意成長和改變，不斷進化。

上一段戀情（在現任丈夫之前）的一開始，我還是個喝醉酒的瘋子。有次我的伴侶帶我去看了一場脫口秀，事實上我並不記得那晚發

生了什麼事情，但很明顯我喝得醉醺醺，並且一直尖叫著攻擊台上的
演員。我們被逐出了俱樂部，這只是我做過無數的蠢事中的其中之
一。我失控到不得不完全戒酒，除了非常特殊的場合外，整整兩年都
滴酒不沾。我意識到這些經歷並不是我作為一個人最好的代表作。有
時候我仍然會為這些過去而感到丟臉，但每一次我做出的錯誤選擇都
迫使我變得更有韌性，這也讓我知道只要我停止酗酒，自己能夠變得
多好。當你擁有一個糟糕的過去時，你會對其他人有更敏銳的同理
心。

　　建立儀式來幫助你療癒。傳統的治療是一種很好的方式，可以談
論和處理過去犯下的錯誤，但你同時也可以做得更全面。你可以掌握
主動權，把調整自己的情緒和需要落實在每一天的日常。

　　不管儀式是什麼，應該都可以讓你感到淨化。有總比沒有好，除
非你的方法是用犯更多錯誤來洗刷過去的錯誤。請不要那樣做。

　　我每天會規律進行我的例行公事，包括大量的運動鍛鍊和仔細保
養我的皮膚。我只有一個身體，我喜歡好好照顧它。這讓我感覺完整
和平靜。

　　我會寫日記，或在網路上寫非常直白的文章。這是一個宣洩的過
程，幫助我釋然自己犯過的錯誤。當有人與我分享類似的經歷時，我
感覺自己不再孤單，他們也會有相同的感覺。

　　你可以寫下你的錯誤、恐懼、擔憂、創傷或遺憾。列一個清單，
大聲地讀出來，然後把它撕碎埋在你的花園裡。如果你覺得把它們燒
掉會帶給你淨化的作用，那就這麼做吧。你可以點燃蠟燭，向天空悄
悄述說你的那些過錯。

　　如果你想的話，你的儀式其實也可以不用那麼神秘或是健康無
害。你可以打電話給最好的朋友，告訴她你做的任何讓你感覺糟糕的

事情。她會讓你不會感覺孤苦無依，而這就是她身為你朋友的最大目的。

　　唯獨要注意別讓這些糟糕的感覺在你心中萌芽，甚至讓它們在你心裡滋生。我常常認為我應該永遠背負著我的過錯，讓它們不斷地侵蝕我。這種痛苦無法幫助你學習。請透過任何方式讓這些情緒從你身上釋放出去，然後就讓它過去吧。原諒自己。

　　當你經歷了困境，並處於不穩定的療癒過程中，你會有機會看到那個你想與之共度一生的人會如何應對你的痛苦，療癒不是一個容易的過程。他們該如何讓你好好照顧自己？結果要嘛增加了關係的堅韌和持久性，要嘛就將一切破壞殆盡。任何值得擁有的愛都能承受偶爾無所遁形的焦慮攻擊。能夠無條件地愛一個完整的、有缺陷的、糟糕透頂的人，做到這樣才能算是你可以允許其進入生命的唯一愛情。

第四步：看遠一點

　　在自我懷疑的時候，去尋求一些意見吧。我不會選擇去著墨於那天晚上在喜劇俱樂部的行為，而是去看我已經成為了什麼樣的人。我會去回想我的伴侶當晚是如何照顧我。儘管我們已經分道揚鑣，走上了生命中非常不同的道路，但他沒有離開我或讓我感到自己像一個爛人。他接受了我的道歉，我們繼續生活。我們一起經歷了許多高峰和低谷。我們用愛和理解來對待我們的關係和彼此，而不是敵對以待。最終，愛情消逝了，我們都繼續前進。這並不意味著我們沒有一起成長，沒有得到生命中的許多收穫。我的婚姻並不一定都是美好的。這需要彼此都能付出努力。而我和我的丈夫會一起面對這個問題，並意識到對彼此的責任。

　　我不再為過去發生在我身上的事情道歉，也不再為我曾經能夠或無法控制的事情道歉，它們只是成為女人的成長過程其中一部分。直到你成為一個真正成熟的女人，你才能找恆久的愛情。我找到了恆久的愛情，一個值得我擁有的愛情。我不再有任何疑慮。我是最美好的女人。我深知你也會找到像這樣的愛情，你只需要敞開心扉。

　　無論你的故事是什麼，無論是什麼錯誤，它們都是你的一部分，這是一件好事。當你完成單身女性的生活之後，你可以像對待單身生活一樣充滿激情地對待你的感情關係。

　　愛自己不僅僅是在女性主義意識的掩飾下接受自己，繼續在生活中搞砸一切。你還是會做錯事，所以你並不是無可挑剔的。你很棒，但你應該願意調整生活的某些方面。真正的性格強大在於能夠認識到自己生活中需要改善的部分，並願意進行調整。

　　當兩個人都知道自己想要什麼、充滿自信和愛自己、關心自己的事業、家庭和生活的人，你知道這會發生什麼事嗎？你會得到一對厲害的情侶。

　　厲害的女權主義者會做出選擇，選擇我們值得擁有的關係。允許自己在感情上投入在一個人身上是身為人可以體驗到的最神聖和美麗的事情了。

　　你還有什麼好拒絕那些值得你擁有的愛情呢？

第 16 章
要好起來需要的不僅僅是一本書，
還得知道你其實並不孤單

當你翻閱本書，從中領悟到一些道理，並思考如何將其運用到自己的生活中時，我希望你能因此不再覺得你是孤軍奮戰的。如果你能從這些章節中學到任何東西，那我寫這本書的目標就已經達成了。為什麼呢？因為沒有什麼比感到孤立無援更糟的了。最令人悲傷的事情正是：在這個世界上感到迷茫，不確定如何帶著自我繼續生活下去。

我不期望你在讀完我的書後變得與過去截然不同。我的意思是，變得真正成熟需要的不只是讀完這幾百頁的內容。找到一些資源仍是對你有幫助的。即使在閱讀完這本書後你願意付諸實行，你所面臨的狀況仍然會很棘手，你還是得面對各種挑戰。然而，你還是你自己。也許你會因此變得更堅強，準備好去走進這個世界，成為你自己的樣子。

一本書不會改變你對自己的感覺，但它可以對你有所幫助。我會在這裡支持你。因為我曾經是你，我現在還是你。你不會永遠對自己有信心，也不會永遠覺得自己像個風靡全場的女強人。

要怎麼開始行動呢？

有時你可能無法為自己挺身而出，有時你可能會感到害怕，有時

你可能會覺得自己是世界上最醜陋、最愚蠢、最奇怪的人。

　　但要記住你不孤單，我們都有過這樣的感受。地鐵上站在你旁邊的那個穿著粉紅色仿貂皮外套的女孩呢？她同樣地有過這樣的感受。那個在超市裡沒有把洋芋片或冰淇淋放進購物車的女孩呢？她當然也一樣。

　　找人聊聊吧，不要只躲在自我懷疑的陰影中，把眼淚浸濕你在 TJ Maxx 買的枕頭套裡。告訴朋友你的感受，分享你的故事。記住，我們要一起變得更強大。如果我們彼此交談，分享我們所學到的東西，就可以為我們生活的世界建立一套新的標準。一旦女性開始分享性簡訊，阻止性騷擾的建議，以及哪裡可以買到最好的皮革環肩帶（leather harnesses），這些討論就會變得越來越合理，不會有人覺得奇怪。所以一定要去談論這些事，每天都要談。克服你對性的尷尬感，勇敢地談論它。

　　你不應該逼迫自己一定要變成完全不同於過去自己的女人，或者突然之間就變得無所畏懼。你不必做到書中所提到的一切，你可以逐步地或者按照每一個章節去實踐其中的一些道理。也許裡頭只有幾個道理能夠幫助得到你，這也沒關係。但是不要什麼都不做。

　　讓你與眾不同的是，你保有願意改變自己，成為最好自己的心態。這是我們所能做的最好的事情：願意並且開始小幅度地漸漸成為最好的自己。找到愛情只是一個附加價值。真正的目標是愛自己並且相信自己，提起勇氣去採取行動。當你發現所有的朋友似乎能毫不費力地找到男朋友或女朋友、結婚生孩子時，你可能會覺得自己怎麼沒能如此順利。但實際上，你不需要覺得只有擁有愛情才能讓自己獲得幸福。你不需要這麼想。你只是反射性地相信自己需要愛情，但實際上你並不需要。你只需要自己。最終只有你自己會陪在你身邊。如果

你不愛自己，不照顧自己，沒有人會幫你做。你需要承諾自己會這麼做。

　　你已經從書裡知道關於網路聊色、BDSM、出軌到成為單身女性所需的毅力等所有的道理。這些事情可能會讓你感到不知所措。你會嗎？即使我自己這個寫下這些道理的人都還是會感到不知所措。

　　如果你想知道從哪裡開始，我可以告訴你。不論如何，開始做就對了。你必須啟動你的第一步。所有的焦慮都源自於這個第一步。我們自己會去對未來要做的任何事情感到擔憂，並且對於實行某件事情的第一步總是一拖再拖。尤其當這件事情攸關你自己，這會是最讓你膽怯不安的了。

　　在我看來，開始第一步的最佳時機是：與你那可怕的男友或女友分手，然後與其他對象試著聊色。當然，這聽起來很奇怪，但我有一種感覺是當你做到這些時，你已經走在正確的道路上了。也許你的另一半是一個不想確認關係，認為你們的感情是一段「無所謂的關係」。那你就該甩了他們。他們糟透了。也許你的另一半是一個總是忙碌，不常傳訊息的男友或女友。那你也該甩了他們！

　　然後，另一個良好的第一步是：下一次有人對你說了不好的話，不要無視它。也許在第一次嘗試時你還是無法直接面對那些在街上騷擾你的人。也許你無法馬上告訴你的同事他們說的話是不適當的。這也沒關係。因為採取行動意味著你得先意識到它的存在。在你的日記中記下這些事情，並找機會與朋友討論。下一次（或下下次或再下一次），試著說點什麼吧。

　　愛自己就足以能讓你試著讓生活變得更好一點。拿回自己的主動權，因為你知道你值得擁有好的生活。為了所想要的東西而開始有所行動。正如我們在每一章中提到的，給予女性更多的權利，她就越強

大，就會更像一個人該有的樣子。性權利是人權。性主體性是我們所有人都應該擁有的。從拿回你的性權利開始，因為那會是一切的開始。你的性權力就是你的武器。

下一個你可以做的小事是什麼？自慰。請經常自慰。慢慢地一步一步確認自己的羞恥心能夠被降低，甚至消除。享受自己、了解自己、放下過去令你困擾的錯誤。我知道說起來簡單，做起來卻總是不容易的。努力對這些過錯釋然，並再次提醒自己，你不孤單。

接下來，為自己設定目標。確定你在未來幾年中的具體要前往的方向。爭取你應得的加薪；在面對逆境時堅持自己的立場。不要讓任何人有機會去使你感到自責。當你為了在工作中做的或說的事情感到抱歉時，問自己一個問題：如果我是男人，我還會有這種感覺嗎？

所有這些都跟性別有關。性是讓你的生活有序、讓你感到堅強、自信和準備好迎接每個挑戰的基石。你必須從某個地方開始行動，必須在某個時間點開始有所為，這個時間點就是今天。

這會是強大你自己、成為你想成為的人的起點。如果你找到了愛情，那太好了。如果你沒有找到，也不要為此感到沮喪。不要把這件事看成一種失敗，因為這不是失敗啊。為此感到自我厭惡或懷疑自我才是失敗。

我們是女性。我們強大無比，無可阻擋。我們可以隨時隨地和任何人做愛，沒有人有權告訴我們不能隨心所欲地掌控自己的身體。沒有人有權在未經允許的情況下碰觸你。沒有人有權說出任何讓你輕視自己的話語。

我們必須變得更強大，我們不是孤軍奮戰，我們是性賦權且自由的女性，我們必須同心協力。這個世界的人們最好給我們小心一點，因為女力即將來襲。

參考資料

書籍

Shrill, *Lindy* West

I Love Female Orgasm, *Dorian Solot and Marshall Miller*

Cunt, *Inga Muscio*

The Seductive Art of Japa nese Bondage, *Midori*

Girls & Sex, *Peggy Orenstein*

Come as You Are, *Emily Nagoski*

The Anatomy of Love, *Helen Fisher*

The First Sex, *Helen Fisher*

Mating in Captivity, *Esther Perel*

Yes Means Yes! Visions of Female Sexual Power and a World Without Rape, *Jessica Valenti and Jaclyn Friedman*

How to Be a Woman, *Caitlin Moran*

The Good Girls Revolt, *Lynn Po vich*

You Are a Bad ass, *Jen Sincero*

How to Murder Your Life, *Cat Marnell*

The New Monogamy, *Dr. Tammy Nelson*

The State of Affairs, *Esther Perel*

Becoming Cliterate, *Laurie Mintz*

Shameless: A Sexual Reformation, *Nadia Bolz- Weber*

The Body Keeps The Score, *Bessel Van der Kolk, MD*

Men Explain Things to Me, *Rebecca Solnit*

Inferior: How Science Got Women Wrong and the New Research
That's Rewriting the Story, *Angela Saini*

Untrue: Why Nearly Every thing We Believe About Women, Lust, and
Infidelity Is Wrong and How the New Science Can Set Us Free,
Wednesday Martin

新媒體

Why Are People Into That?!, *hosted by Tina Horn*

Sex 2.0 Podcast, *hosted by Ian Kerner*

Horizontal with Lila, *hosted by Lila Donnolo*

Sexology, *hosted by Dr. Nazanin Maoli*

Sex Out Loud, *hosted by Tristan Terimino*

Sex with Emily, *hosted by Dr. Emily Morse*

Savage Lovecast, *hosted by Dan Savage*

Sex with Strangers, *hosted by Chris Sowa*

Han and Matt Know It All, *hosted by Hannah Malyn and Matt Albrecht*

國家圖書館出版品預行編目（CIP）資料

浪女指南：給女性的性、愛與生活白皮書／吉吉・
恩格爾（Gigi Engle）著；劉又菘譯 . -- 初版 . --
臺中市：晨星出版有限公司，2023.07
　　面；　　公分 . --（健康sex系列；01）

譯自：All the F*cking Mistakes: A Guide to Sex,
　　　Love, and Life

ISBN 978-626-320-487-4（平裝）

1.CST: 性知識 2.CST: 性教育 3.CST: 女性

544.72　　　　　　　　　　　　　　112008429

健康 sex 系列 01

浪女指南
給女性的性、愛與生活白皮書

*All the F*cking Mistakes: A Guide to Sex, Love, and Life*

填回函，送 Ecoupon

作者	吉吉・恩格爾（Gigi Engle）
譯者	劉又菘
主編	莊雅琦
編輯	張雅棋
美術排版	黃偵瑜
封面繪圖	Phoebe Chen 陳景容
網路編輯	黃嘉儀
創辦人	陳銘民
發行所	晨星出版有限公司
	407台中市西屯區工業30路1號1樓
	TEL:（04）23595820　FAX:（04）23550581
	E-mail:service@morningstar.com.tw
	https://www.morningstar.com.tw
	行政院新聞局局版台業字第2500號
法律顧問	陳思成律師
初版	西元2023年07月15日　初版1刷
讀者服務專線	TEL:（02）23672044 /（04）23595819#212
讀者傳真專線	FAX:（02）23635741 /（04）23595493
讀者專用信箱	service@morningstar.com.tw
網路書店	https://www.morningstar.com.tw
郵政劃撥	15060393（知己圖書股份有限公司）
印刷	上好印刷股份有限公司

定價450元

ISBN 978-626-320-487-4
Copyright © 2019 by Garrison Grace Engle
This edition arranged with DeFiore and Company Literary
Management, Inc.
through Andrew Nurnberg Associates International Limited